PHILOSOPHIE DE LA MÉDECINE
I

COMITÉ ÉDITORIAL

*La liste des volumes publiés dans la même collection
se trouve en fin de volume.*

TEXTES CLÉS

PHILOSOPHIE DE LA MÉDECINE

Frontière, savoir, clinique

Textes réunis et présentés par
Marie GAILLE

PARIS
LIBRAIRIE PHILOSOPHIQUE J. VRIN
6, place de la Sorbonne, V^e
2011

PRÉFACE

Il ne se passe guère de jour sans que les médias ne témoignent de l'intérêt, collectif ou individuel, public ou privé, pour des questions relatives aux choix en matière de santé et de vie. Tout un chacun s'accorde à trouver naturel l'intérêt porté à ces questions dans la mesure où nous sommes tous concernés par elles, de la naissance à la mort, et où nous nous préoccupons quotidiennement de la santé de nos proches. On ne s'étonne guère des campagnes de santé publique lancées par le gouvernement, que l'on soit d'accord ou non avec leur thème et le contenu de leur message. Enfin, nombre des questions relatives aux choix en matière de vie et de santé suscitent ce qu'on appelle aujourd'hui communément des « débats de société ». Ils prennent des formes très diverses, mais ont en commun d'être diffusés à grande échelle et d'offrir la possibilité d'une expression publique à des individus ou des associations : les uns et les autres prennent la parole pour « témoigner », défendre une conviction ou porter au débat public une question nouvelle. Certains gouvernements organisent même des débats de citoyens à propos de ces questions, bien qu'il s'agisse d'une pratique sporadique et irrégulière[1]. La littérature et le cinéma se font aussi le relais des interrogations ou des difficultés que suscite tel ou tel choix ; parmi d'autres, des films tels que *Johnny Got his gun*, *21 grammes*, *Mar adentro* ou *Se souvenir des belles choses* donnent à voir et à méditer l'expérience de la maladie, son impact social et les relations qu'elle induit avec les proches et la société dans son ensemble. La médecine est donc au centre d'un questionnement majeur, à la fois intime et collectif[2]. Que les philosophes s'y intéressent n'a donc rien d'étonnant.

LA RELATION ENTRE MÉDECINE ET PHILOSOPHIE ET L'APPROCHE « BIOÉTHIQUE » CONTEMPORAINE

Cependant, dire comment la philosophie aborde la médecine, expliciter ce qu'est la philosophie de la médecine s'avère extrêmement délicat. Au sein de ce questionnement public et privé, on repère aisément la présence massive d'un discours qualifié de « bioéthique », internationalement diffusé, au sein duquel la philosophie occupe une place importante, de sorte qu'on pourrait croire que *la philosophie de la médecine* se loge tout entière dans la *bioéthique*. L'une des figures majeures de la

---

1. Voir pour l'analyse de quelques exemples, P. Lecorps et J.-B. Paturet, *Santé publique : du biopouvoir à la démocratie*, Rennes, Éditions ENSP, 1999 ; B. Reber, « Technologies et débat démocratique en Europe. De la participation à l'évaluation pluraliste », *Revue française de science politique*, vol. 55, n° 5-6, octobre-décembre 2005, p. 811-833.

2. *Johnny got his gun*, de D. Trumbo (1971), tiré d'un roman publié en 1939 ; *21 grammes*, d'Alejandro González Iñárritu (2002) ; *Se Souvenir des belles choses*, de Zabou Breitman (2002) ; *Mar adentro* d'Alejandro Amenabar, inspiré du témoignage de Ramon Sampedro (2003).

bioéthique, H. Tristam Engelhardt a d'ailleurs publié, sous le titre *The Philosophy of Medicine*, un recueil de textes relevant exclusivement de ce mouvement de pensée [1].

Pour établir si cette assimilation de la philosophie de la médecine à la bioéthique est fondée, il faut tenter de qualifier ce discours « bioéthique » et le style de philosophie qui y est associé. En réalité, ce discours ne se présente pas comme un tout unifié, mais plutôt comme un ensemble aux frontières mal définies et mouvantes et dont les contenus sont très divers [2]. Cette particularité tient sans doute en partie à son histoire. Diverses origines lui ont été en effet assignées, qui lui ont donné des orientations distinctes. L'une d'entre elles, sans aucun doute essentielle, est le jugement des crimes nazis au lendemain de la seconde guerre mondiale lors du procès de Nuremberg. Ce jugement est considéré comme un « sursaut » [3] déterminant dans la réflexion sur l'éthique scientifique en général et en particulier au sujet des sciences de la vie. L'Allemagne a proclamé à sa suite, à l'article premier de sa Loi fondamentale, l'inviolabilité de la dignité humaine, tandis que le tribunal de Nuremberg proposait dix prescriptions règlementant l'expérimentation sur l'homme dans un Code en 1947. À cette déclaration ont fait suite d'autres textes dans la seconde moitié du XXᵉ siècle comme la Déclaration

1. H.T. Engelhardt (ed.), *The Philosophy of Medicine*, Dordrecht-Boston-London, Kluwer Academic Publishers, 2000.

2. G. Hottois et J.-N. Missa (dir.), *Nouvelle encyclopédie de bioéthique*, Bruxelles, De Boeck Université, 2001, p. 124-125. Voir aussi G. Hottois, *Le paradigme bioéthique, une éthique pour la technoscience*, Bruxelles, De Boeck Université, 1990, et du même auteur, *Essais de philosophie bioéthique et biopolitique*, Paris, Vrin, 1999.

3. Selon l'expression de A. Courban, « Bioéthique », dans D. Lecourt (dir.), *Dictionnaire d'histoire et de philosophie des sciences* (1999), Paris, PUF, 2003, p. 116.

d'Helsinki (1964), inspirée de la Déclaration universelle des droits de l'homme, qui cherche à définir les conditions éthiques de l'expérimentation humaine [1].

Par ailleurs, aux États-Unis, des théologiens comme le protestant Joseph Fletcher réfléchissent sur l'éthique médicale du point de vue du patient dès les années 1950. Ce genre de réflexion connaît une impulsion décisive une décennie plus tard, lorsque plusieurs scandales relatifs à l'expérimentation scientifique en médecine et en biologie sur des sujets non ou mal informés suscitent une polémique publique aux États-Unis [2]. En 1966, Henry Beecher, un médecin chercheur, publie un article dans le *New England Journal of Medicine* où il dénonce le caractère non éthique d'une vingtaine d'expériences biomédicales, le plus souvent réalisées avec des sujets vulnérables et/ou captifs : personnes âgées démentes et malades mentaux institutionnalisés, enfants et nourrissons. Les débats qui suivent ces révélations aboutissent à la mise en place, sous l'impulsion du *National Institute of Health* ou de la *Federal Drug Administration*, principaux financeurs de la recherche biomédicale publique aux États-Unis, de comités de revue des protocoles d'expérimentations, les *Institutional Review Board* (IRB). Dans le sillage de cette réflexion sur l'expérimentation médicale, la pratique clinique

1. Adoptée et présentée par l'Association Médicale Mondiale, elle a été dernièrement révisée (Séoul, Corée, 2008); elle est consultable sur internet : http://www.wma.net/fr/30publications/10policies/b3/index.html.

2. On citera par exemple « l'affaire Brooklyn » (injection de cellules cancéreuses à des vieillards sans défense), « l'affaire de Willowbrook » (inoculation du virus de l'hépatite B à des enfants retardés mentaux), « l'affaire de la thalidomide » (expérimentation insuffisante) « l'affaire Tuskegee » (des études comparatives, en double aveugle, réalisées sur des populations syphilitiques traitées ou non, mais à leur insu, avec l'accord du Département de la santé américain).

suscite un questionnement « bioéthique » en lien avec le développement de nouveaux outils diagnostiques et thérapeutiques dans de nombreux domaines de la médecine : chirurgie, anesthésie, réanimation, néonatologie, cardiologie, infectiologie, radiologie, biologie, procréatique, immunologie, génétique, etc. Aux États-Unis puis au Canada, ce questionnement aboutit dans le champ hospitalier à la création de comités d'éthique destinés à penser les pratiques soignantes et la relation médecin-patient.

Dans ce contexte, le terme de « bioéthique » lui-même fait son apparition cinq ans après la publication de l'article de H. Beecher, sous la plume du cancérologue Van Rensselaer Potter qui fait appel à la responsabilité sociale des savants [1]. Dans l'usage courant, il acquiert cependant rapidement un sens spécifique, pour renvoyer à l'éthique biomédicale et en vient à désigner, au cours des années 1970, « une démarche pluridisciplinaire qui concerne toutes les questions morales, sociales, juridiques et économiques liées au développement de la biologie et de la médecine moderne » [2]. Diverses publications scandent son avènement : en 1970, l'ouvrage de P. Ramsey, *The Patient as Person* [3] ; en 1976, la création par H. T. Engelhardt et E. Pellegrino du *Journal of Philosophy and Medicine* ; en 1978, la première édition de l'*Encyclopaedia of Bioethics*. Entre-temps, en 1974, la *Library of Congress* a adopté le terme de « *bioethics* » comme terme de classification.

1. V. R. Potter, *Bioethics, Bridge to the Future*, Englewood Cliffs (NJ), Prentice Hall, 1971.

2. J.-Ch. Mino, dirigé par C. Weil, *Les comités hospitaliers d'éthique clinique sont-ils des lieux de production de nouvelles normes de pratique ? Étude sur le champ institutionnel hospitalier de l'éthique clinique en Amérique du Nord et en France*, juillet 1999, p. 18, Rapport pour la MIRE.

3. P. Ramsey, *The Patient as Person : Explorations in Medical Ethics*, New Haven, Yale University Press, 1974.

Au cours des années 1970, aux États-Unis dans un premier temps, les philosophes, de pair avec les juristes, emboîtent le pas des théologiens et des médecins qui ont, les premiers, développé cette réflexion « bioéthique ». Ils investissent ce champ de la réflexion sur l'éthique médicale et la recherche biomédicale. Ils s'attachent notamment, à ce moment, à défendre et à étayer une conception de la relation médecin-malade fondée sur les idées d'autonomie et de souveraineté du sujet. En 1978, le *Rapport Belmont*, élaboré par la *National Commission for the Protection of Human Subjects of Biomedical and Behavioral Research*, met en avant trois principes à respecter dans l'expérimentation, parmi lesquels l'autonomie de la personne figure ainsi en bonne place, aux côtés de la bienfaisance et la justice [1].

En réalité, dès les années 1960, on peut remarquer un intérêt de la part de certains philosophes pour des problèmes concrets que la réflexion philosophique avait un temps délaissés : la « chose publique » et certains enjeux de l'actualité internationale font alors de nouveau leur entrée dans le questionnement philosophique [2]. Dans la tradition philosophique anglo-saxonne, ces philosophes refusent de s'en tenir à une analyse des prédicats moraux (désignée par l'expression « méta-éthique ») pour développer des conceptions morales dotées d'un contenu réel (ce qu'on appelle, par différence avec la « méta-éthique », l'« éthique substantielle »). Et parmi les problèmes abordés figure celui des pratiques médicales et des enjeux éthiques et politiques qu'elles recèlent.

Au-delà de la spécificité du contexte historique, le philosophe John Harris estime pour sa part que la philosophie entretient en

---

1. Disponible sur internet : http://www.fhi.org/training/fr/Retc/belmont.htm
2. J. Harris, *Bioethics*, Oxford, Oxford University Press, 2004, p. 2-3.

elle-même un lien particulier avec les questions suscitées par la recherche biomédicale et les pratiques thérapeutiques : elles portent sur la valeur et la signification de l'existence humaine. Or, celles-ci ont non seulement toujours occupé les philosophes, mais ont même justifié la philosophie comme champ de réflexion essentiel pour tous [1]. Selon lui, ce qui se produit à partir des années 1960 constitue donc finalement un retour aux interrogations constitutives de la philosophie. De fait, nous y reviendrons, il est incontestable que la philosophie se nourrit d'une réflexion pluriséculaire en éthique médicale depuis le *Serment* d'Hippocrate et d'une analyse critique du savoir médical et de ses modes d'acquisition [2].

Dans la réflexion bioéthique contemporaine, l'allocation des ressources en matière de recherche ou de soin, par exemple, apparaît aisément comme une question « philosophique » car elle peut être traitée dans le cadre d'une interrogation philosophique très classique sur les principes de justice à mettre en œuvre dans la cité. Cette dimension philosophique peut paraître moins évidente dans l'intérêt que des philosophes portent à des cas singuliers, celui de « *Mrs Jones in ward 5 at 4.10 in the afternoon* » [3]. Cependant, on ne peut dire sans une certaine mauvaise foi qu'une réflexion sur les dimensions « ayant trait à la vie des hommes en société ou aux aspects les plus concrets de l'expérience humaine » est extra-philosophique et surtout, il faut le plus souvent aller

1. J. Harris, *Bioethics, op. cit.*, p. 15.

2. Hippocrate, *L'art de la médecine*, trad. fr. et présentation J. Jouanna et C. Magdelaine, Paris, GF-Flammarion, 1999, p. 70-71, pour le Serment ; Cl. Bernard, *Introduction à la médecine expérimentale*, F. Gzil (éd.), Paris, Librairie générale française, 2008 ; A. Fagot-Largeault, *L'homme bioéthique, pour une déontologie de la recherche sur le vivant*, Paris, Maloine, 1985.

3. J. Harris, *Bioethics, op. cit.*, p. 14 et 16.

jusqu'à l'examen du cas de Mrs Jones pour bien comprendre la nature et les enjeux du problème posé : une réflexion qui en reste à la stricte discussion des principes de l'éthique médicale manque dans la plupart des cas la difficulté morale en jeu[1].

La présence de la philosophie dans la pensée bioéthique est importante et perçue par certains comme constitutive de cette dernière. Pour autant, le style adopté par la philosophie au sein de la bioéthique n'est pas aisé à définir. Certains font référence à la philosophie comme réservoir de conceptions morales normatives qu'ils entendent appliquer à telle ou telle question concrète, au point que la profession de « bioéthicien » suscite de façon récurrente la méfiance : elle est soupçonnée, à juste titre ou non, de vouloir imposer une vision morale ; d'autres soulignent avant tout la fonction de clarification conceptuelle et de critique de la philosophie. La détermination de la posture philosophique appropriée suscite ainsi des désaccords qui se perçoivent jusque dans la discussion sur le sens à donner au terme de « bioéthique ». Ainsi Dominique Lecourt définit-il celle-ci d'une manière polémique par rapport à l'éthique de la responsabilité développée par Hans Jonas : à savoir la bioéthique comme possibilité donnée aux citoyens et à leurs représentants « d'expérimenter par essais et erreurs, en se saisissant des occasions, les moyens d'élargir ou au contraire de rétrécir les capacités de l'être humain »[2]. Au nom d'une conception de l'homme comme être capable de réinvention de soi, il défend un projet philosophique ouvert à la reformulation

1. M. Canto-Sperber (éd.), *La philosophie morale britannique*, Paris, PUF, 1994, p. IX. M. Marzano, *L'éthique appliquée*, Paris, PUF, 2008.

2. D. Lecourt, *Humain posthumain*, Paris, PUF, 2003, p. 10. H. Jonas, *Le principe de responsabilité : une éthique pour la civilisation technologique* (1980), trad. fr. J. Greisch, Paris, Flammarion, 2008.

des normes et entend faire de la bioéthique le lieu de discussion de ces normes et non le vecteur de communication et de diffusion de normes déjà déterminées.

Par ailleurs, la dimension souvent concrète de l'interrogation philosophique dans le champ de la bioéthique pose un problème d'ordre épistémologique et méthodologique. La pensée philosophique présente au sein du discours bioéthique ne se définit pas aisément et constitue une pratique exigeante : oscillant entre une perspective critique et une optique normative, elle a par ailleurs fort à faire pour *s'appliquer* de façon pertinente et correcte aux objets qui l'intéressent dans ce champ. Il ne faut pas nécessairement déplorer ce double visage et ces difficultés, car ils sont sans doute le signe et les effets d'une pensée qui recherche de façon active et vivante à s'approprier un objet complexe qui, de lui-même, requiert diverses approches.

La philosophie de la médecine côtoie aujourd'hui d'autres approches – celles de la sociologie, de l'anthropologie, du droit, des sciences politiques, de l'économie, de la psychologie notamment. Elle offre rarement un point de vue isolé sur la médecine et doit situer son interrogation, ses méthodes, ses finalités par rapport à ces autres approches. Cette situation suscite un vaste débat au sein de la pensée bioéthique, certains accordant à la philosophie un rôle central et structurant tandis que d'autres estiment que la philosophie occupe une place égale aux autres disciplines : l'idée selon laquelle la philosophie développe un questionnement moral vers lequel convergent les contributions des autres disciplines est loin de faire l'unanimité [1].

---

1. R. Bennett et A. Cribb, « The Relevance of Empirical Research to Bioethics », dans M. Häyry et T. Takala (eds.), *Scratching the Surface of Bioethics*, Amsterdam-New York, Rodopi, 2003, p. 9-18.

Au-delà de la place respective qu'occupent les différentes disciplines au sein du débat bioéthique, ce débat pose la question de leur articulation. Pour la philosophie, il s'agit d'un aspect crucial. En effet, le partage des tâches au sein des sciences humaines et sociales semble entendu : le travail de terrain et d'enquête empirique paraît revenir de droit à des disciplines telles que la sociologie et à l'anthropologie. Mais alors, que fait la philosophie ? Elle semble devoir se consacrer à l'analyse conceptuelle, à l'élaboration d'une conception normative des pratiques médicales ou à l'application de ses principes aux situations de soin qu'elle envisage, orientations qu'elle a de fait adoptées de façon prédominante.

Cependant, cette vision des choses est contestée : un autre point de vue émerge sur le travail philosophique, selon lequel toute analyse éthique doit, pour être menée à bien, incorporer en amont les données issues des enquêtes empiriques et non les considérer comme des éléments extérieurs au raisonnement philosophique, qui viendraient confirmer après coup et « en sus » un raisonnement abstrait de tout contexte[1]. La pensée bioéthique accueille ainsi aujourd'hui en son sein une réflexion où la question du rapport de la philosophie à l'empirie se trouve posée de la plus façon la plus vive : jusqu'à quel point peut-on isoler la réflexion éthique et les jugements qui en découlent de celle qui porte sur la nature de la réalité sociale ? La question n'est pas tranchée, mais il apparaît de plus en plus clairement que leur dissociation conduit à un appauvrissement de la pensée, de telle sorte que la discussion se déplace peu à peu sur les méthodes à privilégier pour éclairer la nature de cette réalité sociale et

---

1. R. Bennett et A. Cribb, « The Relevance of Empirical Research to Bioethics », art. cit., p. 13.

élaborer des jugements normatifs à la lumière de celle-ci. De ce fait, au nécessaire travail de découverte et d'acclimatation à l'univers des pratiques et des recherches biomédicales s'ajoute la question du rapport aux sciences sociales qui ont aussi fait des pratiques médicales leur objet[1]. La « transdisciplinarité » doit être de ce point de vue plus qu'une articulation entre recherche fondamentale et recherche pratique[2]. Il convient de réfléchir aussi à la manière dont la philosophie peut incorporer des savoirs positifs, issus notamment des sciences sociales et humaines, nécessaires à l'effort spéculatif *appliqué*, et jusqu'à quel point elle doit s'engager dans cette démarche pour répondre à ses propres objectifs.

De ce point de vue, s'il y a une spécificité de l'éthique appliquée contemporaine, elle ne se trouve pas dans l'intérêt pour les problèmes pratiques, dont on trouve de multiples formes dans la tradition philosophique et divers témoignages, d'Aristote à Locke ou Descartes pour la philosophie de la médecine *stricto sensu*[3]. Elle réside plutôt dans cette interrogation méthodologique et épistémologique sur le rapport entre philosophie et sciences sociales : l'idée d'un « tournant empirique » de la pensée bioéthique est avancée, pour susciter aussitôt une discussion sur ses modalités effectives et la nature appropriée de l'articulation

---

1. Je m'autorise à renvoyer sur ce point le lecteur à mon ouvrage, *La valeur de la vie*, Paris, Les Belles Lettres, 2010.

2. M. Marzano, *L'éthique appliquée*, *op. cit.*

3. Au sein du projet ANR en cours, intitulé « La refonte de l'homme : découvertes médicales et philosophie de la nature humaine, pays germaniques, France, Grande-Bretagne, XVIIᵉ et XVIIIᵉ siècles » (2009-2011), Cl. Crignon explore tout particulièrement cette dimension dans la philosophie de langue anglaise, chez des auteurs comme Thomas Reid et John Gregory.

entre le questionnement conceptuel, les enquêtes de terrain et
l'analyse des situations singulières [1].

POUR UNE HISTOIRE LONGUE DU « NOUAGE »
ENTRE PHILOSOPHIE ET MÉDECINE

Cependant, la philosophie de la médecine est irréductible au
discours bioéthique. On peut même affirmer, sans forcer le trait,
qu'il est comme l'arbre qui cache la forêt. En effet, nous avons
affaire à un *nouage* dense et très ancien entre philosophie et
médecine. Il y a lieu de promouvoir, pour en prendre la mesure,
une vision plus réflexive et historienne de la philosophie de la
médecine que celle favorisée, *volens nolens*, par une réflexion
bioéthique souvent sans mémoire. Aussi la sélection de textes
proposée dans les trois parties de cet ouvrage s'attache-t-elle,
autant que faire se peut, à mettre en évidence l'histoire et les évo-
lutions de la relation entre philosophie et médecine. Ce mouvement connaît des exceptions, des remises en causes; si l'on peut
repérer de grandes tendances du point de vue historique, il faut
dire aussitôt qu'elles ne se succèdent pas toujours selon un ordre
chronologique parfait, mais parfois se chevauchent; certaines
disparaissent pour réapparaître sous des formes différentes. En

---

1. P. Borry, P. Schotsmans et K. Dierickx, « The Birth of the Empirical Turn
in Bioethics », *Bioethics*, 19, 1, 2005, p. 49-71; Dossier «Empirical Ethics: a
Challenge to Bioethics», *Medicine, Health Care and Philosophy*, 7, 2004. Voir
aussi les travaux de la philosophe A. Mol, *The Body multiple : Ontology in Medical
Practice*, Durham (NC), Duke University Press, 2003, et du même auteur, *Ce que
soigner veut dire : repenser le libre choix du patient* (2008), trad. fr. M. Debauche
et Ch. Debauche, Paris, Mines ParisTech, Presses des mines, 2009; V. Gateau, *Pour
une philosophie du don d'organes*, Paris, Vrin, 2009.

outre, il n'y a pas de « bonne » manière d'aller, en philosophe, vers la médecine et *vice-versa*. En effet, la philosophie de la médecine s'est, au fil du temps, renouvelée et a exploré de nouvelles questions parce que des philosophes et/ou médecins ont pris des sentiers de traverse et inventé de nouvelles façons de lier leurs questionnements, parfois à partir de postures professionnelles et théoriques inédites. Mais cette histoire n'en reste pas moins essentielle et déterminante pour comprendre cette relation entre philosophie et médecine.

Attestent de ce *nouage* entre philosophie et médecine lié à la question de l'homme de nombreux va-et-vient entre deux formes de pensée, deux métiers, deux pratiques désormais considérées comme distinctes. Certains médecins ont estimé que leur réflexion était indissociablement philosophique et médicale. Galien par exemple se situe dans une telle position, au point qu'on a pu parler à son propos de « tradition médico-philosophique »[1]; pour d'autres raisons, notamment au nom d'une approche « humaniste » de leur métier, des médecins comme François Broussais ou René Leriche ont pu également revendiquer cette double identité. Par ailleurs, des philosophes acquièrent une formation de médecin, qui précèdent même parfois celles qu'ils reçoivent en philosophie. De John Locke à Karl Jaspers ou à Georges Canguilhem et quelques-uns de ses élèves, François Dagognet, Anne Fagot-Largeault, Anne-Marie Moulin, certains en ont exercé le métier ou ont développé une réflexion informée de philosophie ou d'histoire des sciences de la médecine[2]. D'autres

---

1. J. Pigeaud, *La Maladie de l'âme : étude sur la relation de l'âme et du corps dans la tradition médico-philosophique antique*, Paris, Les Belles Lettres, 1981.

2. Voir, pour Locke, K. Dewhurst, *John Locke, 1632-1704, Physician and Philosopher, A Medical Biography with an Edition of the Medical Notes in his journals*, London, Wellcome Historical Medical Library, 1963.

encore ont pu considérer la philosophie comme une forme de soin, comme Boèce qui voit en elle le « remède » à sa condition de prisonnier voué à la mort [1].

Caractérisons ce *nouage*. On doit tout d'abord souligner que le *corpus* hippocratique en pose les fondements les plus nourris en s'interrogeant sur la finalité de l'art médical et la guérison et sur la nature du progrès en médecine, mais surtout en avançant un discours général sur l'homme et son rapport au monde. Philosophie et médecine sont dans ce moment hippocratique à la fois distinctes et mêlées : c'est-à-dire qu'elles partagent une quête commune, celle de la compréhension de l'homme, mais qu'elles vont à la découverte de l'homme de façon différente. Comme l'analyse J. Pigeaud :

> la médecine participe, dès l'origine, à la découverte de l'homme. […] Non pas l'homme ontologique, qui se définit comme homme ; mais l'homme qui se révèle au regard de quelqu'un qui se définit comme un spécialiste de l'humain, et qui doit donc se poser lui-même en rapport avec un autre spécialiste de l'humain qu'est le philosophe [2].

C'est pourquoi, tout au moins à partir de la constitution de ce *corpus* hippocratique, la médecine ne peut jamais seulement être considérée comme une technique :

> la médecine hippocratique, puisqu'aussi bien il s'agit d'elle, ne naît pas de la rencontre de deux rameaux ; un rameau pratique et un

---

1. Boèce, *La Consolation de philosophie* (524), C. Moreschini (éd.), trad. fr. E. Vanpeteghem, introd. J.-Y. Tilliette, Paris, Librairie générale française, 2008, I, 2, p. 51.

2. J. Pigeaud, « Pour une histoire de la médecine » (1994), *Poétiques du corps, aux origines de la médecine*, Paris, Les Belles Lettres, 2008, p. 5-6.

rameau théorique qui se fussent rejoints. Le rameau de la pratique est premier *en fait*; c'est une évidence. Mais dès qu'apparaît ce discours particulier sur l'homme qu'est le discours hippocratique, le rameau de la pratique devient second *en droit*[1].

Ce n'est pas tout. Ce *nouage* renvoie aussi à une seconde dimension constitutive de la relation entre philosophie et médecine. Si en effet on peut dire, à l'instar de J. Pigeaud, que la séparation d'avec la philosophie (relative à la manière d'envisager la question de l'homme) est constitutive de la pensée médicale, la philosophie s'est de son côté pensée de façon pluriséculaire comme médecine de l'âme, laissant le corps au soin de la *techné* médicale. C'est un aspect bien connu et central de l'histoire de la pensée philosophique, dont A. J. Voelke a dégagé les principaux éléments rhétoriques : la philosophie comme médication de l'âme se déploie à travers des prescriptions destinées à débarrasser les philosophes dogmatiques de ce qui gêne ou altère leur entendement; à travers une diète grâce à laquelle l'âme pourra apprendre la nature des choses; et enfin, grâce à un travail de transformation du *logos*[2]. La philosophie antique, en particulier chez Platon, les stoïciens et les épicuriens, témoigne de façon éclatante de cette recherche philosophique de la santé de l'âme[3]. Mais l'ambition médicale de la philosophie perdure ensuite, comme en atteste par exemple, à l'âge classique, les multiples traces d'une médecine de l'âme dans les réflexions philosophiques de Bacon, Descartes, Spinoza, Locke, Shaftesbury, etc.[4]. Ce n'est donc pas par hasard

1. J. Pigeaud, « Pour une histoire de la médecine », art. cit., p. 3.

2. A. J. Voelke, *La philosophie comme thérapie de l'âme*, Fribourg, Presses de l'Université de Fribourg, 1993.

3. P. Hadot, *Qu'est-ce que la philosophie antique ?*, Paris, Gallimard, 1995.

4. G. Brykman (dir.), *La philosophie comme médecine de l'âme à l'âge classique*, Nanterre, Presses de l'Université de Paris 10-Nanterre, 2003.

que Philippe Pinel, lorsqu'il cherche à établir l'origine de la psychopathologie à la fin du XVIIIᵉ siècle, « se plaint qu'il n'y eût point d'*histoires* maniaques, au sens où Hippocrate offre des *histoires* de Silénos ou de Philoscos, dans les *Épidémies* » au sein du corpus médical, et « fabrique une origine historique en réunissant *médecine et philosophie*, Hippocrate et Cicéron »[1]. Cependant, à mesure que s'est développée la psychopathologie, elle s'est constituée en discours distinct de la philosophie, de telle sorte que celle-ci n'a pu prétendre à être une médecine de l'âme et s'est plutôt positionnée en analyse critique et historique de ses catégories et de ses pratiques de soin. La première partie de cet ouvrage porte sur ce nouage entre philosophie et médecine et son histoire, sans la clarification duquel la philosophie de la médecine échappe à notre compréhension.

LA MÉDECINE, « MATIÈRE ÉTRANGÈRE » DE LA PHILOSOPHIE, OBJET D'UN DOUBLE QUESTIONNEMENT CRITIQUE

Aujourd'hui, philosophie et médecine ne sont plus conçues comme des paradigmes interprétatifs concurrents. Bien au-delà de son rapport à la médecine, la philosophie contemporaine n'est plus la forme de pensée qui a longtemps joui du privilège « de parler de tout et à tout propos »[2]. De façon spécifique, on n'attend plus de la philosophie qu'elle apporte un savoir positif pour

---

1. J. Pigeaud, « Pour une histoire de la médecine », art. cit., p. 30, et du même auteur, *Aux portes de la psychiatrie, Pinel, l'ancien et le moderne*, Paris, Aubier, 2001.

2. Cl. Lévi-Strauss, « En marge de *La voix des masques*, *La potière jalouse* et *Histoire de Lynx* », entretien par R. Bellour, dans *Œuvres*, V. Debaene, Fr. Keck, M. Mauzé et M. Rueff (éds.), Paris, NRF-Gallimard, p. 1661.

rendre compte et expliquer la maladie, la souffrance, le handicap et la mort, y compris dans le domaine de la psychopathologie. Face à l'histoire de la relation entre philosophie et médecine, on a le sentiment d'assister à un mouvement pluriséculaire qui a conduit la philosophie à passer d'une interrogation sur la médecine perçue comme une forme de pensée solidaire avec elle à un questionnement sur une « matière étrangère », selon l'expression de G. Canguilhem[1]. En raison de ce mouvement, le rôle qui semble aujourd'hui revenir à la philosophie à l'égard de la médecine est celui d'« allié critique »[2].

La philosophie déploie cette alliance critique dans deux directions principales. D'une part, elle continue de s'intéresser à une dimension de la médecine qui a toujours été au centre de son questionnement : c'est-à-dire la médecine comme forme de savoir et d'acquisition du savoir. C'est à cette dimension qu'est consacrée la seconde section de ce choix de texte, où transparaît clairement le mouvement pluriséculaire d'extériorisation de la pensée médicale hors du champ de la philosophie, de telle sorte qu'aujourd'hui le savoir médical est avant tout commenté, éclairé, discuté par la philosophie ou l'histoire des sciences et non élaboré par ces dernières.

D'autre part, cette alliance critique caractérise l'interrogation riche et abondante sur la médecine comme relation de soins et pratique sociale dans les champs de la philosophie morale, politique et juridique notamment. Quelques actes essentiels y

---

1. G. Canguilhem : « la philosophie est une réflexion pour qui toute matière étrangère est bonne », *Le Normal et le pathologique*, Paris, PUF, 1966, introduction, p. 7.

2. H.A.M. J. Ten Have, « Bodies of Knowledge, Philosophical Anthropology, and Philosophy of Medicine », dans *The Philosophy of Medicine, op. cit.*, p. 21.

sont analysés : établissement du diagnostic, décision, annonce, prescription. La visée de l'acte médical, moins claire qu'il n'y paraît, y est réfléchie : soigne-t-on pour guérir, pour apaiser des souffrances, pour rendre le cheminement vers la mort moins pénible, pour répondre à une attente ou un désir qui ne relève pas d'une pathologie mais requiert un savoir-faire médical ? Ces dimensions, auxquelles est consacrée la troisième partie de l'ouvrage, engagent des considérations éthiques, politiques et parfois juridiques. Elles sont envisagées dans le cadre de la relation entre le médecin et son patient et, au-delà du colloque singulier entre ces derniers, comme pratiques engageant des choix de société, des politiques de santé et des décisions législatives.

Ce double visage de l'intérêt philosophique pour la médecine – comme savoir et forme de savoir, d'une part, comme relation de soin et pratique sociale, d'autre part – est souvent abordé de façon dissociée, en raison de la spécialisation des approches et des méthodes. Cet ouvrage leur consacre d'ailleurs deux parties distinctes. Cependant, ces deux facettes doivent être en dernière instance comprises ensemble : la médecine ne se fragmente pas en morceaux séparés comme pourrait le faire croire cette division du travail entre d'un côté, des philosophes et des historiens des sciences et de l'autre, des philosophes moraux et politiques : les connaissances accumulées et sans cesse révisées, le savoir-faire qui en découle, la mise au point incessante de nouvelles techniques pour accompagner le geste soignant transforment les pratiques de soin et la relation entre médecin et patient. Une interrogation philosophique sur la médecine qui serait aveugle à l'impact de l'évolution du savoir et des technologies sur les questions éthiques, politiques et juridiques posées par la médecine en manquerait une dimension essentielle[1]. Au-delà de cet impact, il convient, comme le suggérait déjà Auguste Comte, de voir dans la médecine autre chose que l'application d'un savoir biologique, mais une pratique qui a trait à un savoir sur l'homme, et un homme qui n'est pas considéré indépendamment de son contexte social et politique[2].

UNE FIGURE PHILOSOPHIQUE DU PATIENT
ET DE L'HOMME MALADE

Ce mouvement d'extériorisation de la pensée médicale hors du champ philosophique, le fait qu'on n'attende plus aujourd'hui de la philosophie la constitution d'un savoir positif sur la maladie et la mort, cela n'empêche pas que cette dernière nourrisse un point de vue particulier sur le soin médical. En effet, selon des styles très divers, la philosophie promeut une vision de la pratique médicale différente de celle qu'une approche exclusivement causale et physiologique des maladies suscite. Ce point de vue s'exprime par exemple sous la plume de G. Canguilhem, dans son souci d'accorder au sens de la pathologie exprimé par le malade une importance décisive : le malade instruit son méde-cin, affirme-t-il, même si les symptômes n'ont pas pour lui un sens clair, et il doit voir en lui un « exégète » avant même de

---

1. C. Delkeskamp-Hayes, « Is Medicine Special, and if so, What Follows ? An Attempt at Rational Reconstruction », dans C. Delkeskamp-Hayes et M.A. Gardelle Cutter (eds.), *Sciences, Technology, and the Art of Medicine, European-American Dialogues*, Dordrecht-Boston-London, Kluwer Academic Publishers, 1993, p. 271-319.

2. A. Comte, Lettre à Audiffrent du 21 décembre 1854, *Correspondance*, t. VII, P.E. de Berrêdo Carneiro (éd.), présentation A. Kremer-Marietti, Paris, Éditions de l'EHESS-Vrin, 1987, p. 138 et 284.

« l'accepter comme réparateur ». Chez G. Canguilhem, cette conception aboutit à l'introduction du « concept de corps subjectif dans la définition d'un état que le discours médical croit pouvoir décrire en troisième personne »[1].

On peut lire la même intention dans l'usage philosophique qui est fait, depuis les années 1970, de certains textes littéraires dans l'enseignement de la médecine et la réflexion éthique[2]. À travers eux, il n'est pas question de remettre en cause ou de remplacer le savoir médical sur la maladie, mais de le compléter en tenant compte de la perception qu'a le patient de la maladie et des questions morales inhérentes aux relations de soins. La réflexion philosophique est développée au prisme de textes qui donnent chair et vie au questionnement éthique[3]. Dante, Tolstoï, Kafka, Shakespeare, Thomas Mann, Camus, Hemingway, Arthur Conan Doyle, pour ne citer que quelques uns d'entre d'eux, sont convoqués au chevet du patient, car leurs œuvres recèlent un « savoir narratif » (« *narrative knowledge* ») doté d'une double vertu : elles peuvent aider le médecin à appréhender le discours du patient et ce dernier à s'approprier le discours objectif et scientifique du médecin de façon adaptée au vécu de sa maladie. Cet

---

1. G. Canguilhem, *Écrits sur la médecine*, Paris, Seuil, 2002, p. 63-64. On pourra voir dans l'introduction à la section 2 de cet ouvrage la relation entre ce point de vue et le concept de clinique chez G. Canguilhem.

2. En contexte nord-américain, le *Journal of Medicine and Philosophy* et plus tard *Theoretical Medicine*, ainsi que la collection *Philosophy and Medicine* créée en 1975 chez Reidel sont venus appuyer cette tentative de réorientation du regard porté sur la médecine. On pourra lire aussi à ce sujet les travaux de D. Thomasma, E. Pellegrino et E. Cassell.

3. J.F. Monagle et D.C. Thomasma, « Literature and Medicine : Contributions to Clinical Practice », *Health Care Ethics, Critical Issues for the 21st Century*, Aspen Publishers, 1998, chap. 51, p. 554 (je traduis).

usage contemporain de la littérature entre en résonance avec la dimension littéraire de certains textes médicaux, par exemple *Airs, Eaux, Lieux* d'Hippocrate, *L'Examen des esprits* de Juan Huarte, *L'anatomie de la mélancolie* de Richard Burton, qui « transmet des problèmes éternels indéfiniment ressassés, médités, comme ceux de notre rapport avec la nature, de la constitution de l'humain, du bonheur, de la relation entre la croissance et la forme », etc. [1].

Ce savoir issu de la narration permet notamment d'appréhender la subtilité d'une question éthique. Une fois réinscrite dans le contexte réel de la relation de soin et de la vie du patient, celle-ci s'avère souvent plus ardue à traiter qu'*in abstracto* :

> Reconnaître l'importance de la littérature pour la médecine contribue à la promotion d'une nouvelle approche du questionnement éthique. Les médecins doivent connaître les principes de l'éthique médicale ; ils doivent aussi apprendre à appréhender la vie de leur patient dans toute sa complexité morale. L'approche analytique de l'éthique seule réduit les conflits humains à des problèmes rationnels qui doivent être résolus, tandis qu'une approche narrative de l'éthique présente les étapes particulières de la maladie avec toutes leurs contradictions et leurs significations, en vue de leur interprétation et de leur compréhension. [...] L'éthique narrative met à disposition un genre de savoir que les néo-kantiens allemands appelaient *Verstehen*, c'est-à-dire une appréhension puissante, concrète et riche de sentiments, de

---

1. J. Pigeaud, *Poétiques du corps, op. cit.*, avant-propos, p. IX. Hippocrate, *Airs, Eaux, Lieux*, trad. fr. P. Maréchaux, Paris, Payot Rivages, 1995 ; J. Huarte, *L'Examen des esprits pour les sciences* (1594), trad. fr. J.-B. Etcharren, Biarritz, Atlantica, 2000 ; R. Burton, *L'Anatomie de la mélancolie*, trad. fr. B. Hoepffner et C. Goffaux, Paris, José Corti, 2000.

valeurs, de croyances et d'interprétations qui composent la véritable expérience de la personne malade [1].

L'accent mis sur la perception de la maladie par le malade et l'importance donnée à un savoir moral concret recèle parfois une dimension militante dans l'époque qui est la nôtre : il s'agit alors de mettre l'accent sur la parole du patient et son vécu de malade dans un contexte jugé peu propice à la compréhension de l'expérience de la maladie par des équipes médicales qui travaillent d'une manière jugée trop rapide et trop fragmentée en raison de la spécialisation croissante des savoirs. La philosophe anglaise Onora O'Neill insiste ainsi sur le fait que le manque de confiance envers l'équipe médicale, plus qu'une autonomie croissante, caractérise aujourd'hui la situation des patients, devenus des « étrangers » vis-à-vis des médecins [2].

Au-delà de cette attention au patient et à son histoire qu'elle promeut auprès de la médecine, si la philosophie conserve jusqu'à aujourd'hui une relation spéciale avec la médecine, c'est sans doute aussi parce qu'elle puise dans le dialogue avec elle des éléments destinés à nourrir son interrogation anthropologique. Ce motif anthropologique de la philosophie ne doit pas être confondu avec ce qu'on appelle aujourd'hui l'*anthropologie médicale*, qui s'est développée de façon riche et autonome depuis la fin du XIXᵉ siècle au sein de la discipline anthropologique proprement dite [3].

---

1. J.F. Monagle et D.C. Thomasma, « Literature and Medicine : Contributions to Clinical Practice », art. cit., p. 559 (je traduis).

2. O. O'Neill, *Autonomy and Trust in Bioethics*, Cambridge, Cambridge University Press, 2002, p. 20.

3. En direction d'une anthropologie sociale et politique, pour analyser les enjeux de pouvoir sous-jacents aux problématiques de la santé ; en direction d'une anthropologie culturelle, qui étudie les représentations des personnes et des

Pour comprendre ce dont il est question dans une réflexion philosophico-anthropologique fondée sur la médecine, il ne convient pas de lui assigner un degré de généralisation supérieur à ce qu'offre l'anthropologie médicale, qu'on imaginerait alors se cantonner au recueil de données ethnographiques afin d'offrir aux philosophes une matière à penser. Cela ne correspond pas à la réalité de cette discipline et la différence se joue ailleurs : elle se situe dans l'objet visé par le questionnement. On rencontre tout d'abord des interrogations qui, à partir des recherches actuellement menées sur le corps de l'homme dans les champs de la biologie, de la biomédecine et des neurosciences, s'intéressent à « la nature de l'homme », ses caractéristiques, à ses capacités de transformation et au bien-fondé de celle-ci. Ces interrogations visent à élucider et à formuler les implications anthropologiques des connaissances médicales sur le fonctionnement du cerveau humain, les modes de procréation, l'usage de machines ou d'organes animaux pour pallier certaines déficiences du corps humain, la possibilité du clonage ou encore sur l'intervention sur le patrimoine génétique de l'individu (la liste n'est pas close). On se demande si ces éléments doivent donner naissance à une conception renouvelée de la vie humaine, du point de vue individuel, relationnel, sans oublier celui de l'espèce humaine tout entière [1]. On s'inquiète de la réglementation ou de la régulation de

groupes de population au sujet du corps, de la vie, de la santé, de la procréation et de la mort ; ou encore en direction d'une anthropologie bioculturelle qui examine les différents aspects de l'adaptabilité biologique et culturelle.

1. B. Gordjin et W. Dekkers, « Human Nature, Medicine & Health Care », *Medicine, Health Care and Philosophy, a European Journal*, vol. 12, n° 2, 2009, dossier p. 119-178.

l'usage de ces connaissances[1], ou l'on s'en réjouit au contraire, en estimant qu'elles constituent des « anthropotechnologies » et font partie de la manière humaine d'être au monde[2]. D'une certaine manière, on peut dire que ces interrogations sur la « nature de l'homme » sont les héritières lointaines de l'anthropologie anatomique de la Renaissance, au sens où toutes puisent dans le savoir médical une représentation de cette nature, de ses variations possibles, et de ses dérives éventuelles vers le monstrueux ou le pathologique[3].

Au-delà de ces interrogations, la philosophie s'intéresse anthropologiquement à la médecine pour un autre motif : la *condition humaine* se trouve éclairée par la pratique des soins accordés au malade[4]. Au XXe siècle par exemple, un tel intérêt s'est enraciné dans une réflexion développée aux lendemains de la première guerre mondiale, entre les années 1920 et 1960, notamment en Allemagne et en Hollande. Parmi d'autres, F. Buytendijk, V. von Weizsäcker, V. von Gebsattel, H. Plüge et P. Christian ont promu un regard spécifique sur l'homme, indiquant qu'on ne peut envisager séparément l'existence corporelle et l'activité mentale. Comme le rappelle plus récemment

---

1. F. Fukuyama, *La fin de l'homme : les conséquences de la révolution biotechnique* (2002), trad. fr. D.-A. Canal, Paris, Gallimard, 2004 ; J. Habermas, *L'avenir de la nature humaine : vers un eugénisme libéral ?* (2001), trad. fr. Ch. Bouchindhomme, Paris, Gallimard, 2002.

2. P. Sloterdijk, *Nicht gerettet. Versuche nach Heidegger*, Francfort, Suhrkamp, 2001. J. Goffette, *Naissance de l'anthropotechnie. De la médecine au modelage de l'humain*, Paris, Vrin, 2006.

3. Voir P.-P. Gossiaux, *L'homme et la nature, genèse de l'anthropologie à l'âge classique 1580-1750*, Bruxelles, De Boeck-Wesmael, 1993.

4. Historiquement, les deux ordres de questionnement philosophico-anthropologiques n'ont peut-être pas toujours été abordés séparément. C'est l'un des enjeux théoriques étudiés au sein du projet ANR mentionné note 3, p. 17.

Henk A.M. J. Ten Have, cette attention à la condition humaine devait avoir, dans l'esprit de ces auteurs, une incidence sur la pratique médicale elle-même : selon eux, si la médecine veut être véritablement une science de la personne humaine, elle doit chercher à comprendre le *sens* de la maladie pour la personne qui en souffre, bien au-delà du mécanisme causal que le diagnostic est susceptible d'établir pour en trouver la cause et les moyens de la soigner[1].

En faisant un large usage de la pensée philosophique, notamment de ses courants phénoménologique, existentialiste et anthropologique, cette réflexion a insisté sur le fait que la médecine ne pouvait faire abstraction de l'existence humaine en soignant les corps et a invité à opérer un déplacement dans la conception du corps : pour ces auteurs, il ne faut jamais seulement le voir comme une chose ni comme un mécanisme physiologique, mais d'emblée comme un corps vécu[2], essentiellement précaire

1. H.A.M. J. Ten Have, « Bodies of Knowledge, Philosophical Anthropology, and Philosophy of Medicine », dans *The Philosophy of medicine, op. cit.*, p. 25 (je traduis). Inspirée de la philosophie d'Emmanuel Levinas, la réflexion sur la vulnérabilité comme principe premier de l'éthique biomédicale a fait l'objet de nombreuses analyses récentes. Voir par exemple L. Benaroyo, *Éthique et responsabilité en médecine*, Genève, Médecine & Hygiène, 2006 ou C. Pelluchon, *L'autonomie brisée, bioéthique et philosophie*, Paris, PUF, 2009.

2. S. F. Spicker, « The Live-Body as Catalytic Agent : Reaction at the Interface of Medicine and Philosophy », dans H. T. Engelhardt et S. F. Spicker (eds.), *Evaluation and Explanation in the Biomedical Sciences*, Dordrecht, Reidel Publishing Company, 1975, p. 181-204; « Cognitive and Conative Issues in Contemporary Philosophy of Medicine », *Journal of Medicine and philosophy*, 1986, 11, p. 107-117; « Invulnerability and Medicine's *promise* of immortality : Changing Images of the Human Body during the Growth of Medical Knowledge », dans H.A.M. J. Ten Have, G. K. Kisma et S. F. Spicker (eds.), *The Growth of Medical Knowledge*, Dordrecht-Boston-London, Kluwer Academic Publishers, 1990, p. 163-175; « Terra Firma and Infirma Species : From Medical Philosophical Anthropology to

et fragile. En refusant ainsi ce qu'ils ont perçu comme une réduction épistémologique de la médecine, ces penseurs ont fait de la pratique de soin un motif essentiel de la réflexion sur la condition humaine, renouvelant ainsi le dialogue sur l'homme noué aux premières heures entre la philosophie et la médecine.

Remerciements

Toute ma gratitude va à Joëlle Soler qui a accepté de revoir la traduction du texte latin de Cicéron proposée dans cet ouvrage ; à Jean-Paul Amann, qui a accepté de nous confier un texte de A.B. Hills traduit de l'anglais par ses soins ; et à Stefanie Buchenau, Claire Crignon et Anne-Lise Rey, co-responsables du projet ANR « La refonte de l'homme : découvertes médicales et philosophie de la nature humaine, pays germaniques, France, Grande-Bretagne, XVIIe et XVIIIe siècles » (2009-2011).

Philosophy of Medecine », *Journal of Medicine and Philosophy*, 1(2), 1976, p. 128. Voir aussi R. Zaner, *The Problem of Embodiment : some Contributions to a Phenomenology of the Body* (1964), Den Haag, M. Nijhoff, 1971 ; *The Context of Self : a Phenomenological Inquiry using Medicine as a Clue*, Athens, Ohio University Press, 1981. Voir enfin Fr. Svenaeus, *The Hermeneutics of Medicine and the Phenomenology of Health. Steps toward a Philosophy of Medical Practice*, Dordrecht-Boston-London, Kluwer Academic Publishers, 2000.

D'UNE PHILOSOPHIE COMME MÉDECINE À LA PHILOSOPHIE DE LA MÉDECINE

INTRODUCTION

Dans notre préface, nous avons invoqué la nécessité d'une approche réflexive et historienne, afin de pouvoir mettre en évidence le passage d'une philosophie comme médecine à une philosophie de la médecine. Il y a là une véritable transformation du discours philosophique qu'il convient de commenter plus avant : la grande variété des parcours entre philosophie et médecine rencontrés au fil des siècles ne peut en gommer le caractère central. On renoncera d'emblée à une vue trop simple de leur relation, selon laquelle on serait passé d'une époque (jusqu'au début du XIXᵉ siècle environ) où la médecine se nourrissait de philosophie à une ère nouvelle – la nôtre – où l'inverse se produit [1]. On renoncera également à l'idée d'une fusion initiale entre la philosophie et la médecine, à laquelle aurait succédé un processus de distinction en raison de la spécialisation progressive des savoirs – vision dont nous avons déjà dénoncé le caractère erroné dans la préface.

---

1. Fr. Svenaeus, *The Hermeneutics of Medicine and the Phenomenology of Health. Steps toward a Philosophy of Medical Practice*, *op. cit*, p. 51.

La relation qui se noue entre philosophie et médecine a été d'emblée plus compliquée. La comprendre nécessite de mettre en évidence quelques étapes et moments-clés dans l'histoire de la pensée et de la connaissance. La littérature médicale se développe de façon marquée dans la seconde moitié du Ve siècle av. J.-C., notamment avec la constitution de ce qu'on nomme le *corpus hippocratique*. C'est également l'époque où l'on peut sans doute situer la constitution de la médecine comme *technè*, terme qui recouvre deux idées alors non dissociées, celles d'art et de science[1]. Cet ensemble de textes véhicule une conception de l'homme singulière à l'époque, un homme dont le devenir n'est plus soumis « au rythme du caprice ou de la justice des dieux », mais à celui des saisons et des humeurs présentes dans les corps[2].

Cependant, ce n'est pas directement sur cet aspect que le nouage entre médecine et philosophie se produit, mais par le détour d'un questionnement sur la méthode. Or, ce nouage est polémique, comme en atteste le *corpus hippocratique* : il oppose en effet les partisans d'une médecine dite philosophique, selon laquelle l'art médical ne peut progresser sans connaître la nature de l'homme et partant des éléments qui lui sont extérieurs et relèvent de l'étude de l'univers et ceux d'une médecine jugée autonome par rapport à la philosophie et même première par rapport à elle pour la connaissance de la nature de l'homme. Selon les seconds, c'est grâce à la médecine que l'on peut apprendre à connaître celle-ci :

---

1. *Cf.* J. Jouanna, *Hippocrate*, Paris, Fayard, 1992 et « La naissance de l'art médical occidental », dans M.D. Grmek (dir.), *L'Histoire de la pensée médicale en Occident*, 1. *Antiquité et Moyen Âge*, Paris, Seuil, 1995, p. 24-66.

2. J. Jouanna, « La naissance de l'art médical occidental », art. cit., p. 42.

Le médecin ne doit plus essayer de recréer l'homme à partir de quelques éléments premiers comme le peintre représente l'homme à partir de quelques couleurs fondamentales. Il doit se donner pour tâche d'observer les différentes réactions du corps humain aux différentes actions du régime (aliments, boissons, exercices). Grâce à l'étude causale de ces actions et de ces réactions, la médecine substitue ainsi à la notion générale de nature humaine, qui relève d'un savoir philosophique (*physis* au singulier), les différentes catégories de nature humaine obtenues par l'observation raisonnée (*physeis* au pluriel). Dès lors, la médecine acquiert un statut nouveau : elle n'est plus à la remorque de l'anthropologie philosophique, mais devient, elle-même, science de l'homme[1].

Par ailleurs, le lien entre philosophie et médecine à cette époque se nourrit aussi d'un intérêt spécifique de la première pour les troubles de l'âme et l'idée, présente dans diverses traditions morales, que le discours philosophique constitue une forme de soin pour les âmes malades. Parmi d'autres œuvres, le *corpus* hippocratique, quelques grands dialogues de Platon, *Le Gorgias*, *Le Sophiste*, *Le Timée*, l'œuvre de Plutarque, celle de Sénèque, les *Tusculanes* de Cicéron, le courant épicurien et notamment *La Lettre à Ménécée*, les travaux de Galien et de Caelius Aurélien témoignent d'une réflexion où philosophie et médecine ont toutes deux une fonction thérapeutique[2]. La philosophie ne se

1. J. Jouanna, « La naissance de l'art médical occidental », art. cit., p. 51.
2. J. Pigeaud, *La maladie de l'âme. Étude sur la relation de l'âme et du corps dans la tradition médico-philosophique antique*, Paris, Les Belles Lettres, 1989. Voir aussi M. Nussbaum, *The therapy of desire : theory and practice in Hellenistic thought*, Princeton, Princeton University Press, 1996. Quelques textes essentiels sont disponibles en traduction à ce sujet : (Pseudo-)Hippocrate, *Sur le rire et la folie*, trad. fr., présentation et notes Y. Hersant, Paris, Payot Rivages, 1989 ; Galien, *L'âme et ses passions*, introd., trad. fr. et notes V. Barras, T. Birchler et A.-Fr. Morand, préface J. Starobinski, Paris, Les Belles Lettres, 1995.

confond pas avec la médecine. Plutôt, comme l'a souligné J. Pigeaud, elle pense alors de façon analogique la « maladie de l'âme » et la maladie envisagée par la médecine, se réservant le soin de la première, et laissant les autres pathologies, y compris la folie considérée comme d'origine physiologique, aux médecins.

Revenons à l'articulation polémique entre philosophie et médecine à un niveau plus général que celui suscité par la question des troubles de l'âme. L'approche historienne de la philosophie de la médecine indique que l'œuvre d'Aristote fait évoluer de façon radicale le rapport entre la philosophie de la nature et la médecine tel qu'il est exposé dans le *corpus hippocratique*. Aristote, en effet, fait du *physikos* la figure-clé de la connaissance, à travers l'articulation entre une théorie générale des processus naturels, une doctrine des éléments et des qualités, une conception des processus principaux de la vie animale et l'apport, grâce à la pratique de la dissection sur les animaux, d'un savoir anatomo-physiologique[1]. Dès lors, le médecin joue un rôle important, mais secondaire dans l'ordre de la connaissance : il est avant tout un praticien compétent dans une *technè* consacrée au traitement des maladies ; grâce à sa pratique, il peut apporter de façon spécifique un savoir sur celles-ci et les conditions de la santé ; mais son savoir s'intègre à la pensée philosophique, au sein de sa composante qu'est la « science naturelle », c'est-à-dire, selon Avicenne, « la science des états qu'on ne peut concevoir sans matière »[2].

---

1. *Cf.* M. Vegetti, « Entre le savoir et la pratique : la médecine hellénistique », dans *L'Histoire de la pensée médicale en Occident*, t. 1, *op. cit.*, p. 70.

2. Avicenne, *Le livre de science*, trad. fr. M. Achena et H. Massé, Paris, Les Belles Lettres-UNESCO, 1986, p. 13.

Cette vision des rôles respectifs entre philosophie et médecine joue un rôle essentiel dans les siècles ultérieurs, à travers la réception d'Aristote, sans pour autant s'imposer de façon définitive. Galien, dont l'œuvre, après le *corpus hippocratique*, est le second grand moment fondateur de la médecine dans l'Antiquité, s'affirme ainsi médecin et philosophe. C'est notamment contre lui que la polémique contre les prétentions philosophiques de la médecine se développe dans le monde byzantin et arabe. Al-Fārābī (mort en 965) propose de diviser la médecine en sept parties, afin de distinguer rigoureusement les éléments de sa pratique qui entretiennent des points communs avec la connaissance de la nature. Le savoir au sujet des organes du corps et de leurs maladies respectives est commun à la médecine et à la connaissance de la nature, mais même dans ce partage, ces dernières poursuivent des finalités différentes : à ses yeux, la médecine n'est pas une véritable science et le médecin doit se concentrer sur ses tâches pratiques[1]. Ce point de vue est repris par Avicenne (980-1037), qui diffuse à travers son œuvre, et notamment le *Canon de la médecine*, un savoir médical d'inspiration aristotélicienne, mais pour qui la médecine ne jouit d'aucune indépendance à l'égard de la philosophie[2]. En Europe, la structuration de l'enseignement universitaire au Moyen Âge semble montrer que le savoir médical a conquis au fil du temps une certaine légitimité, même si le débat sur sa nature, art ou science, n'est pas tranché (il ne l'est d'ailleurs toujours pas). Ce savoir s'affirme aussi, dans une certaine mesure, dans sa singularité.

---

1. Al-Fārābī, *Rasā' il falsafiyya*, A. Badawi (éd.), Beyrouth, Dār al-Andalus, 1980.

2. Outre le Canon, on peut lire son *Poème de la médecine*, H. Jahier et A. Noureddine (éds.), Paris, Les Belles Lettres, 1956.

La philosophie naturelle, dont la médecine est alors considérée comme une branche, bénéficie de ses apports propres sur certains aspects spécifiques, notamment la théorie des facultés cérébrales et la psychophysiologie, dont nous venons d'évoquer l'importance pour la philosophie comme médecine de l'âme.

Cependant, l'évolution du savoir médical à partir de la Renaissance, les conditions de son développement et ses usages pratiques vont peu à peu conduire à une transformation des rapports entre le discours philosophique et le discours médical. À partir de cette époque, on laisse progressivement derrière soi les médecins-philosophes traduisant, commentant, transmettant le corpus médical gréco-latin, tel Avicenne dans son *Poème de la médecine*[1], pour découvrir des philosophes qui intègrent à leur pensée ou discutent un savoir positif que d'autres, médecins et chercheurs, ont élaboré.

L'intrication entre philosophie et médecine devient par ailleurs plus complexe qu'auparavant car elle se fragmente. Le développement de la connaissance anatomique du corps humain paraît dévolu aux seuls médecins, mais l'on sait que certains philosophes – comme Descartes – l'ont également pratiquée, à défaut de rédiger des traités d'anatomie ; le développement d'une médecine chimique, qui se manifeste par la mise en place progressive de chaires de chimie dans les facultés de médecine (aux alentours de 1700, toutes les facultés importantes en sont dotées), est mêlé à des débats internes à la philosophie naturelle sur l'inscription de l'homme dans l'univers, puis aux discussions philosophiques consacrées à l'hypothèse d'un esprit vital ; enfin, « la transformation

1. Avicenne, *Poème de la médecine, op. cit.* Voir aussi Averroès, *Obra médica*, trad. esp. M. Concepcion Vazquez de Benito, Universidad de Cordoba-Universidad de Malaga-Universidad de Sevilla, Fundacion El Monte, 1998.

fondamentale d'une philosophie aristotélisante, abstraite, en science de la nature, avec quantification des observations expérimentales et recherche des lois naturelles »[1], transformation que connaît progressivement la médecine à l'époque moderne, est opérée et théorisée autant par des philosophes que par des médecins.

De Francis Bacon à l'*Encyclopédie*, en passant par Descartes, une réflexion se déploie à ce sujet, qui témoigne de l'entrelacement des questionnements médicaux et philosophiques, mais aussi de la reconnaissance de deux savoirs séparés et d'une réflexion sur leur possible articulation, sa fécondité et ses limites. Le texte de Pierre Jean Georges Cabanis, qui complète le choix de cette première partie, témoigne d'une telle réflexion à l'orée du XIXe siècle : extrait des *Rapports du physique et du moral de l'homme*, il élargit le questionnement sur la nature des passions de l'homme et les troubles de l'âme à une interrogation plus générale, à la fois ontologique et épistémologique, sur le relation à établir entre connaissance médicale et interrogation philosophique sur les facultés de l'esprit et leurs défaillances[2].

Aujourd'hui, cette fragmentation de la relation entre philosophie et médecine est toujours observable et elle s'est encore accentuée. Certaines interventions philosophiques se

---

1. G. Rudolph, « Mesure et expérimentation », dans M.D. Grmek (dir.), *Histoire de la pensée médicale en Occident*, 2. *De la Renaissance aux Lumières*, Paris, Seuil, 1997, p. 64.

2. Voir aussi, de P. J.G. Cabanis, *Du degré de certitude de la médecine*, présentation J.-M. Drouin, Genève-Paris, Champion Slatkine-Éditions de la Cité des Sciences et de l'Industrie, 1989. Ph. Pinel n'est pas étranger à cette problématique de l'articulation entre philosophie et médecine dans sa réflexion sur la folie ; voir son *Traité médico-philosophique sur l'aliénation mentale ou la manie* (1800), présentation Fr. Azouvi, Paris-Genève, Slatkine, 1980.

distinguent, lorsqu'elles proposent une discussion et une clarification conceptuelles de certaines notions médicales, comme celle de J. Starobinski sur la notion d'organisme ou celle J. Pigeaud sur celle de crise[1]; lorsqu'elles mettent en évidence la dimension idéologique sous-jacente à telle ou telle assertion scientifique comme la pensée de G. Canguilhem[2]; voire lorsqu'elles discutent certaines définitions que propose la communauté médicale de tel ou tel aspect de la condition humaine, comme l'analyse épistémologique de la conception médicale de la mort proposée par A. Fagot-Largeault ou, à ce propos également, la réflexion ontologique et morale de R. Zaner[3]. Dans cette énumération, l'on ne saurait bien entendu oublier l'importante réflexion éthique contemporaine sur les pratiques médicales, qu'elle s'oriente vers des questions de morale privée ou des problématiques de santé publique : S. Toulmin a pu dire à ce propos que la médecine avait « sauvé » la philosophie éthique en nourrissant ses interrogations[4].

1. J. Pigeaud, *La crise*, Nantes, C. Defaut, 2006; J. Starobinski, *L'idée d'organisme*, Paris, Centre de documentation universitaire, 1956. L'œuvre de J. Starobinski constitue un parcours singulier et exceptionnel pour la philosophie de la médecine. Voir *Histoire de la médecine*, Levallois-Perret, Cercle du bibliophile, 1963; *Histoire du traitement de la mélancolie des origines à 1900*, Bâle, Geigy, 1960; et sa participation à l'ouvrage *Le Corps, miroir du monde : voyage dans le musée imaginaire de N. Bouvier*, 20e éd., Carouge-Genève, Éditions Zoé, 2000.

2. G. Canguilhem, *Idéologie et rationalité dans l'histoire des sciences de la vie : nouvelles études d'histoire et de philosophie des sciences*, Paris, Vrin, 1977.

3. A. Fagot-Largeault, *Les causes de la mort. Histoire naturelle et facteurs de risque*, Paris, Vrin, 1989; R. Zaner (ed.), *Death beyond whole-brain criteria*, Boston-Dordrecht-London, Kluwer Academic Publishers, 1988. Sur un thème différent, celui de l'identité, mais dans le même esprit, on peut lire Cl. Debru, J. Bernard, M. Bessis (dir.), *Soi et non-soi, des biologistes, médecins, philosophes et théologiens s'interrogent*, Paris, Seuil, 1990.

4. S. Toulmin, « How medicine saved the life of ethics », *Perspectives in Biology and Medicine*, 25(4), été 1982, p. 736-750.

Au sein des multiples ramifications contemporaines de la relation entre philosophie et médecine, on repère la continuation d'un débat majeur sur le statut des connaissances médicales produites sur le corps humain à partir de la Renaissance : d'une part, que nous disent-elles sur l'homme ? D'autre part, la « science de l'homme » réside-t-elle entièrement dans un savoir sur les phénomènes organiques ? L'œuvre de Julien Offray de la Mettrie, parmi d'autres, illustre ce questionnement, qui propose la défense radicale d'une thèse mécaniste et matérialiste et la critique du dualisme cartésien[1], sans exclure tout à fait une réflexion destinée à faire une place à la notion d'âme dans la nature matérielle de l'homme[2]. *Mutatis mutandis*, les neurosciences contemporaines suscitent aujourd'hui le même genre de débat au sein de la philosophie, entre les tenants d'une « réduction » de l'esprit au cerveau et de la naturalisation des états mentaux et ceux qui, en s'appuyant sur le savoir psychanalytique et/ou sociologique, s'opposent à cette « réduction »[3]. On remarquera que ce débat est d'un intérêt tout particulier pour la philosophie car il pose à nouveaux frais « le vieux problème des relations entre l'âme et le corps » en des termes que le psychiatre et philosophe G. Lantéri-Laura estime, non sans ironie, être « débarrassés des connotations

---

1. J.O. de la Mettrie, *L'homme machine* (1747), Paris, Denoël-Gonthier, 1981. Les thèmes de cette œuvre sont repris et développés dans le *Discours préliminaires aux Œuvres philosophiques* trois ans plus tard.

2. J.O. de la Mettrie, *L'homme plus que machine* (1748), présentation L. Vaucouleur, Paris, Payot Rivages, 2004.

3. J.-N. Missa, *L'Esprit-cerveau, la philosophie de l'esprit à la lumière des neurosciences*, préface Cl. Debru, Paris, Vrin, 1993 ; B. Andrieu, *L'invention du cerveau*, Paris, Press Pocket, 2002 ; Cl. Debru, *Neurophilosophie du rêve*, Paris, Hermann, 2006 ; A. Ehrenberg, *La société du malaise*, Paris, Odile Jacob, 2010 ; P.-H. Castel, *L'esprit malade, cerveaux, folies, individus*, Paris, Les Éditions d'Ithaque, 2010.

métaphysiques » [1]. La philosophie se trouve ainsi de nouveau confrontée à un objet sur lequel elle a longtemps estimé pouvoir intervenir de façon directe : les pathologies psychiques.

Cette histoire de la relation entre philosophie et médecine et les lieux de réflexion qui lui sont associés constituent, on le voit, un épisode très complexe de notre culture occidentale. Pour en rendre compte, nous avons choisi de présenter ici une série de textes qui exposent la prétention de la philosophie à être une médecine de l'âme puis l'abandon progressif de cette prétention, à mesure que la psychopathologie se constitue en tant que telle et que l'articulation générale du savoir philosophique et du savoir médical se recompose. On a donc affaire ici à un double mouvement : à la fois celui d'une réflexion philosophique récurrente sur les pathologies psychiques et celui d'un mouvement constant de redéfinition des frontières du savoir médical et du savoir philosophique. L'interrogation philosophique sur ces pathologies se maintient, mais la nature du discours philosophique à leur sujet connaît une transformation, passant d'une médecine de l'âme au constat de la séparation de la philosophie et de la médecine et à la nécessité de resituer le discours philosophique par rapport à la connaissance médicale.

Un texte de Cicéron extrait des *Tusculanes* illustre, dans le présent choix de texte, le premier temps de cette perspective. Les *Tusculanes disputationes*, dialogue publié en 45 av. J.-C., déploie une réflexion sur l'immortalité de l'âme et la relation entre bonheur et vertu. La question de la capacité du sage à faire face au chagrin et à résister aux passions est au premier plan. Le

---

1. G. Lantéri-Laura, « Le psychisme et le cerveau », dans M.D. Grmek (dir.), *Histoire de la pensée médicale en Occident*, 3. *Du romantisme à la science moderne*, Paris, Seuil, 1999, p. 85.

propos indique qu'il faut envisager deux genres de médecine, l'une consacrée au corps et à ses pathologies, et l'autre à l'âme et à ses maladies. Sous la plume de Cicéron, c'est à la philosophie que revient la tâche de soigner celles-ci. Cette perspective a une certaine postérité : Érasme publie ce texte en 1523 et Pinel suggère de remplacer la douche par la lecture des *Tusculanes* dans le traitement de la folie [1].

Nous avons tâché ensuite d'illustrer la continuité mais aussi les transformations de cette philosophie comme médecine de l'âme. Publié en 1649 à Paris et à Amsterdam, le *Traité des passions de l'âme* a pour arrière-plan la question du dualisme du corps et de l'esprit. Dernier texte publié du vivant de Descartes, écrit en français, il s'inscrit dans un contexte de savoir sur le corps en pleine transformation. On sait désormais que le corps est un réseau complexe où circulent des fluides de natures diverses, réseau dans lequel les nerfs jouent un rôle important bien qu'encore mal connu et dont les mouvements ne sont pas toujours volontaires mais *réflexes*. Ce traité présente les passions de l'âme en lien avec le corps : selon Descartes en effet, elles viennent à l'âme, par l'entremise des nerfs – processus qui confère au dualisme un caractère aporétique. Pour autant, la philosophie ne perd pas tout rôle face aux passions dès lors qu'adossée à une analyse physio-logique de celles-ci, elle se montre capable d'élaborer une éthique notamment fondée sur le report de la décision, la suspension du jugement, la diversion et le contrôle du cours de l'imagination.

Lorsque Kant, deux siècles plus tard, reprend le problème à nouveaux frais, il propose une vision originale et différente. Il paraît renoncer à l'idée d'une philosophie comme médecine de

---

1. J. Pigeaud, « Le rôle des passions dans la pensée médicale de Pinel à Moreau de Tours », *History of Life science*, 1980, 2, p. 123-140.

l'âme, affirmant que la « racine » des maladies de la tête se trouve vraisemblablement dans le corps, et plus spécifiquement dans les parties digestives. La psychopathologie médicale semble ici l'emporter sur la psychopathologie philosophique, à la fois pour nommer les maladies et les soigner : dans l'*Essai sur les maladies de la tête*, Kant « joue la partie de la médecine » [1]. Si la médecine a désormais à charge ces maladies de l'âme, si l'origine de la folie est placée dans le corps, le statut des passions demeure un objet de questionnement, comme l'atteste la réflexion de Pinel. Alors que Kant affronte, du côté philosophique, la difficulté de penser un remède purement rationnel aux maladies de la tête, Pinel refuse, du côté médical, de nier la dimension passionnelle. Sa double référence à Galien et à Cicéron lui permet, en quelque sorte, de « médicaliser » les passions et de penser à la fois la causalité organique et l'expression des pathologies, qui dépasse le viscéral et le corporel [2].

Le texte de Pierre Jean Georges Cabanis présenté ici invite à réfléchir à l'articulation entre médecine, physiologie et philosophie. Publié au tout début du XIXe siècle, en 1805, il témoigne d'une pensée pour laquelle la question du rôle médical de la philosophie ne se pose plus véritablement. De façon plus radicale, c'est même l'idée de philosophie qui apparaît devoir être retravaillée à la lumière du savoir sur l'homme véhiculé par la médecine, en particulier la physiologie : la philosophie véritablement « rationnelle » incorpore la médecine. Ce texte fait l'histoire d'une telle philosophie dont l'idée apparaît, pour Cabanis, dès la

---

1. Voir à ce sujet J. Pigeaud, « L'aporie des médecins révélée par un philosophe », dans *Aux portes de la psychiatrie, Pinel, l'Ancien et le Moderne*, Paris, Aubier 2001, p. 117.

2. *Ibid.*

médecine grecque qui a pensé la relation analogique entre le physique et le moral.

L'extrait proposé de *Maladie mentale et psychologie* met en évidence la posture d'extériorité que le philosophe doit désormais assumer par rapport à la pathologie, fût-elle mentale, et à la médecine qui la prend en charge. Version remaniée en 1962 de son premier écrit, *Maladie mentale et personnalité*, ce texte témoigne de l'intérêt de Michel Foucault pour la psychologie. Cet intérêt se manifeste dans sa formation à cette discipline (licence en 1949, enseignement de la psychologie à l'École normale à partir de 1951), et son emploi de psychologue dans le service du Professeur Delay à l'hôpital Sainte Anne), ainsi que dans son introduction au livre de Ludwig Biswanger, *Le Rêve et l'existence*. Cet intérêt le conduira à développer une démarche originale et féconde d'étude de la folie et de sa médecine, celle d'un philosophe et historien critique de la constitution d'un savoir – la psychiatrie – et des pratiques de soins qui lui sont associées.

Bibliographie indicative

CANGUILHEM G., *Idéologie et rationalité dans l'histoire des sciences de la vie : nouvelles études d'histoire et de philosophie des sciences*, Paris, Vrin, 1977.

CASTEL P.-H., *L'esprit malade, cerveaux, folies, individus*, Paris, Les Éditions d'Ithaque, 2010.

DEBRU Cl., BERNARD J., BESSIS M. (dir.), *Soi et non-soi, des biologistes, médecins, philosophes et théologiens s'interrogent*, Paris, Seuil, 1990.

FAGOT-LARGEAULT A., *Les causes de la mort. Histoire naturelle et facteurs de risque*, Paris, Vrin, 1989.

GRMEK M.D. (dir.), *L'Histoire de la pensée médicale en Occident*, 1. *Antiquité et Moyen Âge*, Paris, Seuil, 1995 ; 2. *De la Renaissance aux Lumières*, Paris, Seuil, 1997 ; 3. *Du romantisme à la science moderne*, Paris, Seuil, 1999.

MISSA J.-N., *L'Esprit-cerveau, la philosophie de l'esprit à la lumière des neurosciences*, préface Cl. Debru, Paris, Vrin, 1993.

JOUANNA J., *Hippocrate*, Paris, Fayard, 1992.

NUSSBAUM M., *The therapy of desire : theory and practice in Hellenistic thought*, Princeton, Princeton University Press, 1996

PIGEAUD J., *La maladie de l'âme. Étude sur la relation de l'âme et du corps dans la tradition médico-philosophique antique*, Paris, Les Belles Lettres, 1989.

– *Aux portes de la psychiatrie, Pinel, l'Ancien et le Moderne*, Paris, Aubier, 2001.

SVENAEUS Fr., *The Hermeneutics of Medicine and the Phenomenology of Health. Steps toward a Philosophy of Medical Practice*, Dordrecht-Boston-London, Kluwer Academic Publishers, 2000.

ZANER R. (éd.), *Death beyond whole-brain criteria*, Boston-Dordrecht-London, Kluwer Academic Publishers, 1988.

CICÉRON

DU CHAGRIN, QU'IL FAUT L'ADOUCIR*

1. Puisque l'homme est un composé de l'âme et du corps, d'où vient donc, Brutus, qu'il n'a pas donné une égale attention à ces deux parties de son être ? Pour le corps, il a cherché avec soin l'art d'en guérir, ou d'en prévenir les maladies ; et il a rendu sacrée son utilité en rapportant son invention aux dieux. Mais à l'égard de l'âme, on n'a pas eu le même empressement pour découvrir une médecine de l'âme ; et depuis qu'il a été découvert, on s'y est moins appliqué : il a eu moins d'approbateurs ; il a même beaucoup d'ennemis. Cette différence viendrait-elle de ce que l'âme, quelque abattu que soit le corps, est toujours en état de juger de ses maladies ; au lieu que le corps ne peut en aucun temps connaître celles de l'âme ? Ainsi, quand elle est malade, comme est alors privée de ses fonctions naturelles, il ne lui est pas possible de bien juger de son propre état. Véritablement, s'il avait plu à la nature de nous rendre tels, que nous eussions pu la contempler elle-même, et la prendre pour guide dans le cours de notre vie, nous n'aurions besoin, ni de savoir, ni d'étude pour

 * Cicéron, *Tusculanes* (45 av. J.-C.), Livre III, trad. fr. M. Nisard, t. IV, Paris, Firmin Didot Frères, fils et Cie, 1868, traduction revue par J. Soler.

nous conduire. Mais elle n'a donné à l'homme que de faibles rayons de lumière. Encore sont-ils bientôt éteints, soit par la corruption des mœurs, soit par l'erreur des préjugés, qui obscurcissent entièrement en lui cette lueur de la raison naturelle. Ne sentons-nous pas, en effet, au-dedans de nous-mêmes des semences de vertu qui, si nous les laissions germer, nous conduiraient naturellement à une vie heureuse ? Mais à peine a-t-on vu le jour, qu'on est livré à toutes sortes d'égarements et de fausses idées. On dirait que nous avons sucé l'erreur avec le lait de nos nourrices : et quand nos parents commencent à prendre soin de notre éducation, et qu'ils nous donnent des maîtres, nous sommes bientôt tellement imbus d'opinions erronées, qu'il faut enfin que la vérité cède au mensonge, et la nature aux préventions.

2. Autre source de corruption, les poètes. Comme ils ont une grande apparence de doctrine et de sagesse, on les écoute, on les lit, on les apprend ; et leurs leçons se gravent profondément dans nos esprits. Quand à cela se vient joindre le vulgaire, ce grand maître en toute sorte de dérèglements, c'est alors qu'infectés d'idées vicieuses, nous nous écartons entièrement de la nature. Car vouloir nous persuader qu'il n'y a rien de meilleur, rien de plus désirable que les dignités, le commandement des armées, et cette gloire populaire, après quoi courent les plus honnêtes gens, n'est-ce pas nous envier ce que la nature met en nous d'excellent, et vouloir qu'à la place de ce véritable honneur, qui est ce qu'elle nous porte le plus à rechercher, nous embrassions un fantôme, où l'image de la vertu n'est point empreinte, mais où celle de la gloire est grossièrement imitée ? La gloire demande la solidité jointe à l'éclat ; sans quoi ce n'en est que l'ombre. Elle consiste dans les louanges que les gens de bien et les gens sensés donnent à une vertu non commune, et qu'ils lui donnent hautement, unanimement, sans intérêt. Elle est pour ainsi dire, l'écho de la vertu ; et comme elle accompagne d'ordinaire les bonnes actions, il ne faut

point que les honnêtes gens la rejettent. Mais cette autre espèce de gloire, qui contrefait la véritable (j'entends cette approbation téméraire et inconsidérée du peuple, qui applaudit le plus souvent au vice) cette fausse gloire, dis-je, défigure l'honneur, en affectant de lui ressembler. De là vient l'aveuglement de ces hommes qui aurait bien voulu se porter à quelque chose de grand, mais qui, ne connaissant ni le chemin de la vrai gloire, ni en quoi elle consiste, sont devenus les destructeurs de leur patrie, ou se sont perdus eux-mêmes. Puisqu'ils avaient cependant l'honneur pour objet, ils semblent s'être moins égarés par une erreur volontaire, que pour s'être mépris de route. D'autres qui se laissent emporter à une avarice sordide, ou au débordement des voluptés, et dont les égarements approchent assez de la folie, pourquoi ne pas entreprendre de les guérir? Serait-ce parce que les maladies de l'âme sont moins nuisibles que celles du corps : ou parce qu'on peut rendre la santé au corps, tandis que, pour l'âme, il n'existerait pas de médecine?

3. Pour moi, je trouve que les maladies de l'âme sont, et plus dangereuses, et en plus grand nombre, que celle du corps. Ce qu'il y a même de plus fâcheux dans ces dernières, c'est qu'en attaquant l'âme, elles en troublent la tranquillité, et que, comme dit Ennius,

> Une âme malade est toujours égarée,
> incapable de patient et d'endurance, elle ne cesse jamais de désirer.

Voilà ce qui arrive quand on se livre au chagrin, ou à l'ambition : deux maladies de l'âme, qui, sans parler des autres, valent les plus violentes, dont le corps puisse être attaqué. Et puisque l'âme a bien trouvé le secret de guérir le corps, est-il croyable qu'elle ne puisse pas aussi se guérir elle-même? D'autant plus que la guérison du corps dépend souvent de sa constitution, et que l'art du médecin n'est pas toujours garant du succès : au lieu que tout esprit, qui aura vraiment envie de se guérir, et qui obéira aux préceptes des sages, réussira infailliblement. Oui sans doute il existe une médecine de l'âme, c'est la philosophie : nous n'avons point à chercher hors de nous-mêmes ses remèdes, comme ceux qui agissent sur le corps : il faut seulement, pour nous les rendre salutaires, ne rien négliger de ce qui dépend de nous. Mais ne faisons point ici l'éloge de la philosophie en général. Je crois avoir dit assez dans mon *Hortensius*, combien elle méritait d'être cultivée. Depuis que cet ouvrage est public, je n'ai presque pas cessé de parler et d'écrire sur ce qu'elle nous enseigne de plus important. Celui-ci est le compte que je rends des questions agitées entre quelques amis et moi dans ma maison de Tusculum. La mort et la douleur ont fait le sujet de nos deux premières conférences. J'en suis présentement à la troisième. Un peu après le milieu du jour, étant descendu dans mon Académie avec mes amis, je demandai à l'un d'eux qu'il proposât le sujet de la dispute : et la voici d'un bout à l'autre.

4. L'AUDITEUR. Il me semble que l'âme du sage est susceptible de chagrin. CICÉRON. Vous semble-t-elle aussi susceptible des autres passions, de la crainte, des désirs immodérés, de la colère ? C'est là en effet ce que les Grecs nomment πάθη, expression que je pourrai traduire littéralement par maladies ; mais parler ainsi, ce serait s'écarter de l'usage. Car les Grecs appellent la pitié, l'envie, l'exaltation, des maladies, et les définissent des mouvements de l'âme, en opposition avec la raison ; nous appelons nous ces mêmes mouvements d'une âme agitée, des passions (*perturbationes*), et je crois l'expression juste ; les nommer des maladies, ce serait faire violence à l'usage ; que vous en semble ? L'AUDITEUR. Je suis entièrement de votre avis. CICÉRON. Vous dites donc que vous croyez l'âme du sage susceptible de passions ? L'AUDITEUR. C'est là mon avis. CICÉRON. Alors cette sagesse dont on fait tant de bruit ne mérite pas en vérité grande estime, car elle

ne diffère pas beaucoup de la folie. L'AUDITEUR. Quoi! il n'est point de trouble de l'âme que vous ne regardiez comme insensé? CICÉRON. Non pas moi seulement, mais, ce que je ne puis me lasser d'admirer, nos ancêtres en ont jugé ainsi bien des siècles avant Socrate, le père de toute cette philosophie régulatrice des mœurs et de la vie. L'AUDITEUR. Comment cela? CICÉRON. Parce que le nom d'insensé signifie une maladie et une infirmité de l'esprit; évidemment c'est à un esprit malade et qui n'est pas sain, que nos pères ont donné le nom d'insensé (*insanus*). Les philosophes appellent maladies toutes les passions, et ils enseignent que ceux qui n'ont pas la sagesse sont nécessairement atteints de ces maladies. Être malade, c'est n'avoir plus la santé, or tous ceux qui n'ont pas la sagesse, sont malades; donc ceux qui n'ont pas la sagesse sont fous. Nos pères pensaient que la santé de l'esprit consiste dans une certaine tranquillité, et égalité dont le défaut est folie (*insania*), comme ils l'appelaient, car au milieu des perturbations de l'esprit, comme parmi celles du corps, il n'est plus de santé.

5. J'admire aussi le nom de *déraison*, *démence*, qu'ils ont donné aux affections de l'âme où ne se rencontre plus la lumière de la raison. L'étymologie prouve manifestement que nos pères en formant ces mots, étaient convaincus, comme le furent depuis Socrate, et les Stoïciens qui reçurent de lui et retinrent fidèlement ce dogme, que tous ceux qui n'ont pas la sagesse n'ont pas la santé. L'esprit atteint de quelque maladie (ces maladie de l'esprit, selon les philosophes, sont, comme je viens de le dire, les passions en mouvement violents) n'est pas plus en santé que le corps affecté de quelque maladie. D'où il résulte que la sagesse est la santé de l'âme; que l'absence de sagesse est comme une maladie, folie ou aussi démence; et il faut avouer que la langue latine exprime beaucoup mieux toutes ces idées que la langue grecque; avantage que nous retrouvons en bien d'autres endroits. Mais ce

n'est pas le lieu d'insister; revenons à notre sujet. Tout ce que nous cherchons en ce moment sur la nature et la force des passions, les mots eux-mêmes nous l'apprennent. Puisqu'il faut regarder comme sains ceux dont l'esprit n'est troublé d'aucune de ces passions qui sont les maladies de l'âme, il faut par conséquent appeler ceux qui sont dans un état contraire, insensé (*insanos*). C'est pourquoi je trouve excellente cette locution de notre langage, par laquelle nous disons qu'un homme *ne s'appartient plus*, qui est emporté hors des gonds, par un désir immodéré, ou par la colère; quoique la colère soit une espèce particulière de désir immodéré; car on définit la colère, le désir immodéré de la vengeance. Pourquoi, dit-on alors que l'homme ne s'appartient plus? Parce qu'il a cessé d'appartenir à sa raison qui, au nom même de la nature, doit régner sur l'âme entière. Quant à ce que les Grecs appellent la μανία; je ne sais trop d'où vient le mot : mais ce qui est certain, c'est que nous caractérisons la chose mieux qu'eux. Il y a une folie qui, si on la confond avec l'absence de sagesse, s'étend fort loin; nous faisons entre elle et la folie furieuse une grande différence, mais ils l'expriment mal; ils nomment μελαγχολίαν ce que nous appelons folie furieuse. Comme si l'esprit n'était emporté que par les noirs flots de la bile, et non pas le plus souvent par la colère, la crainte, la douleur; témoin Athamante, Alcméon, Ajax, Oreste. Les douze Tables ont interdit au furieux la disposition de ses biens. Elles ne disent pas : s'il est insensé, mais *s'il est fou furieux*. Nos pères pensaient que celui qui n'a pas la sagesse, dont l'âme est troublée, et par conséquent atteinte de quelque maladie, peut cependant remplir les devoirs ordinaires, et vaquer aux affaires communes de la vie; mais ils étaient convaincus que la fureur ôte absolument toute lumière à l'esprit. Quoiqu'il semble beaucoup plus grave d'être furieux que d'être insensé, il n'en est pas moins vrai que le premier malheur peut arriver au sage, et jamais le second. Mais c'est un point qui n'est pas maintenant en question, revenons à celui qui nous occupe.

6. Vous avez dit, je crois, que l'âme du sage est susceptible de chagrin. L'AUDITEUR. C'est en effet ce que je pense. CICÉRON. J'avoue qu'il est naturel de penser ainsi, car l'homme n'est pas né d'un rocher : il y a dans son cœur je ne sais quoi de tendre et de sensible, qui est sujet être ému par l'affliction, comme par une espèce d'orage. C'est ce qui justifiait en quelque sorte Crantor, l'un de nos plus illustres Académiciens, lorsqu'il disait : « Je ne puis goûter l'avis de ceux qui vantent si fort cette sorte d'insensibilité, qui ne peut, ni ne doit être dans l'homme. Tâchons de n'être point malades. Mais si nous le sommes jamais, soit qu'on nous coupe, soit qu'on nous arrache quelque membre, ne soyons point insensibles. Car que gagne-t-on, en s'opiniâtrant à ne se point plaindre, si ce n'est de faire dire qu'on a l'esprit féroce, ou le corps en léthargie ? ». Voyons pourtant si ce discours n'est point d'un homme qui veut flatter notre faiblesse, et favoriser notre lâcheté. Osons ne pas couper seulement les branches de nos misères, mais en extirper jusqu'aux fibres les plus déliées. Encore nous en restera-t-il quelques-unes ; tant les racines de la folie sont en nous profondes et cachées. Mais n'en conservons que ce qu'il n'est pas possible de supprimer ; et mettons-nous bien dans l'esprit, que sans la santé de l'âme nous ne pouvons être heureux. C'est par la philosophie seule qu'on peut y parvenir. Continuons donc à nous instruire des remèdes qu'elle nous offre. Si nous le voulons, elle nous guérira. J'irai même plus loin que vous ne comptez ; car j'attaquerai non seulement le chagrin, qui est ici notre principal objet, mais encore toutes les passions en général. Et première-ment, si vous l'agréez, disputons à la manière des Stoïciens, qui se plaisent à serrer leurs raisonnements. Je me donnerai carrière ensuite, selon ma coutume.

7. Quiconque a du courage a confiance en soi. J'aurais pu dire, qu'il est présomptueux, si dans l'usage ce mot, qui devrait marquer une vertu, en caractérisait un vice. Or quiconque présume bien de soi, ne craint point : car la crainte ne compatit pas avec la confiance. Mais celui qui est susceptible de chagrin, l'est aussi de crainte : car des mêmes choses, dont la présence nous afflige, les approches nous font trembler. Ainsi le chagrin répugne au courage. Il est donc vrai que quiconque est capable de s'affliger, est capable de craindre, et de tomber dans cette abjection d'esprit qui détermine à souffrir de la servitude, et à s'avouer vaincu. En venir là, c'est reconnaître sa lâcheté et sa faiblesse. De tels sentiments ne tombent point dans une âme courageuse : donc le chagrin n'y tombe point. Or le sage n'est pas capable de s'affliger. Un homme courageux doit de plus avoir l'âme grande, celui qui a l'âme grande est incapable de céder ; et celui qui est incapable de céder doit mépriser toutes les choses du monde et les regarder comme au-dessus de soi. Or nous ne saurions regarder ainsi les choses qui peuvent nous chagriner ; l'homme courageux n'est donc point susceptible de chagrin ; et puisque tout sage est courageux, le chagrin n'entre donc point dans son cœur. Un œil malade, ou quelque autre partie du corps que ce soit, quand elle est indisposée, est peu propre à faire ses fonctions : il en est de même de l'âme, lorsque quelque passion l'agite. Or la fonction de l'âme est de bien user de sa raison, et par conséquent l'âme du sage, toujours en état de faire un très bon usage de sa raison, est toujours calme : d'où il s'ensuit que le chagrin, qui troublerait son âme, n'y pénètre jamais.

8. Ajoutons un raisonnement, où me conduit la nature de la modération, que nous appelons tantôt tempérance, tantôt modestie, et quelquefois continence, ou intégrité. Celui qui la possède a proprement parmi nous le nom d'honnête homme, dont la signification est très étendue, et marque une disposition de l'âme,

qui la porte à s'abstenir de tout ce qui peut nuire aux autres. On peut même dire que ce nom renferme toutes les vertus ; autrement le titre d'honnête homme, donné autrefois à Pison, n'aurait pas été si fort exalté. Car comme il ne peut convenir au lâche, qui par crainte a abandonné son poste à la guerre ; l'injuste, qui par avarice a violé un dépôt ; au fou, qui par sa mauvaise conduite a dissipé son bien ; il est évident que la qualité d'honnête homme renferme ces trois vertus, le courage, la justice, et la prudence. Mais, quoique les vertus aient cela de commun entre elles, qu'elles sont toutes liées les unes aux autres, et se tiennent comme par la main, c'est le propre de la modération, que je compte pour la quatrième, de calmer et de régler les mouvements de la cupidité, et de garder en tout une constante égalité, qui s'oppose à tout désir injuste. L'honnête homme donc, ou, si l'on veut, l'homme tempérant et modéré, doit être constant. Qui dit constant, dit tranquille. Qui dit tranquille, dit libre de toutes passions, et par conséquent de chagrin. Or le sage possède toutes ces qualités. Il est donc exempt de chagrin.

9. Ainsi la réflexion de Denys d'Héraclée sur ces vers qu'Homère met dans la bouche d'Achille :

> Mon cœur se gonfle d'une colère funeste
> Quand je songe qu'on m'a dépouillé de tout honneur et de toute gloire.

Cette réflexion, dis-je, est fort judicieuse. Dit-on qu'une main enflée soit en bon état ? Le dira-t-on de tout autre membre affligé par quelque tumeur ? La disposition d'un cœur gonflé de quelque passion n'est donc pas moins vicieuse. Or l'âme du sage est toujours bien disposée. Son cœur ne s'enfle jamais. Jamais il ne sorte de son assiette, comme fait l'homme transporté de courroux. Le sage ne saurait donc se mettre en colère. Car s'y mettre, suppose un ardent désir de tirer la vengeance la plus éclatante de celui dont on se croit offensé. Or ce désir entraîne aussi une excessive joie, au cas qu'on ait réussi. Mais il ne tombe point en l'âme du sage, de se réjouir du mal d'autrui. Ainsi la colère n'y saurait tomber. Cependant, s'il était susceptible de chagrin, il le serait pareillement de colère. Puis donc qu'il est exempt de l'un, il l'est aussi de l'autre. Par la même raison, si le chagrin pouvait attaquer le sage, il en serait de même, et de la pitié, et de cette sorte d'envie qui fait qu'on voit d'un œil jaloux et malin le bonheur d'autrui, comme l'a dit Ménalippe dans Accius :

> Qui a donc jeté un œil jaloux
> Sur la fleur de mes enfants ?

10. Une preuve qu'en effet, l'homme susceptible de pitié, l'est pareillement d'envie, c'est que celui qui est touché du malheur de quelqu'un, s'afflige ordinairement du bonheur de quelque autre. Théophraste, par exemple, déplorant la mort de son ami Callisthène, s'afflige de la prospérité d'Alexandre, et plaint son ami d'avoir vécu sous un prince, qui, avec une puissance suprême, et un suprême bonheur, savait si mal user de sa fortune. Or, comme la pitié est un chagrin causé par le sort malheureux de l'un, l'envie est un chagrin causé par le sort heureux de l'autre ; quiconque par conséquent est susceptible de pitié, l'est aussi d'envie. Mais le sage est inaccessible à l'envie : il l'est donc aussi à la pitié ; ce qui ne serait pas, s'il pouvait s'affliger de quelque chose : et par conséquent le sage est sans chagrin. Tels sont les raisonnements des Stoïciens, dont la tournure est trop sèche, trop serrée. Aussi je prétends bien les développer dans sa suite avec plus de netteté et d'étendue ; mais en ne m'écartant point des mêmes principes, qui ont je ne sais quoi de nerveux et de mâle. Car pour nos amis les Péripatéticiens, malgré leur éloquence, leur savoir et leur autorité, je ne puis goûter cette médiocrité de passions, qu'ils passent au sage. Un mal, pour

être médiocre, ne laisse pas d'être un mal. Or notre but est que le sage n'en ait pas la plus légère atteinte. Car comme la santé du corps n'est point parfaite, quoiqu'il ne soit que médiocrement malade ; de même à quelque médiocrité que soient réduites les passions, s'il y en a dans l'âme, on ne peut pas dire qu'elle soit parfaitement saine. Pour bannir donc le chagrin, examinons ce qui le produit. Car de même que les médecins n'ont pas de peine à trouver le remède quand ils ont connu la cause du mal, aussi trouverons-nous à nous guérir de nos chagrins, quand nous en aurons découvert la source.

11. Or cette source consiste uniquement dans l'opinion, qui produit non seulement le chagrin, mais encore toutes les autres passions. On en compte quatre principales, qui se divisent en plusieurs branches. Mais parce que toute passion est un mouvement de l'âme qui n'écoute point la raison, ou qui en secoue le joug ; et que ce mouvement est excité par l'opinion du bien ou du mal, ces quatre passions se réduisent à deux choses. Dans l'une sont les deux passions qui naissent de l'idée du bien ; savoir le transport de joie, causé par la possession actuelle de quelque grand bien ; et la cupidité, qui est un désir immodéré de quelque grand bien qu'on espère. Dans l'autre classe, sont deux autres passions, causées par l'idée du mal ; je veux dire, la crainte et le chagrin. Car comme la crainte est l'opinion d'un grand mal qui nous menace, le chagrin est l'opinion d'un grand mal présent, et tel, que celui qui l'éprouve croie qu'il est juste et même nécessaire de s'affliger. Voulons-nous couler doucement et tranquillement nos jours, il nous faut lutter de toutes nos forces contre ces passions que la folie suscite, comme des espèces de Furies, pour nous tourmenter.

René Descartes

DES PASSIONS EN GÉNÉRAL ET PAR OCCASION DE TOUTE LA NATURE DE L'HOMME[*]

Art. 1. Que ce qui est passion au regard d'un sujet est toujours action à quelque autre égard.

Il n'y a rien en quoi paraisse mieux combien les sciences que nous avons des anciens sont défectueuses qu'en ce qu'ils ont écrit des passions. Car, bien que ce soit une matière dont la connaissance a toujours été recherchée, et qu'elle ne semble pas être des plus difficiles, à cause que chacun les sentant en soi-même on n'a point besoin d'emprunter d'ailleurs aucune observation pour en découvrir la nature, toutefois ce que les anciens en ont enseigné est si peu de chose, et pour la plupart si peu croyable, que je ne puis avoir aucune espérance d'approcher de la vérité qu'en m'éloignant des chemins qu'ils ont suivis. C'est pourquoi je serai obligé d'écrire ici en même façon que si je traitais d'une matière que jamais personne avant moi n'eût touchée. Et pour commencer, je considère que tout ce qui se fait ou qui arrive de nouveau est généralement appelé par les philosophes une passion au regard du

[*] Descartes, *Les passions de l'âme* (1649), I, introd. et notes G. Rodis-Lewis, préface D. Kambouchner, Paris, Vrin, 2010, p. 97-139.

sujet auquel il arrive, et une action au regard de celui qui fait qu'il arrive. En sorte que, bien que l'agent et le patient soient souvent fort différents, l'action et la passion ne laissent pas d'être toujours une même chose qui a ces deux noms, à raison des deux divers sujets auxquels on la peut rapporter.

Art. 2. Que pour connaître les passions de l'âme il faut distinguer ses fonctions d'avec celle du corps.

Puis aussi je considère que nous ne remarquons point qu'il y ait aucun sujet qui agisse plus immédiatement contre notre âme que le corps auquel elle est jointe, et que par conséquent nous devons penser que ce qui est en elle une passion est communément en lui une action; en sorte qu'il n'y a point de meilleur chemin pour venir à la connaissance de nos passions que d'examiner la différence qui est entre l'âme et le corps, afin de connaître auquel des deux on doit attribuer chacune des fonctions qui sont en nous.

Art. 3. Quelle règle on doit suivre pour cet effet.

À quoi on ne trouvera pas grande difficulté si on prend garde que tout ce que nous expérimentons être en nous, et que nous voyons aussi pouvoir être en des corps tout à fait inanimés, ne doit être attribué qu'à notre corps; et, au contraire, que tout ce qui est en nous, et que nous ne concevons en aucune façon pouvoir appartenir à un corps, doit être attribué à notre âme.

Art. 4. Que la chaleur et le mouvement des membres procèdent du corps, et les pensées de l'âme.

Ainsi, à cause que nous ne concevons point que le corps pense en aucune façon, nous avons raison de croire que toutes sortes de pensées qui sont en nous appartiennent à l'âme. Et à cause que nous ne doutons point qu'il y ait des corps inanimés qui se peuvent mouvoir en autant ou plus de diverses façons que les nôtres, et qui ont autant ou plus de chaleur (ce que l'expérience fait voir en la flamme, qui seule a beaucoup plus de chaleur et de mouvement qu'aucun de nos membres), nous devons croire que toute la chaleur et tous les mouvements qui sont en nous, en tant qu'ils ne dépendent point de la pensée, n'appartiennent qu'au corps.

Art. 5. Que c'est une erreur de croire que l'âme donne le mouvement et la chaleur au corps.

Au moyen de quoi nous éviterons une erreur très considérable en laquelle plusieurs sont tombés, en sorte que j'estime qu'elle est la première cause qui a empêché qu'on n'ait pu bien expliquer jusques ici les passions et les autres choses qui appartiennent à l'âme. Elle consiste en ce que, voyant que tous les corps morts sont privés de chaleur et ensuite de mouvement, on s'est imaginé que c'était l'absence de l'âme qui faisait cesser ces mouvements et cette chaleur. Et ainsi on a cru sans raison que notre chaleur naturelle et tous les mouvements de nos corps dépendent de l'âme, au lieu qu'on devait penser au contraire que l'âme ne s'absente, lorsqu'on meurt, qu'à cause que cette chaleur cesse, et que les organes qui servent à mouvoir le corps se corrompent.

Art. 6. Quelle différence il y a entre un corps vivant et un corps mort.

Afin donc que nous évitions cette erreur, considérons que la mort n'arrive jamais par la faute de l'âme, mais seulement parce que quelqu'une des principales parties du corps se corrompt; et jugeons que le corps d'un homme vivant diffère autant de celui d'un homme mort que fait une montre, ou autre automate (c'est-à-dire autre machine qui se meut de soi-même), lorsqu'elle est montée et qu'elle a en soi le principe corporel des mouvements pour lesquels elle est instituée, avec tout ce qui est requis pour son action, et la même montre ou autre machine, lorsqu'elle est rompue et que le principe de son mouvement cesse d'agir.

Art. 7. Brève explication des parties du corps, et de quelques unes de ses fonctions.

Pour rendre cela plus intelligible, j'expliquerai ici en peu de mots toute la façon dont la machine de notre corps est composée. Il n'y a personne qui ne sache déjà qu'il y a en nous un cœur, un cerveau, un estomac, des muscles, des nerfs, des artères, des veines et choses semblables. On sait aussi que les viandes qu'on mange descendent dans l'estomac et dans les boyaux, d'où leur suc, coulant dans le foie et dans toutes les veines, se mêle avec le sang qu'elles contiennent, et par ce moyen en augmente la quantité. Ceux qui ont tant soit peu ouï parler de la médecine savent, outre cela, comment le cœur est composé et comment tout le sang des veines peut facilement couler de la veine cave en son côté droit, et de là passer dans le poumon par le vaisseau qu'on nomme la veine artérieuse, puis retourner du poumon dans le côté gauche du cœur par le vaisseau nommé l'artère veineuse, et enfin passer de là dans la grande artère, dont les branches se répandent par tout le corps. Même tous ceux que l'autorité des anciens n'a point entièrement aveuglés, et qui ont voulu ouvrir les yeux pour examiner l'opinion d'Hervaeus touchant la circulation du sang, ne doutent point que toutes les veines et les artères du corps ne soient comme des ruisseaux par où le sang coule sans cesse fort promptement, en prenant son cours de la cavité droite du cœur par la veine artérieuse, dont les branches sont éparses en tout le poumon et jointes à celles de l'artère veineuse, par laquelle il passe du poumon dans le côté gauche du cœur; puis de là il va dans la grande artère, dont les branches, éparses par tout le reste du corps, sont jointes aux branches de la veine cave, qui portent derechef le même sang en la cavité droite du cœur; en sorte que ces deux cavités sont comme des écluses par chacune desquelles passe tout le sang à chaque tour qu'il fait dans le corps. De plus, on sait que tous les mouvements des membres dépendent des muscles, et que ces muscles sont opposés les uns aux autres, en telle sorte que, lorsque l'un deux s'accourcit, il tire vers soi la partie du corps à laquelle il est attaché, ce qui fait allonger au même temps le muscle qui lui est opposé ; puis, s'il arrive en un autre temps que ce dernier s'accourcisse, il fait que le premier se rallonge, et il retire vers soi la partie à laquelle ils sont attachés. Enfin on sait que tous ces mouvements des muscles, comme aussi tous les sens, dépendent des nerfs, qui sont comme de petits filets ou comme de petits tuyaux qui viennent tous du cerveau, et contiennent ainsi que lui un certain air ou vent très subtil qu'on nomme les esprits animaux.

Art. 8. Quel est le principe de toutes ces fonctions.

Mais on ne sait pas communément en quelle façon ces esprits animaux et ces nerfs contribuent aux mouvements et aux sens, ni quel est le principe corporel qui les fait agir. C'est pourquoi, encore que j'en aie déjà touché quelque chose en d'autres écrits, je ne laisserai pas de dire ici succinctement que, pendant que nous vivons, il y a une chaleur continuelle en notre cœur, qui est une espèce de feu que le sang des veines y entretient, et que ce feu est le principe corporel de tous les mouvements de nos membres.

Art. 9. Comment se fait le mouvement du cœur.

Son premier effet est qu'il dilate le sang dont les cavités du cœur sont remplies ; ce qui est cause que ce sang, ayant besoin d'occuper un plus grand lieu, passe avec impétuosité de la cavité droite dans la veine artérieuse, et de la gauche dans la grande artère ; puis cette dilatation cessant, il entre incontinent de nouveau sang de la veine cave en la cavité droite du cœur, et de l'artère veineuse en la gauche. Car il y a de petites peaux aux entrées de ces quatre vaisseaux, tellement disposées qu'elles font que le sang ne peut entrer dans le cœur que par les deux derniers ni en sortir que par les deux autres. Le nouveau sang entré dans le cœur y est incontinent raréfié en même façon que le précédent. Et c'est en cela seul que consiste le pouls ou battement du cœur et des artères ; en sorte que ce battement se réitère autant de fois qu'il entre de nouveau dans le cœur. C'est aussi cela seul qui donne au sang son mouvement, et fait qu'il coule sans cesse très vite en toutes les artères et les veines, au moyen de quoi il porte la chaleur qu'il acquiert dans le cœur à toutes les autres parties du corps, et il leur sert de nourriture.

Art. 10. Comment les esprits animaux sont produits dans le cerveau.

Mais ce qu'il y a de plus considérable, c'est que toutes les plus vives et plus subtiles parties du sang que la chaleur a raréfiées dans le cœur entrent sans cesse en grande quantité dans les cavités du cerveau. Et la raison qui fait qu'elles y vont plutôt qu'en aucun autre lieu, est que tout le sang qui sort du cœur par la grande artère prend son cours en ligne droite vers ce lieu-là, et que, n'y pouvant pas tout entrer, à cause qu'il n'y a que des passages fort étroits, celles de ses parties qui sont les plus agitées et les plus subtiles y passent seules pendant que le reste se répand en tous les autres endroits du corps. Or, ces parties du sang très subtiles composent les esprits animaux. Et elles n'ont besoin à cet effet de recevoir aucun autre changement dans le cerveau, sinon qu'elles y sont séparées des autres parties du sang moins subtiles. Car ce que je nomme ici des esprits ne sont que des corps, et ils n'ont point d'autre propriété sinon que ce sont des corps très petits et qui se meuvent très vite, ainsi que les parties de la flamme qui sort d'un flambeau. En sorte qu'ils ne s'arrêtent en aucun lieu, et qu'à mesure qu'il en entre quelques-uns dans les cavités du cerveau, il en sort aussi quelques autres par les pores qui sont en sa substance, lesquels pores les conduisent dans les nerfs, et de là dans les muscles, au moyen de quoi ils meuvent le corps en toutes les diverses façons qu'il peut être mû.

Art. 11. Comment se font les mouvements des muscles.

Car la seule cause de tous les mouvements des membres est que quelques muscles s'accourcissent et que leurs opposés s'allongent, ainsi qu'il a déjà été dit; et la seule cause qui fait qu'un muscle s'accourcit plutôt que son opposé est qu'il vient tant soit peu plus d'esprits du cerveau vers lui que vers l'autre. Non pas que les esprits qui viennent immédiatement du cerveau suffisent seuls pour mouvoir ces muscles, mais ils déterminent les autres esprits qui sont déjà dans ces deux muscles à sortir tous fort promptement de l'un d'eux et passer dans l'autre; au moyen de quoi celui d'où ils sortent devient plus long et plus lâche; et celui dans lequel ils entrent, étant promptement enflé par eux, s'accourcit et tire le membre auquel il est attaché. Ce qui est facile à concevoir, pourvu que l'on sache qu'il n'y a que fort peu d'esprit animaux qui viennent continuellement du cerveau vers chaque muscle, mais qu'il y en a toujours quantités d'autres enfermés dans le même muscle qui s'y meuvent très vite, quelquefois en tournoyant seulement dans le lieu où ils sont, à savoir, lorsqu'ils ne trouvent point de passage ouvert pour en sortir, et quelquefois en coulant dans le muscle opposé. D'autant qu'il y a de petites ouvertures en chacun de ces muscles par où ces esprits peuvent couler de l'un dans l'autre, et qui sont tellement disposées que, lorsque les esprits qui viennent du cerveau vers l'un d'eux ont tant soit peu plus de force que ceux qui vont vers l'autre, ils ouvrent toutes les entrées par où les esprits de l'autre muscle peuvent passer en celui-ci, et ferment en même temps toutes celles par où les esprits de celui-ci peuvent passer en l'autre; au moyen de quoi tous les esprits contenus auparavant en ces deux muscles s'assemblent en l'un d'eux fort promptement, et ainsi l'enflent et l'accourcissent, pendant que l'autre s'allonge et se relâche.

Art. 12. Comment les objets de dehors agissent contre les organes des sens.

Il reste encore ici à savoir les causes qui font que les esprits ne coulent pas toujours du cerveau dans les muscles en même façon, et qu'il en vient quelquefois plus vers les uns que vers les autres. Car, outre l'action de l'âme, qui véritablement est en nous l'une de ces causes, ainsi que je dirai ci-après, il y en a encore deux autres qui ne dépendent que du corps, lesquelles il est besoin de remarquer. La première consiste en la diversité des mouvements qui sont excités dans les organes des sens par leurs objets, laquelle j'ai déjà expliquée assez amplement en la *Dioptrique*; mais afin que ceux qui verront cet écrit n'aient pas besoin d'en avoir lu d'autres, je répéterai ici qu'il y a trois choses à considérer dans les nerfs, à savoir : leur moelle, ou substance intérieure, qui s'étend en forme de petits filets depuis le cerveau, d'où elle prend son origine jusques aux extrémités des autres membres auxquelles ces filets sont attachés; puis les peaux qui les environnent et qui, étant continues avec celles qui enveloppent le cerveau, composent de petits tuyaux dans lesquels ces petits filets sont enfermés; puis enfin les esprits animaux qui, étant portés par ces mêmes tuyaux depuis le cerveau jusques aux muscles, sont cause que ces filets y demeurent entièrement libres et étendus, en telle sorte que la moindre chose qui meut la partie du corps où l'extrémité de quelqu'un d'eux est attachée, fait mouvoir par même moyen la partie du cerveau d'où il vient, en même façon que lorsqu'on tire un des bouts d'une corde on fait mouvoir l'autre.

Art. 13. Que cette action des objets de dehors peut conduire diversement les esprits dans les muscles.

Et j'ai expliqué en la Dioptrique comment tous les objets de la vue ne se communiquent à nous que par cela seul qu'ils meuvent localement, par l'entremise des corps transparents qui sont entre eux et nous, les petits filets de nerfs optiques qui sont au fond de nos yeux, et ensuite les endroits du cerveau d'où viennent ces nerfs; qu'ils les meuvent, dis-je, en autant de diverses façons qu'ils nous font voir de diversités dans les choses, et que ce ne sont pas immédiatement les mouvements qui se font en l'œil, mais ceux qui se font dans le cerveau, qui représentent à l'âme ces objets. À l'exemple de quoi il est aisé de concevoir que les sons, les odeurs, les saveurs, la chaleur, la douleur, la faim, la soif, et généralement tous les objets, tant de nos autres sens extérieurs que de nos appétits intérieurs, excitent aussi quelque mouvement en nos nerfs, qui passe par leur moyen jusqu'au cerveau. Et outre que ces divers mouvements du cerveau font avoir à notre âme divers sentiments, ils peuvent aussi faire sans elle que les esprits prennent leur cours vers certains muscles plutôt que vers d'autres, et ainsi qu'ils meuvent nos membres. Ce que je prouverai seulement ici par un exemple. Si quelqu'un avance promptement sa main contre nos yeux, comme pour nous frapper, quoique nous sachions qu'il est notre ami, qu'il ne fait cela que par jeu et qu'il se gardera bien de nous faire aucun mal, nous avons toutefois de la peine à nous empêcher de les fermer; ce qui montre que ce n'est point par l'entremise de notre âme qu'ils se ferment puisque c'est contre notre volonté, laquelle est sa seule ou du moins sa principale action; mais que c'est à cause que la machine de notre corps est tellement composée que le mouvement de cette main vers nos yeux excite un autre mouvement en notre cerveau, qui conduit les esprits animaux dans les muscles qui font abaisser les paupières.

Art. 14. Que la diversité qui est entre les esprits peut aussi diversifier leur cours.

L'autre cause qui sert à conduire diversement les esprits animaux dans les muscles est l'inégale agitation de ces esprits et la diversité de leurs parties. Car lorsque quelques-unes de leurs parties sont plus grosses et plus agitées que les autres, elles passent plus avant en ligne droite dans les cavités et dans les pores du cerveau, et par ce moyen sont conduites en d'autres muscles qu'elles ne le seraient si elles avaient moins de force.

Art. 15. Quelles sont les causes de leur diversité.

Et cette inégalité peut procéder des diverses matières dont ils sont composés, comme on voit en ceux qui ont bu beaucoup de vin que les vapeurs de ce vin, entrant promptement dans le sang, montent du cœur au cerveau, où elles se convertissent en esprits qui, étant plus forts et plus abondants que ceux qui y sont d'ordinaire, sont capables de mouvoir le corps en plusieurs étrangers façons. Cette inégalité des esprits peut aussi procéder des diverses disposition du cœur, du foie, de l'estomac, de la rate et de toutes les autres parties qui contribuent à leur production. Car il faut principalement ici remarquer certains petits nerfs insérés dans la base du cœur, qui servent à élargir et étrécir les entrées de ces concavités, au moyen de quoi le sang, s'y dilatant plus ou moins fort, produit des esprits diversement disposés. Il faut aussi remarquer que, bien que le sang qui entre dans le cœur y vienne de tous les autres endroits du corps, il arrive souvent néanmoins qu'il y est davantage poussé de quelques parties que des autres, à cause que les nerfs et les muscles qui répondent à ces parties-là le pressent ou l'agitent davantage, et que, selon la diversité des parties desquelles il vient le plus, il se dilate diversement dans le cœur, et ensuite produit des esprits qui ont des qualités différentes. Ainsi, par exemple, celui qui vient de la partie inférieure du foie, où est le fiel, se dilate d'autre façon dans le cœur que celui qui vient de la rate, et celui-ci autrement que celui qui vient des veines des bras ou des jambes, et enfin celui-ci tout autrement que le suc des viandes, lorsque, étant nouvellement sorti de l'estomac et des boyaux, il passe promptement par le foie jusques au cœur.

Art. 16. Comment tous les membres peuvent être mus par les objets des sens et par les esprits sans l'aide de l'âme.

Enfin il faut remarquer que la machine de notre corps est tellement composée que tous les changements qui arrivent au mouvement des esprits peuvent faire qu'ils ouvrent quelques pores du cerveau plus que les autres, et réciproquement que, lorsque quelqu'un de ces pores est tant soit peu plus ouvert que de coutume par l'action des nerfs qui servent aux sens, cela change quelque chose au mouvement des esprits, et fait qu'ils sont conduits dans les muscles qui servent à mouvoir le corps en la façon qu'il est ordinairement mû à l'occasion d'une telle action. En sorte que tous les mouvements que nous faisons sans que notre volonté y contribue (comme il arrive souvent que nous respirons, nous faisons toutes les actions qui nous sont communes avec les bêtes) ne dépendent que de la conformation de nos membres et du cours que les esprits, excités par la chaleur du cœur, suivent naturellement dans le cerveau, dans les nerfs et dans les muscles, en même façon que le mouvement d'une montre est produit par la seule force de son ressort et la figure de ses roues.

Art. 17. Quelles sont les fonctions de l'âme.

Après avoir ainsi considéré toutes les fonctions qui appartiennent au corps seul, il est aisé de connaître qu'il ne reste rien en nous que nous devions attribuer à notre âme, sinon nos pensées, lesquelles sont principalement de deux genres, à savoir : les unes sont des actions de l'âme, les autres sont ses passions.

Celles que je nomme ses actions sont toutes nos volontés à cause que nous expérimentons quelles viennent directement de notre âme, et semblent de dépendre que d'elle. Comme, au contraire, on peut généralement nommer ces passions toutes les perceptions ou connaissances qui se trouvent en nous, à cause que souvent ce n'est pas notre âme qui les fait telles qu'elles sont, et que toujours elle les reçoit des choses qui sont représentées par elles.

Art. 18. De la volonté.

Derechef nos volontés sont de deux sortes. Car les unes sont des actions de l'âme qui se terminent en l'âme même, comme lorsque nous voulons aimer Dieu ou généralement appliquer notre pensée à quelque objet qui n'est point matériel. Les autres sont des actions qui se terminent en notre corps, comme lorsque de cela seul que nous avons la volonté de nous promener, il suit que nos jambes se remuent et que nous marchons.

Art. 19. De la perception.

Nos perceptions sont aussi de deux sortes, et les unes ont l'âme pour cause, les autres le corps. Celles qui ont l'âme pour cause sont les perceptions de nos volontés et de toutes les imaginations ou autres pensées qui en dépendent. Car il est certain que nous ne saurions vouloir aucune chose que nous n'apercevions par même moyen que nous la voulons; et bien qu'au regard de notre âme ce soit une action de vouloir quelque chose, on peut dire que c'est aussi en elle une passion d'apercevoir qu'elle veut. Toutefois, à cause que cette perception et cette volonté ne sont en effet qu'une même chose, la dénomination se fait toujours par ce qui est le plus noble, et ainsi on n'a point coutume de la nommer une passion, mais seulement une action.

Art. 20. Des imaginations et autres pensées qui sont formées par l'âme.

Lorsque notre âme s'applique à imaginer quelque chose qui n'est point, comme à se représenter un palais enchanté ou une chimère, et aussi lorsqu'elle s'applique à considérer quelque chose qui est seulement intelligible et non imaginable, par exemple à considérer sa propre nature, les perceptions qu'elle a de ces choses dépendent principalement de la volonté qui fait qu'elle les aperçoit. C'est pourquoi on a coutume de les considérer comme des actions plutôt que comme des passions.

Art. 21. Des imaginations qui n'ont pour cause que le corps.

Entre les perceptions qui sont causées par le corps, la plupart dépendent des nerfs; mais il y en a aussi quelques-uns qui n'en dépendent point, et qu'on nomme des imaginations, ainsi que celles dont je viens de parler, desquelles néanmoins elles diffèrent en ce que notre volonté ne s'emploie point à les former, ce qui fait qu'elles ne peuvent être mises au nombre des actions de l'âme, et elles ne procèdent que de ce que les esprits étant diversement agités, et rencontrant les traces de diverses impressions qui ont précédé dans le cerveau, ils y prennent leur cours fortuitement par certains pores plutôt que par d'autres. Telles sont les illusions de nos songes et aussi les rêveries que nous avons souvent étant éveillés, lorsque notre pensée erre nonchalamment sans s'appliquer à rien de soi-même. Or, encore que quelques-unes de ces imaginations soient des passions de l'âme en prenant ce mot en sa plus propre et plus particulière signification, et qu'elles puissent être toutes ainsi nommées, si on le prend en une signification plus générale, toutefois, parce qu'elles n'ont pas une cause si notable et si déterminée que les perceptions que l'âme reçoit par l'entremise des nerfs, et qu'elles semblent n'en être que l'ombre et la peinture, avant que nous les puissions bien distinguer, il faut considérer la différence qui est entre ces autres.

Art. 22. De la différence qui est entre les autres perceptions.

Toutes les perceptions que je n'ai pas encore expliquées viennent à l'âme par l'entremise des nerfs, et il y a entre elles cette différence que nous les rapportons les unes aux objets de dehors, qui frappent nos sens, les autres à notre corps ou à quelques-unes de ses parties, et enfin les autres à notre âme.

Art. 23. Des perceptions que nous rapportons aux objets qui sont hors de nous.

Celles que nous rapportons à des choses qui sont hors de nous, à savoir, aux objets de nos sens, sont causées, au moins lorsque notre opinion n'est point fausse, par ces objets qui, excitant quelques mouvements dans les organes des sens extérieurs, en excitent aussi par l'entremise des nerfs dans le cerveau, lesquels font que l'âme les sent. Ainsi lorsque nous voyons la lumière d'un flambeau et que nous oyons le son d'une cloche, ce son et cette lumière sont deux diverses actions qui, par cela seul qu'elles excitent deux divers mouvements en quelques-uns de nos nerfs, et par leur moyen dans le cerveau, donnent à l'âme deux sentiments différents, lesquels nous rapportons tellement aux sujets que nous supposons être leurs causes, que nous pensons voir le flambeau même et ouïr la cloche, non pas sentir seulement des mouvements qui viennent d'eux.

Art. 24. Des perceptions que nous rapportons à notre corps.

Les perceptions que nous rapportons à notre corps ou à quelques-unes de ses parties sont celles que nous avons de la faim, de la soif et de nos autres appétits naturels, à quoi on peut joindre la douleur, la chaleur et les autres affections que nous sentons comme dans nos membres, et non pas comme dans les objets qui sont hors de nous. Ainsi nous pouvons sentir en même temps, et par l'entremise des mêmes nerfs, la froideur de notre main et la chaleur de la flamme dont elle s'approche, ou bien, au contraire, la chaleur de la main et le froid de l'air auquel elle est exposée, sans qu'il y ait aucune différence entre les actions qui nous font sentir le chaud ou le froid qui est en notre main et celles qui nous font sentir celui qui est hors de nous, sinon que, l'une de ces actions survenant à l'autre, nous jugeons que la première est déjà en nous, et que celle qui survient n'y est pas encore, mais en l'objet qui la cause.

Art. 25. Des perceptions que nous rapportons à notre âme.

Les perceptions qu'on rapporte seulement à l'âme sont celles dont on sent les effets comme en l'âme même, et desquelles on ne connaît communément aucune cause prochaine à laquelle on les puisse rapporter. Tels sont les sentiments de joie, de colère, et autres semblables, qui sont quelquefois excités en nous par les objets qui meuvent nos nerfs, et quelquefois aussi par d'autres causes. Or, encore que toutes nos perceptions, tant celles qu'on rapporte aux diverses affections de notre corps, soient vérita-blement des passions au regard de notre âme lorsqu'on prend ce mot en sa plus générale signification, toutefois on a coutume de le restreindre à signifier seulement celles qui se rapportent à l'âme même, et ce ne sont que ces dernières que j'ai entrepris ici d'expliquer sous le nom de passion de l'âme.

Art. 26. Que les imaginations qui ne dépendent que du mouvement fortuit des esprits, peuvent être d'aussi véritables passions que les perceptions qui dépendent des nerfs.

Il reste ici à remarquer que toutes les mêmes choses que l'âme aperçoit par l'entremise des nerfs lui peuvent aussi être repré-sentées par le cours fortuit des esprits, sans qu'il y ait autre différence sinon que les impressions qui viennent dans le cerveau par les nerfs ont coutume d'être plus vives et plus expresses que celles que les esprits y excitent : ce qui m'a fait dire en l'article 21 que celles-ci sont comme l'ombre ou la peinture des autres. Il faut aussi remarquer qu'il arrive quelquefois que cette peinture est si semblable à la chose qu'elle représente, qu'on peut y être trompé touchant les perceptions qui se rapportent aux objets qui sont hors de nous, ou bien celles qui se rapportent à quelques parties de notre corps, mais qu'on ne peut pas l'être en même façon touchant les passions, d'autant qu'elles sont si proches et si intérieures à notre âme qu'il est impossible qu'elle les sente sans qu'elles soient véritablement telles qu'elle les sent. Ainsi souvent lorsqu'on dort, et même quelquefois étant éveillé, on imagine si fortement certaines choses qu'on pense les voir devant soi ou les sentir en son corps, bien qu'elles n'y soient aucunement ; mais, encore qu'on soit endormi et qu'on rêve, on ne saurait se sentir triste ou ému de quelque autre passion, qu'il ne soit très vrai que l'âme a en soi cette passion.

Art. 27. La définition des passions de l'âme.

Après avoir considéré en quoi les passions de l'âme diffèrent de toutes les autres pensées, il me semble qu'on peut généralement les définir des perceptions, ou des sentiments, ou des émotions de l'âme, qu'on rapporte particulièrement à elle, et qui sont causées, entretenues et fortifiées par quelque mouvement des esprits.

Art. 28. Explication de la première partie de cette définition.

On les peut nommer des perceptions lorsqu'on se sert généralement de ce mot pour signifier toutes les pensées qui ne sont point des actions de l'âme ou des volontés, mais non point lorsqu'on ne s'en sert que pour signifier des connaissances évidentes. Car l'expérience fait voir que ceux qui sont les plus agités par leurs passions ne sont pas ceux qui les connaissent le mieux, et qu'elles sont du nombre des perceptions que l'étroite alliance qui est entre l'âme et le corps rend confuses et obscures. On les peut aussi nommer des sentiments, à cause qu'elles sont reçues en l'âme en même façon que les objets des sens extérieurs, et ne sont pas autrement connues par elle. Mais on peut encore mieux les nommer des émotions de l'âme, non seulement à cause que ce nom peut être attribué à tous les changements qui arrivent en elle, c'est-à-dire à toutes les diverses pensées qui lui viennent, mais particulièrement parce que, de toutes les sortes de pensées qu'elle peut avoir, il n'y en a point d'autres qui l'agitent et l'ébranlent si fort que font ces passions.

Art. 29. Explication de son autre partie.

J'ajoute qu'elles se rapportent particulièrement à l'âme, pour les distinguer des autres sentiments qu'on rapporte, les uns aux objets extérieurs, comme les odeurs, les sons, les couleurs ; les autres à notre corps, comme la faim, la soif, la douleur. J'ajoute aussi qu'elles sont causées, entretenues et fortifiées par quelque mouvement des esprits, afin de les distinguer de nos volontés, qu'on peut nommer des émotions de l'âme qui se rapportent à elle, mais qui sont causées par elle-même, et aussi afin d'expliquer leur dernière et plus prochaine cause, qui les distingue derechef des autres sentiments.

Art. 30. Que l'âme est unie à toutes les parties du corps conjointement.

Mais pour entendre plus parfaitement toutes ces choses, il est besoin de savoir que l'âme est véritablement jointe à tout le corps, et qu'on ne peut pas proprement dire qu'elle soit en quelqu'une de ses parties à l'exclusion des autres, à cause qu'il est un et en quelque façon invisible, à raison de la disposition des organes qui se rapportent tellement tous l'un à l'autre que, lorsque quelqu'un d'eux est ôté, cela rend tout le corps défectueux. Et à cause qu'elle est d'une nature qui n'a aucun rapport à l'étendue ni aux dimensions ou autres propriétés de la matière dont les corps est composé, mais seulement à tout l'assemblage de ses organes. Comme il paraît de ce qu'on ne saurait aucunement concevoir la moitié ou le tiers d'une âme ni quelle étendue elle occupe, et qu'elle ne devient point plus petite de ce qu'on retranche quelque partie du corps, mais qu'elle s'en sépare entièrement lorsqu'on dissout l'assemblage de ses organes.

Art. 31. Qu'il y a une petite glande dans le cerveau en laquelle l'âme exerce ses fonctions plus particulièrement que dans les autres parties.

Il est besoin aussi de savoir que, bien que l'âme soit jointe à tout le corps, il y a néanmoins en lui quelque partie en laquelle elle exerce ses fonctions plus particulièrement qu'en toutes les autres. Et on croit communément que cette partie est le cerveau, ou peut-être le cœur : le cerveau, à cause que c'est à lui que se rapportent les organes des sens ; et le cœur, à cause que c'est comme en lui qu'on sent les passions. Mais, en examinant la chose avec soin, il me semble avoir évidemment reconnu que la partie du corps en laquelle l'âme exerce immédiatement ses fonctions n'est nullement le cœur, ni aussi tout le cerveau, mais seulement la plus intérieure de ses parties, qui est une certaine glande fort petite, située dans le milieu de sa substance, et tellement suspendue au-dessus du conduit par lequel les esprits de ses cavités antérieures ont communication avec ceux de la postérieure, que les moindres mouvements qui sont en elles peuvent beaucoup pour changer le cours de ces esprits, et réciproquement que les moindres changements qui arrivent au cours des esprits peuvent beaucoup pour changer les mouvements de cette glande.

Art. 32. Comment on connaît que cette glande est le principal siège de l'âme.

La raison qui me persuade que l'âme ne peut avoir en tout le corps aucun autre lieu que cette glande où elle exerce immédiatement ses fonctions est que je considère que les autres parties de notre cerveau sont toutes doubles, comme aussi nous avons deux yeux, deux mains, deux oreilles, et enfin tous les organes de nos sens extérieurs sont doubles; et que, d'autant que nous n'avons qu'une seule et simple pensée d'une même chose en même temps, il faut nécessairement qu'il y ait quelque lieu où les deux images qui viennent par les deux yeux, où les deux autres impressions qui viennent d'un seul objet par les doubles organes des autres sens, se puissent assembler en une avant qu'elles parviennent à l'âme, afin qu'elles ne lui représentent pas deux objets au lieu d'un. Et on peut aisément concevoir que ces images ou autres impressions se réunissent en cette glande par l'entremise des esprits qui remplissent les cavités du cerveau, mais il n'y a aucun autre endroit dans le corps où elles puissent ainsi être unies, sinon en suite de ce qu'elles le sont en cette glande.

Art. 33. Que le siège des passions n'est pas dans le cœur.

Pour l'opinion de ceux qui pensent que l'âme reçoit ses passions dans le cœur, elle n'est aucunement considérable, car elle n'est fondée que sur ce que les passions y font sentir quelque altération; et il est aisé à remarquer que cette altération n'est sentie, comme dans le cœur, que par l'entremise d'un petit nerf qui descend du cerveau vers lui, ainsi que la douleur est sentie comme dans le pied par l'entremise des nerfs du pied, et les astres sont aperçus comme dans le ciel par l'entremise de leur lumière et des nerfs optiques : en sorte qu'il n'est pas plus nécessaire que notre âme exerce immédiatement ses fonctions dans le cœur pour y sentir ses passions qu'il est nécessaire qu'elle soit dans le ciel pour y voir les astres.

Art. 34. Comment l'âme et le corps agissent l'un contre l'autre.

Concevons donc ici que l'âme a son siège principal dans la petite glande qui est au milieu du cerveau, d'où elle rayonne en tout le reste du corps par l'entremise des esprits, des nerfs et même du sang, qui, participant aux impressions des esprits, les peut porter par les artères en tous les membres ; et nous souvenant de ce qui a été dit ci-dessus de la machine de notre corps, à savoir, que les petits filets de nos nerfs sont tellement distribués en toutes ses parties qu'à l'occasion des divers mouvements qui y sont excités par les objets sensibles, ils ouvrent diversement les pores du cerveau, ce qui fait que les esprits animaux contenus en ces cavités entrent diversement dans les muscles, au moyen de quoi ils peuvent mouvoir les membres en toutes les diverses façons qu'ils sont capables d'être mus, et aussi que toutes les autres causes qui peuvent diversement mouvoir les esprits suffisent pour les conduire en divers muscles ; ajoutons ici que la petite glande qui est le principal siège de l'âme est tellement suspendue entre les cavités qui contiennent ces esprits qu'elle peut être mue par eux en autant de diverses façons qu'il y a de diversité sensibles dans les objets ; mais qu'elle peut aussi être diversement mue par l'âme, laquelle est de telle nature qu'elle reçoit autant de diverses impressions en elle, c'est-à-dire qu'elle a autant de diverses perceptions qu'il arrive de divers mouvements en cette glande. Comme aussi réciproquement la machine du corps est tellement composée que, de cela seul que cette glande est diversement mue par l'âme ou par telle autre cause que ce puisse être, elle pousse les esprits qui l'environnent vers les pores du cerveau, qui les conduisent par les nerfs dans les muscles, au moyen de quoi elle leur fait mouvoir les membres.

Art. 35. Exemple de la façon que les impressions des objets s'unissent en la glande qui est au milieu du cerveau.

Ainsi, par exemple, si nous voyons quelque animal venir vers nous, la lumière réfléchie de son corps en peint deux images, une en chacun de nos yeux, et ces deux images en forment deux autres, par l'entremise des nerfs optiques, dans la superficie intérieure du cerveau qui regarde ses concavités ; puis, de là, par l'entremise des esprits dont ses cavités sont remplies, ces images rayonnent en telle sorte vers la petite glande que ces esprits environnent, que le mouvement qui compose chaque point de l'une des images tend vers le même point de la glande vers lequel tend le mouvement qui forme le point de l'autre image, lequel représente la même partie de cet animal, au moyen de quoi les deux images qui sont dans le cerveau n'en composent qu'une seule sur la glande, qui, agissant immédiatement contre l'âme, lui fait voir la figure de cet animal.

Art. 36. Exemple de la façon que les passions sont excitées en l'âme.

Et, outre cela, si cette figure est fort étrange et fort effroyable, c'est-à-dire si elle a beaucoup de rapport avec les choses qui ont été auparavant nuisibles au corps, cela excite en l'âme la passion de la crainte, et ensuite celle de la hardiesse, ou bien celle de la peur et de l'épouvante, selon le divers tempérament du corps ou la force de l'âme, et selon qu'on s'est auparavant garanti par la défense ou par la fuite contre les choses nuisibles auxquelles l'impression présente a du rapport. Car cela rend le cerveau tellement disposé en quelques hommes, que les esprits réfléchis de l'image ainsi formée sur la glande vont de là se rendre partie dans les nerfs qui servent à tourner le dos et remuer les jambes pour s'enfuir, et partie en ceux qui élargissent ou étrécissent tellement les orifices du cœur, ou bien qui agitent tellement les autres parties d'où le sang lui est envoyé, que ce sang, y étant raréfié d'autre façon que de coutume, il envoie des esprits au cerveau qui sont propres à entretenir et fortifier la passion de la peur, c'est-à-dire qui sont propres à tenir ouverts ou bien à ouvrir derechef les pores du cerveau qui les conduisent dans les mêmes nerfs. Car de cela que ces esprits entrent en ces pores ils excitent un mouvement particulier en cette glande, lequel est institué de la nature pour faire sentir à l'âme cette passion. Et parce que ces pores se rapportent principalement aux petits nerfs qui servent à resserrer ou élargir les orifices du cœur, cela fait que l'âme la sent principalement comme dans le cœur.

Art. 37. Comment il paraît qu'elles sont toutes causées par quelque mouvement des esprits.

Et parce que le semblable arrive en toutes les autres passions, à savoir, qu'elles sont principalement causées par les esprits contenus dans les cavités du cerveau, en tant qu'ils prennent leur cours vers les nerfs qui servent à élargir ou étrécir les orifices du cœur, ou à pousser diversement vers lui le sang qui est dans les autres parties, ou, en quelque autre façon que ce soit, à entretenir la même passion, on peut clairement entendre de ceci pourquoi j'ai mis ci-dessus en leur définition qu'elles sont causées par quelque mouvement particulier des esprits.

Art. 38. Exemple des mouvements du corps qui accompagnent les passions et ne dépendent point de l'âme.

Au reste, en même façon que le cours que prennent ces esprits vers les nerfs du cœur suffit pour donner le mouvement à la glande par lequel la peur est mise en l'âme, ainsi aussi, par cela seul que quelques esprits vont en même temps vers les nerfs qui servent à remuer les jambes pour fuir, ils causent un autre mouvement en la même glande par le moyen duquel l'âme sent et aperçoit cette fuite, laquelle peut en cette façon être excitée dans le corps par la seule disposition des organes et sans que l'âme y contribue.

Art. 39. Comment une même cause peut exciter diverses passions en divers hommes.

La même impression que la présence d'un objet effroyable fait sur la glande, et qui cause la peur en quelques hommes, peut exciter en d'autres le courage et la hardiesse, dont la raison est que tous les cerveaux ne sont pas disposés en même façon, et que le même mouvement de la glande qui en quelques-uns excite la peur fait dans les autres que les esprits entrent dans les pores du cerveau qui les conduisent partie dans les nerfs qui servent à remuer les mains pour se défendre, et partie en ceux qui agitent et poussent le sang vers le cœur, en la façon qui est requise pour produire des esprits propre à continuer cette défense et en retenir la volonté.

Art. 40. Quel est le principal effet des passions.

Car il est besoin de remarquer que le principal effet de toutes les passions dans les hommes est qu'elles incitent et disposent leur âme à vouloir les choses auxquelles elles préparent leur corps; en sorte que le sentiment de la peur l'incite à vouloir fuir, celui de la hardiesse à vouloir combattre, et ainsi des autres.

Art. 41. Quel est le pouvoir de l'âme au regard du corps.

Mais la volonté est tellement libre de sa nature, qu'elle ne peut jamais être contrainte; et des deux sortes de pensées que j'ai distinguées en l'âme, dont les unes sont ses actions, à savoir ses volontés, les autres ses passions, en prenant ce mot en sa plus générale signification, qui comprend toutes sortes de perceptions, les premières sont absolument en son pouvoir et ne peuvent qu'indirectement être changée par le corps, comme au contraire

les dernières dépendent absolument des actions qui les produisent, et elles ne peuvent qu'indirectement être changées par
l'âme, excepté lorsqu'elle est elle-même leur cause. Et toute
l'action de l'âme consiste en ce que, par cela seul qu'elle veut
quelque chose, elle fait que la petite glande à qui elle est étroitement jointe se meut en la façon qui est requise pour produire
l'effet qui se rapporte à cette volonté.

Art. 42. Comment on trouve en sa mémoire les choses dont on
veut se souvenir.

Ainsi, lorsque l'âme veut se souvenir de quelque chose, cette
volonté fait que la glande, se penchant successivement vers divers
côtés, pousse les esprits vers divers endroits du cerveau, jusques
à ce qu'ils rencontrent celui où sont les traces que l'objet dont on
veut se souvenir y a laissées ; car ces traces ne sont autre chose
sinon que les pores du cerveau, par où les esprits ont auparavant
leur cours à cause de la présence de cet objet, ont acquis par cela
une plus grande facilité que les autres à être ouverts derechef en
même façon par les esprits qui viennent vers eux ; en sorte que ces
esprits rencontrant ces pores entrent dedans plus facilement que
dans les autres, au moyen de quoi ils excitent un mouvement
particulier en la glande, lequel représente à l'âme le même objet et
lui fait connaître qu'il est celui duquel elle voulait se souvenir.

Art. 43. Comment l'âme peut imaginer, être attentive et
mouvoir le corps.

Ainsi, quand on veut imaginer quelque chose qu'on n'a
jamais vue, cette volonté a la force de faire que la glande se meut
en la façon qui est requise pour pousser les esprits vers les pores
du cerveau par l'ouverture desquels cette chose peut être repré-
sentée. Ainsi, quand on veut arrêter son attention à considérer
quelque temps un même objet, cette volonté retient la glande

pendant ce temps-là penchée vers un même côté. Ainsi, enfin, quand on veut marcher ou mouvoir son corps en quelque autre façon, cette volonté fait que la glande pousse les esprits vers les muscles qui servent à cet effet.

Art. 44. Que chaque volonté est naturellement jointe à quelque mouvement de la glande ; mais que, par industrie ou par habitude, on la peut joindre à d'autres.

Toutefois ce n'est pas toujours la volonté d'exciter en nous quelque mouvement ou quelque autre effet qui peut faire que nous l'excitons ; mais cela change selon que la nature ou l'habitude ont diversement joint chaque mouvement de la glande à chaque pensée. Ainsi, par exemple, si on veut disposer ses yeux à regarder un objet fort éloigné, cette volonté fait que leur prunelle s'élargit ; et si on les veut disposer à regarder un objet fort proche, cette volonté fait qu'elle s'étrécit. Mais si on pense seulement à élargir la prunelle, on a beau en avoir la volonté, on ne l'élargit point pour cela d'autant que la nature n'a pas joint le mouvement de la glande qui sert à pousser les esprits vers le nerf optique en la façon qui est requise pour élargir ou étrécir la prunelle avec la volonté de l'élargir ou étrécir, mais bien avec celle de regarder des objets éloignés ou proches. Et lorsqu'en parlant nous ne pensons qu'au sens de ce que nous voulons dire, cela fait que nous remuons la langue et les lèvres beaucoup plus promptement et beaucoup mieux que si nous pensions à les remuer en toutes les façons qui sont requises pour proférer les mêmes paroles. D'autant que l'habitude que nous avons acquise en apprenant à parler a fait que nous avons joint l'action de l'âme, qui, par l'entremise de la glande, peut mouvoir la langue et les lèvres, avec la signification des paroles qui suivent de ces mouvements plutôt qu'avec les mouvements mêmes.

Art. 45. Quel est le pouvoir de l'âme au regard de ses passions.

Nos passions ne peuvent pas aussi directement être excitées ni ôtées par l'action de notre volonté, mais elles peuvent l'être indirectement par la représentation des choses qui ont coutume d'être jointes avec les passions que nous voulons avoir, et qui sont contraires à celles que nous voulons rejeter. Ainsi, pour exciter en soi la hardiesse et ôter la peur, il ne suffit pas d'en avoir la volonté, mais il faut s'appliquer à considérer les raisons, les objets ou les exemples qui persuadent que le péril n'est pas grand; qu'il y a toujours plus de sûreté en la défense qu'en la fuite; qu'on aura de la gloire et de la joie d'avoir vaincu, au lieu qu'on ne peut attendre que du regret et de la honte d'avoir fui, et choses semblables.

Art. 46. Quelle est la raison qui empêche que l'âme ne puisse entièrement disposer de ses passions.

Il y a une raison particulière qui empêche l'âme de pouvoir promptement changer ou arrêter ses passions, laquelle m'a donné sujet de mettre ci-dessus en leur définition qu'elles sont non seulement causées, mais aussi entretenues et fortifiées par quelque mouvement particulier des esprits. Cette raison est qu'elles sont presque toutes accompagnées de quelque émotion qui se fait dans le cœur, et par conséquent aussi en tout le sang et les esprits, en sorte que, jusqu'à ce que cette émotion ait cessé, elles demeurent présentes à notre pensée en même façon que les objets sensibles y sont présents pendant qu'ils agissent contre les organes de nos sens. Et comme l'âme, en se rendant fort attentive, à quelque autre chose, peut s'empêcher d'ouïr un petit bruit ou de sentir une petite douleur, mais ne peut s'empêcher en même façon d'ouïr le tonnerre ou de sentir le feu qui brûle la main, ainsi elle peut aisément surmonter les moindres passions, mais non pas les plus violentes et les plus fortes, sinon après que l'émotion du sang et des esprits est apaisée. Le plus que la volonté puisse faire pendant que cette émotion est en sa vigueur, c'est de ne pas consentir à ses effets et de retenir plusieurs des mouvements auxquels elle dispose le corps. Par exemple, si la colère fait lever la main pour frapper, la volonté peut ordinairement la retenir ; si la peur incite les jambes à fuir, la volonté les peut arrêter, et ainsi les autres.

Art. 47. En quoi consistent les combats qu'on a coutume d'imaginer entre la partie inférieure et la partie supérieure de l'âme.

Et ce n'est qu'en la répugnance qui est entre les mouvements que le corps par ses esprits et l'âme par sa volonté tendent à exciter en même temps dans la glande, que consistent tous les combats qu'on a coutume d'imaginer entre la partie inférieure de l'âme qu'on nomme sensitive et la supérieure, qui est raisonnable, ou bien entre les appétits naturels et la volonté. Car il n'y a en nous qu'une seule âme, et cette âme n'a en soi aucune diversité de parties : la même qui est sensitive est raisonnable, et tous ses appétits sont des volontés. L'erreur qu'on a commise en lui faisant jouer divers personnages qui sont ordinairement contraires les uns aux autres ne vient que de ce qu'on n'a pas bien distingué ses fonctions d'avec celles du corps, auquel seul on doit attribuer tout ce qui peut être remarqué en nous qui répugne à notre raison ; en sorte qu'il n'y a point en ceci d'autre combat sinon que la petite glande qui est au milieu du cerveau pouvant être poussée d'un côté par l'âme et de l'autre par les esprits animaux, qui ne sont que des corps, ainsi que j'ai dit ci-dessus, il arrive souvent que ces deux impulsions sont contraires, et que la plus forte empêche l'effet de l'autre. Or on peut distinguer deux sortes de mouvements excités par les esprits de la glande : les uns représentent à l'âme les objets qui meuvent les sens, ou les impressions qui se rencontrent dans le cerveau et ne font aucun effort sur sa volonté ; les autres y font quelque effort, à savoir, ceux qui causent les passions ou les mouvements du corps qui les accompagnent ; et pour les premiers, encore qu'ils empêchent souvent les actions de l'âme ou bien qu'ils soient empêchés par elles, toutefois, à cause qu'ils ne sont pas directement contraires, on n'y remarque point de combat. On en remarque seulement entre les derniers et les volontés qui leur répugnent : par exemple, entre l'effort dont les esprits poussent la glande pour causer en l'âme le désir de quelque chose, et celui dont l'âme la repousse par la volonté qu'elle a de fuir la même chose ; et ce qui fait principalement paraître ce combat, c'est que la volonté n'ayant pas le pouvoir d'exciter directement les passions, ainsi qu'il a déjà été dit, elle est contrainte d'user d'industrie et de s'appliquer à considérer successivement diverses choses dont, s'il arrive que l'une ait la force de changer pour un moment le cours des esprits, il peut arriver que celle qui suit ne l'a pas et qu'ils le reprennent aussitôt après, à cause que la disposition qui a précédé dans les nerfs, dans le cœur et dans le sang n'est pas changée, ce qui fait que l'âme se sent poussée presque en même temps à désirer et ne désirer pas une même chose ; et c'est de là qu'on a pris occasion d'imaginer en elles deux puissances qui se combattent. Toutefois on peut encore concevoir quelque combat, en ce que souvent la même cause qui excite en l'âme quelque passion excite aussi certains mouvements dans le corps auxquels l'âme ne contribue point, et lesquels elle arrête ou tâche d'arrêter sitôt qu'elle les aperçoit, comme on éprouve lorsque ce qui excite la peur fait aussi que les esprits entrent dans les muscles qui servent à remuer les jambes pour fuir, et que la volonté qu'on a d'être hardi les arrête.

Art. 48. En quoi on connaît la force ou la faiblesse des âmes.

Or, c'est par le succès de ces combats que chacun peut connaître la force ou la faiblesse de son âme. Car ceux en qui naturellement la volonté peut le plus aisément vaincre les passions et arrêter les mouvements du corps qui les accompagnent ont sans doute les âmes les plus fortes. Mais il y en a qui ne peuvent éprouver leur force, parce qu'ils ne font jamais combattre leur volonté avec ses propres armes, mais seulement avec celles que lui fournissent quelques passions pour résister à quelques autres. Ce que je nomme ses propres armes sont des jugements fermes et déterminés touchant la connaissance du bien et du mal, suivant lesquels elle a résolu de conduire les actions de sa vie. Et les âmes les plus faibles de toutes sont celles dont la volonté ne se détermine point à suivre certains jugements, mais se laisse continuellement emporter aux passions présentes, lesquelles, étant souvent contraires les unes aux autres, la tirent tour à tour à leur parti et, l'employant à combattre contre elle-même, mettent l'âme au plus déplorable état qu'elle puisse être. Ainsi, lorsque la peur représente la mort comme un mal extrême et qui ne peut être évité que par la fuite, si l'ambition, d'autre côté, représente l'infamie de cette fuite comme un mal pire que la mort ; ces deux passions agitent diversement la volonté, laquelle obéissant tantôt à l'une, tantôt à l'autre, s'oppose continuellement à soi-même, et ainsi rend l'âme esclave et malheureuse.

Art. 49. Que la force de l'âme ne suffit pas sans la connaissance de la vérité.

Il est vrai qu'il y a fort peu d'hommes si faibles et irrésolus qu'ils ne veulent rien que ce que leur passion leur dicte. La plupart ont des jugements déterminées, suivant lesquels ils règlent une partie de leurs actions. Et, bien que souvent ces jugements soient faux, et même fondés sur quelques passions par lesquelles la volonté s'est auparavant laissé vaincre ou séduire, toutefois, à cause qu'elle continue de les suivre lorsque la passion qui les a causés est absente, on les peut considérer comme ses propres armes, et penser que les âmes sont plus fortes ou plus faibles à raison de ce qu'elles peuvent plus ou moins suivre ces jugements, et résister aux passions présente qui leur sont contraires. Mais il y a pourtant grande différence entre les résolutions qui procèdent de quelque fausse opinion et celles qui ne sont appuyées que sur la connaissance de la vérité; d'autant que si on suit ces dernières, on est assuré de n'en avoir jamais le regret ni de repentir, au lieu qu'on en a toujours d'avoir suivi les premières lorsqu'on en découvre l'erreur.

Art. 50. Qu'il n'y a point d'âme si faible qu'elle ne puisse, étant bien conduite, acquérir un pouvoir absolu sur ses passions.

Et il est utile ici de savoir que, comme il a déjà été dit ci-dessus, encore que chaque mouvement de la glande semble avoir été joint par la nature à chacune de nos pensées dès le commencement de notre vie, on les peut toutefois joindre à d'autres par habitude, ainsi que l'expérience fait voir aux paroles qui excitent des mouvements en la glande, lesquels, selon l'institution de nature, ne représentent à l'âme que leur son lorsqu'elles sont proférées de la voix, ou la figure de leurs lettres lorsqu'elles sont écrites, et qui, néanmoins, par l'habitude qu'on a acquise en pensant à ce qu'elles signifient lorsqu'on a ouï leur son ou bien qu'on a vu leurs lettres, ont coutume de faire concevoir cette signification plutôt que la figure de leurs lettres ou bien le son de leurs syllabes. Il est utile aussi de savoir qu'encore que les mouvements, tant de la glande que des esprits et du cerveau, qui représentent à l'âme certains objets, soient naturellement joints avec ceux qui excitent en elle certaines passions, ils peuvent toutefois par habitude en être séparés et joints à d'autres fort différents, et même que cette habitude peut être acquise par une seule action et ne requiert point un long usage. Ainsi, lorsqu'on rencontre inopinément quelque chose de fort sale en une viande qu'on mange avec appétit, la surprise de cette rencontre peut tellement changer la disposition du cerveau qu'on ne pourra plus voir par après de telle viande qu'avec horreur, au lieu qu'on la mangeait auparavant avec plaisir. Et on peut remarquer la même chose dans les bêtes; car encore qu'elles n'aient point de raison, ni peut-être aussi aucune pensée, tous les mouvements des esprits et de la glande qui excitent en nous les passions ne laissent pas d'être en elles et d'y servir à entretenir et fortifier, non pas comme en nous, les passions, mais les mouvements des nerfs et des muscles qui ont coutume de les accompagner. Ainsi, lorsqu'un chien voit une perdrix, il est naturellement porté à courir vers elle; et lorsqu'il doit tirer un fusil, ce bruit l'incite naturellement à s'enfuir; mais néanmoins on dresse ordinairement les chiens couchants en telle sorte que la vue d'une perdrix fait qu'ils s'arrêtent, et que le bruit qu'ils oient après, lorsqu'on tire sur elle, fait qu'ils y accourent. Or ces choses sont utiles à savoir pour donner le courage à un chacun d'étudier à régler ses passions. Car, puisqu'on peut, avec un peu d'industrie, changer les mouvements du cerveau dans les animaux dépourvus de raison, il est évident qu'on le peut encore mieux dans les hommes, et que ceux mêmes qui ont les plus faibles âmes pourraient acquérir un empire très absolu sur toutes leurs passions, si on employait assez d'industrie à les dresser et à les conduire.

EMMANUEL KANT

ESSAI SUR LES MALADIES DE LA TÊTE[*]

La simplicité et la modération de la nature n'exigent et ne forment en l'homme que des idées générales et une probité toute grossière, tandis que la contrainte artificielle et le luxe de la société civile font pulluler les esprits fins et les raisonneurs, mais aussi, à l'occasion, les fous et les dupeurs, et font naître une apparence de sagesse ou de moralité qui permet aux hommes de se passer aussi bien d'entendement que d'honnêteté, pourvu que le beau voile dont les convenances recouvrent les infirmités secrètes de la tête ou du cœur soit tissé de façon suffisamment serrée. À mesure que l'art s'élève, on finit par adopter le mot d'ordre universel de la raison et de la vertu, tout en s'arrangeant cependant pour qu'il suffise de mettre beaucoup d'ardeur à en parler pour pouvoir, entre gens instruits et bien élevés, se dispenser du fardeau de les posséder. On remarque cependant une différence notable dans la considération que l'on accorde unanimement à ces deux qualités si prisées : chacun se montre en effet bien plus jaloux de la supériorité de l'entendement que des bonnes qualités

[*] Kant, *Essai sur les maladies de la tête*, dans *Écrits sur le corps et l'esprit* (1764), trad. fr. G. Chamayou, Paris, GF-Flammarion, 2007, p. 111-126.

de la volonté, et, à choisir entre la bêtise et la filouterie, personne n'hésitera un seul instant à se prononcer en faveur de cette dernière. Et c'est là sans doute un très bon calcul, car lorsque absolument tout dépend de l'art, les finesses de la ruse deviennent indispensables tandis que l'on peut très bien se passer de la probité qui, dans de telles circonstances, ne saurait être qu'une entrave. Je vis au milieu de citoyens sages et de bonne moralité, ou plutôt, au milieu de ceux qui s'y entendent pour paraître tels, et je me flatte qu'on voudra bien me faire crédit d'assez de finesse pour croire que, même si je possédais des remèdes éprouvés pour éradiquer les maladies de la tête et du cœur, j'aurais cependant des scrupules à mettre sur le marché cette antique camelote, bien conscient que la cure populaire qui est à la mode pour le traitement de l'entendement et du cœur n'a pas attendu cela pour progresser dans le sens souhaité, et surtout que ces médecins de l'entendement que l'on appelle les logiciens ont pleinement satisfait la demande depuis qu'ils ont fait cette importante découverte : la tête humaine est proprement un tambour, qui ne résonne que parce qu'il est vide. En ce qui me concerne, je ne vois donc rien de mieux à faire que d'imiter la méthode des médecins qui estiment avoir rendu un grand service à leur patient lorsqu'ils ont mis un nom sur sa maladie, et j'esquisse une petite onomastique des infirmités de la tête, depuis sa paralysie dans l'*imbécillité* jusqu'à ses spasmes dans la folie furieuse ; mais, pour bien faire voir la dérive progressive de ces fâcheuses maladies, je crois nécessaire de les présenter au préalable dans leurs degrés plus doux, de la *stupidité* jusqu'à la *folie*, parce que ces états, qui sont pourtant des plus courants dans les conditions de la vie civile, mènent tout droit aux autres.

Une *tête obtuse* manque de vivacité d'esprit, une *tête stupide* manque d'entendement. La promptitude à saisir quelque chose et à s'en rappeler, tout comme l'aisance à l'exprimer convenablement dépendent, et même beaucoup, de la vivacité d'esprit; quelqu'un qui n'est pas stupide peut par conséquent être malgré tout très obtus, dans la mesure où les choses lui rentrent difficilement dans la tête, quoiqu'il puisse faire ensuite immédiatement preuve d'une grande maturité de jugement en les examinant; et une difficulté d'expression n'atteste rien moins qu'une incapacité de l'entendement, mais témoigne seulement d'une vivacité d'esprit insuffisante pour habiller les pensées avec les signes appropriés parmi la masse des signes disponibles. Le célèbre jésuite *Clavius* fut renvoyé des Écoles comme incapable (car suivant les épreuves d'Orbile pour l'entendement, un jeune garçon n'est bon à rien s'il ne sait faire ni vers ni exercices de rédaction). Il tomba ensuite par hasard dans les mathématiques, le jeu changea, et ses anciens professeurs ne furent plus par rapport à lui que des stupides. Le jugement pratique sur les choses, indispensable par exemple au paysan, à l'artiste, ou au navigateur, etc., est très différent du jugement sur la façon de manœuvrer les hommes dans leur conduite mutuelle. Dans ce dernier cas, il s'agit moins d'une question d'entendement que d'astuce, et l'aimable carence qui consiste à être privé d'une capacité aussi prisée se nomme la *simplicité d'esprit*. S'il faut en attribuer la cause à une faiblesse de la faculté de juger en général, un tel homme s'appelle un *benêt*, un *simplet*, etc. Étant donné que, dans la société civile, les manigances et les stratagèmes deviennent peu à peu des maximes habituelles, le jeu des actions humaines s'en trouve considérablement compliqué, et il ne faut donc pas s'étonner si un homme au demeurant intelligent et probe, soit qu'il méprise trop cette sorte d'habileté pour daigner s'en mêler, soit qu'il ne puisse pas résoudre son cœur noble et bienveillant à une idée aussi odieuse de la nature humaine, tombe forcément dans les pièges que lui tendent partout les dupeurs qui l'entourent, et leur donne fort matière à rire, si bien qu'à la fin, l'expression « un homme bon » n'a plus rien d'une tournure fleurie mais désigne tout bonnement un simplet, et aussi à l'occasion un c…; car, dans la langue des fripons, un homme n'est pas intelligent s'il ne considère pas les autres comme rien de mieux que ce qu'il est lui-même, à savoir comme des dupeurs.

Les impulsions de la nature humaine qui, lorsqu'elles atteignent de hauts degrés, s'appellent des passions, sont les forces motrices de la volonté; l'entendement ne fait que s'y adjoindre pour estimer le montant total de la satisfaction de l'ensemble des inclinations à partir de la fin projetée, et aussi pour trouver les moyens de la mettre en œuvre. Pour peu qu'une passion soit particulièrement puissante, l'entendement n'y pourra pas grand-chose; car un homme captivé par sa passion a beau parfaitement distinguer les raisons qui vont à l'encontre de son inclination favorite, il se sent impuissant à leur imprimer une fermeté effective. Lorsque cette inclination est bonne en soi et que la personne est par ailleurs raisonnable, hormis que le penchant qui la domine lui masque les graves conséquences qui en découlent, cet état de la raison enchaînée est la déraison. Un homme déraisonnable peut faire preuve de beaucoup d'entende-ment, y compris dans le jugement qu'il porte sur les actions dans lesquelles il déraisonne; il lui faut aussi beaucoup d'entendement et bon cœur pour mériter une telle appellation, qui atténue somme toute la gravité de ses dérèglements. L'homme *déraisonnable* peut même s'avérer de très bon conseil pour autrui, même si ses recommandations restent lettre morte pour lui-même. Seuls les dommages ou bien l'âge peuvent le dissuader, quoiqu'il ne s'agisse le plus souvent pour lui que de troquer une déraison contre une autre. Depuis la nuit des temps, on ne compte plus les gens raisonnables que la passion amoureuse ou une ambition exacerbée ont fait sombrer dans la déraison. Une jeune fille oblige le redoutable *Alcide* à filer la laine dans ses jupons, et les oisifs citoyens d'Athènes envoient *Alexandre* au bout du monde par leurs louanges frivoles. Il y a aussi d'autres inclinations moins véhémentes et moins répandues, qui ne manquent pas cependant elles aussi d'engendrer leur forme de déraison : la passion de bâtir, l'amour des tableaux, la bibliophilie. L'homme dégénéré a quitté sa place naturelle ; il est attiré par tout et captivé par tout. À l'homme déraisonnable s'oppose l'*homme avisé* ; mais quelqu'un qui est sans déraison est un *sage*. Ce sage, on peut bien aller le chercher dans la lune ; peut-être ignore-t-on là-bas la passion, et peut-être a-t-on là-bas infiniment plus de raison. L'insensible est protégé de la déraison par sa stupidité ; mais, aux yeux du commun des mortels, il fait figure de sage. Pyrrhon, sur un bateau en pleine tempête, alors que tout le monde s'agitait anxieusement, vit un cochon qui vidait tranquillement son auge, il le montra du doigt et dit : « Tel doit être le calme d'un sage ». L'insensible est le sage de Pyrrhon.

Lorsque la passion dominante est détestable en soi, et qu'elle est en même temps à ce point dépravée qu'elle trouve sa satisfaction dans quelque chose de diamétralement opposé à sa visée naturelle, l'état de cette raison à la renverse est la *folie*. Le déraisonnable connaît pertinemment la véritable visée de sa passion, même s'il lui laisse une force qui la rend capable d'enchaîner la raison. Mais le fou se rend en même temps si stupide qu'il ne se croit en possession de ce qu'il désire que lorsqu'il a vraiment réussi à s'en priver. *Pyrrhus* savait très bien que la bravoure et la puissance font l'objet d'une admiration universelle ; il obéissait de façon très juste à l'impulsion de l'ambition, et il n'était autre que ce pour quoi le tenait *Cinéas*, à savoir quelqu'un de *déraison-nable*. Mais lorsque Néron s'expose à la risée publique en décla-mant des vers lamentables du haut d'une scène pour décrocher le prix de poésie, et qu'à la fin de sa vie, il s'exclame encore : *Quantus artifex morior!*, je ne vois là en ce maître de Rome, craint et raillé, rien de mieux qu'un fou. Je soutiens que toute folie est proprement greffée sur deux passions, l'orgueil et l'avarice. Les deux inclinations sont iniques et c'est pourquoi on les hait ; toutes les deux sont par nature dépravées et leur fin se détruit elle-même. L'orgueilleux fait montre d'une prétention non dissimulée à la supériorité sur autrui, qu'il méprise ouvertement. Il se croit honoré quand on le siffle, car il est clair que le fait de mépriser autrui soulève à son tour chez ce dernier sa propre vanité contre le prétentieux. L'avare pense que beaucoup de choses lui sont nécessaires et qu'il lui est impossible de se passer du moindre de ses biens ; mais il se passe en réalité de tout ce qu'il possède, puisqu'il met tous ses biens sous séquestre par mesquinerie. L'aveuglement de l'orgueil engendre d'une part des *fous niais*, d'autre part des *fous bouffis*, suivant qu'une frivole inconstance ou qu'une raide stupidité s'est emparée de leur tête vide. Depuis la nuit des temps, la cupidité crasse a alimenté tant d'histoires ridicules que l'on saurait difficilement en imaginer de plus cocasses que celles qui se sont réellement produites. Le déraisonnable n'est pas sage, le fou n'est pas intelligent. La moquerie qu'attire sur lui l'homme déraisonnable est enjouée et indulgente, tandis que le fou mérite le fouet le plus cinglant du satyre, hormis qu'il ne le sent pour ainsi dire pas. On ne doit pas désespérer tout à fait qu'un homme déraisonnable puisse un jour redevenir avisé, mais quiconque pense pouvoir rendre un fou intelligent lave un Maure. La cause en est que, dans le premier cas, il règne malgré tout une inclination authentique et naturelle, qui ne fait à la rigueur qu'enchaîner la raison, alors que, dans le second cas, une niaise fantasmagorie en bouleverse les principes. Je laisse à d'autres le soin d'examiner s'il y a vraiment lieu de s'inquiéter de cette étonnante prophétie de *Holberg* : la croissance journalière du nombre de fous est inquiétante et laisse craindre qu'ils puissent bien se mettre encore en tête de fonder la cinquième monarchie. Mais, à supposer même qu'ils aient ce dessein, ils ferait bien de ne pas trop se précipiter; car l'un d'entre eux pourrait très bien glisser à l'oreille d'un autre ce que le célèbre bouffon d'une Cour voisine cria à des étudiants qui le poursuivaient en courant alors qu'il traversait à cheval une ville de Pologne, vêtu en habits de fou : « Messieurs, soyez sérieux, retournez à vos études, car si nous sommes trop nombreux, il n'y aura plus assez de pain pour nous tous ».

Je passe des infirmités de la tête que l'on méprise et que l'on raille, à celles que l'on regarde d'ordinaire avec pitié, de celles qui n'interrompent pas le cours de la vie civile à celles dont la prévoyance publique s'occupe et pour lesquelles elle prend des dispositions. Je divise ces maladies en deux catégories : les maladies de la défaillance et celles de la perturbation. Les premières se rangent sous l'appellation générale d'*imbécillité*, les secondes sous celles de *dérangement mental*. L'imbécile est frappé d'une grande défaillance de la mémoire, de la raison et même ordinairement des impressions sensibles. Ce mal est pour une bonne part incurable, car, étant donné les difficultés qu'il y a à soigner les désordres sauvages du cerveau dérangé, il doit être à peu près impossible d'insuffler à nouveau la vie dans ses organes éteints. Les manifestations de cette faiblesse qui condamne ces malheureux à ne jamais sortir de l'état d'enfance sont trop connues pour qu'il soit nécessaire de s'y arrêter davantage.

Les infirmités de la tête dérangée comportent autant de genres principaux qu'il y a de capacités mentales concernées. Je pense pouvoir les ordonner intégralement sous les trois divisions suivantes : premièrement, la perturbation des concepts de l'expérience dans l'*hallucination*; deuxièmement, le désordre de la faculté de juger dans le *délire*, qui fait directement suite à cette expérience; troisièmement la perturbation de la raison concernant les jugements universels dans l'*extravagance*. Tous les autres phénomènes du cerveau malade peuvent, à ce qu'il me semble, être considérés soit comme différents degrés des accès mentionnés ci-dessus, soit comme une malheureuse combinaison de ces maux les uns avec les autres, soit enfin comme la greffe de ceux-ci sur de puissantes passions et être par conséquent rangés sous les classes indiquées.

En ce qui concerne le premier mal, c'est-à-dire l'*hallucination*, j'en explique les phénomènes de la façon suivante. L'âme de tout homme est occupée, même dans son état le plus sain, soit à peindre toutes sortes de choses qui ne sont pas présentes, soit, dans le cas de le représentation de choses présentes, à parachever quelque ressemblance imparfaite par tel ou tel trait chimérique que rajoute la capacité de création poétique en l'inscrivant dans la sensation. On n'a aucune raison de croire que notre esprit suive en cela d'autres lois pendant la veille que pendant le sommeil, et tout laisse au contraire supposer que, lorsque nous sommes éveillés, les impressions vivaces des sens éclipsent les images chimériques, qui sont plus ténues, jusqu'à les rendre méconnaissables, alors que celles-ci retrouvent toute leur force dans le sommeil, lorsque l'âme se ferme à toutes les impressions extérieures. Il n'est donc pas surprenant que les rêves, tant qu'ils durent, apparaissent comme de véritables expériences de choses réelles. Car puisqu'ils sont alors en l'âme les représentations les plus fortes, ils sont l'exact équivalent en cet état de ce que sont les sensations à l'état de la veille. Or, à supposer que certaines chimères aient pour ainsi dire lésé tel ou tel organe du cerveau, d'une manière ou d'une autre, de façon à produire en lui une impression aussi profonde et en même temps aussi exacte que celle d'une perception sensible, une raison saine et bien portante n'aura d'autre choix que de prendre cette fantasmagorie pour une expérience réelle, même à l'état de veille. Il serait vain en effet d'opposer des principes rationnels à une sensation, ou à toute représentation dotée d'une force équivalente, car les sens persuadent bien mieux de la réalité de sa prétendue sensation en vertu de simples ratiocinations. On s'aperçoit aussi que des personnes dont la raison présente par ailleurs tous les signes d'une assez grande maturité peuvent malgré tout se mettre à soutenir *mordicus* avoir vu je ne sais quelles formes spectrales et autres visages grimaçants, tout en faisant cependant preuve de suffisamment de finesse pour articuler leur expérience imaginaire avec toute la subtilité du jugement rationnel. L'état dans lequel l'homme dérangé a l'habitude, sans manifester le moindre signe extérieur de maladie violente, de se représenter certaines choses à l'état de veille comme s'il les avait clairement perçues, alors même qu'elles ne correspondent à rien de présent, s'appelle l'*hallucination*. L'hallucination est donc un rêveur éveillé. Lorsque l'illusion habituelle de ses sens n'est que partiellement chimérique, et qu'elle comporte aussi une grande part de sensation authentique, un homme qui en arrive à un tel degré de perturbation est un *fantasque*. Lorsque au réveil, encore couché dans un état de douce et nonchalante distraction, notre imagination s'empare de figures irrégulières, par exemple des motifs d'un dessus-de-lit, ou de quelque tache sur le mur voisin pour y dessiner d'improbables figures humaines, il s'agit bien là d'un divertissement qui n'est pas désagréable, mais dont nous pouvons rompre le charme à notre guise. Nous ne rêvons alors qu'*en partie* et nous tenons la chimère en notre pouvoir. Mais si cela se produit à un plus haut degré, l'homme éveillé s'avérant incapable de chasser par son attention la part d'illusion que comporte cette imagination trompeuse, une telle perturbation fait présumer un fantasque. Cette duperie de soi-même dans les sensations est du reste très commune et, tant qu'elle demeure modérée, on lui épargne une telle dénomination, quoiqu'il suffise qu'une passion s'en mêle pour que cette même faiblesse mentale dégénère en une véritable *fantasquerie*. Au demeurant, un aveuglement fort répandu fait que les hommes ne voient pas ce qu'ils ont devant eux, mais plutôt ce que leur inclination leur dépeint : le naturaliste collectionneur voit des villes dans les pierres de Florence, le dévot l'histoire de la passion dans le marbre tacheté, telle dame aperçoit au télescope les ombres de deux amants dans la lune, alors que son curé, lui, y voit les deux clochers. Sous l'effet de l'effroi, les rayons de l'aurore boréale se changent en piques et en épées et, au crépuscule, un poteau indicateur semble un spectre gigantesque.

La disposition mentale au fantastique n'est nulle part aussi commune que dans l'hypocondrie. Si les chimères que cette maladie fait pulluler ne trompent pas les sens externes, elles donnent en revanche à l'hypocondriaque l'illusion d'une sensation touchant son propre état, du corps ou bien de l'âme, alors que cette sensation n'est pour une grande part qu'une lubie sans contenu. L'hypocondriaque est atteint d'un mal qui, quel qu'en soit le siège principal, parcourt vraisemblablement de temps à autre dans le tissu nerveux en divers endroits du corps. Mais ce mal imprègne avant tout le siège de l'âme d'une vapeur mélancolique, de sorte que le patient éprouve en lui-même l'illusion de presque toutes les maladies dont il entend seulement parler. Il ne parle de rien plus volontiers que de son indisposition, adore lire les livres de médecine, reconnaît partout son propre cas ; pourtant, sa bonne humeur le reprend sans crier gare dès qu'il est en société, et alors il rit beaucoup, mange bien, et a ordinairement tout l'air d'un homme en bonne santé. En ce qui concerne sa fantasquerie intérieure, les images reçoivent la plupart du temps dans son cerveau une force et une durée qui l'accablent. Si, lorsqu'une drôle de figure lui passe par la tête (bien qu'il n'y voit lui-même qu'une image de sa fantaisie), cette lubie lui arrache un rire déplacé en présence d'autrui et qu'il n'en indique pas la cause ; ou bien si toutes sortes de représentations obscures excitent en lui une impulsion violente à faire quelque chose de mal, qu'il en redoute l'éruption et qu'il se tourmente à ce sujet mais sans jamais passer à l'acte, alors son état ressemble beaucoup à celui d'un halluciné, le péril en moins. Le mal n'a pas de racines profondes et, en ce qui concerne le mental, il disparaît en général de lui-même, ou bien sous l'effet de quelque médication. Un seul et même type de représentation agit à des degrés divers sur la sensibilité en fonction de l'état mental des hommes concernés. Il y a une espèce de fantasquerie que l'on attribue aux gens pour la simple raison qu'un sentiment les émeut à l'excès, à en juger en tout cas selon la retenue dont est censée faire preuve une tête saine. À ce compte-là, on dira que le mélancolique est un fantasque relativement au mal de vivre, que les nombreux transports de *l'amour* sont fantastiques à l'extrême, et que l'habile supercherie des États antiques consistait à faire des citoyens des fantasques concernant le sentiment du bien public. Un homme qu'un sentiment moral échauffe davantage qu'un principe, dans des proportions dont les autres n'ont pas idée, étant donné la fadeur, et dans la plupart des cas, le manque de noblesse de leur sentiment, celui-là, ils se le représentent comme un fantasque. J'imagine *Aristide* chez les usuriers, *Épictète* parmi les gens de cour, et *Jean-Jacques Rousseau* au milieu des docteurs de la Sorbonne. J'entends d'ici les rires moqueurs, et cent voix s'exclamer : « *Quels fantasques !* ». Cette apparence équivoque de fantasquerie dans des sentiments en soi bons et moraux est l'enthousiasme, et rien de grand ne s'est jamais accompli sans lui dans le monde. Il en va tout autrement du *fanatique* (*visionnaire*, *exalté*). Celui-ci est proprement un halluciné qui se prétend en inspiration immédiate et en étroite intimité avec les puissances du ciel. La nature humaine ne connaît pas d'illusion plus dangereuse. Si l'éruption du mal est récente, si l'homme qui en est le dupe a du talent et si la multitude est prête à absorber ce ferment au plus profond d'elle-même, il arrive alors parfois que l'État lui-même en éprouve des spasmes. L'exaltation porte les inspirés aux dernières extrémités. *Mahomet* sur le trône du Prince et *Jean de Leyde* sur l'échafaud. Au nombre des perturbations de la tête qui affectent les concepts de l'expérience, je peux encore ajouter dans une certaine mesure le dérangement de la *faculté du souvenir*. Le malheureux qui en fait les frais est abusé par la représentation chimérique d'on ne sait quel état antérieur qui n'a jamais réellement existé. Quelqu'un qui évoque les biens qu'il croit avoir possédés jadis, ou le royaume qu'il a perdu, sans être par ailleurs spécialement dupe de sa situation présente, est un halluciné du souvenir. Le vieux grincheux qui croit dur comme fer que le monde était bien plus ordonné dans sa jeunesse, et que, de son temps, les hommes étaient meilleurs, est un fantasque du souvenir.

Jusqu'ici, dans la tête dérangée, ce n'est pas la force de l'entendement proprement dite qui est atteinte, du moins pas forcément, car l'erreur ne se glisse en fin de compte que dans les concepts, tandis que les jugements peuvent se révéler par ailleurs tout à fait justes, et même prodigieusement raisonnables, pour peu que l'on admette l'authenticité de la sensation perturbée. Mais le dérangement de l'entendement consiste en ceci : juger complètement de travers à partir d'expériences au demeurant exactes ; et le premier degré de cette maladie est le *délire*, qui contrevient à la règle générale de l'entendement dans les jugements les plus directement tirés de l'expérience. Le *délirant* voit ou se souvient des objets de façon tout aussi exacte qu'une personne bien-portante, à ceci près qu'en raison d'un singulier égarement, il interprète généralement la conduite des autres hommes en ramenant tout à lui, et croit par conséquent toujours deviner je ne sais quels sombres desseins qui ne sont jamais venus à l'idée de personne. À l'entendre, on croirait que toute la ville ne s'occupe que de lui. Les gens au marché, qui vaquent à leurs affaires entre eux et qui croisent à peine son regard ourdissent de sombres machinations contre lui. Le *mélancolique*, qui est délirant relativement à ses conjectures tristes ou maladives, est un esprit chagrin. Mais il y a aussi toutes sortes de délires guillerets, et la passion amoureuse se complait et se tourmente en multipliant des interprétations qui ressemblent au délire. Un orgueilleux est aussi dans une certaine mesure un délirant, qui conclut que les autres l'admirent quand ils le toisent d'un air moqueur. Le second degré du dérangement de la tête relatif à la faculté supérieure de connaître est le désordre de la raison, lorsqu'elle s'égare dans des jugements imaginaires très subtils à propos de concepts universels, et on peut l'appeler extravagance. Au stade avancé de ce dérangement, le cerveau calciné fourmille de toutes sortes de vues prétentieuses et ultraraffinées : les dimension de la mer enfin découvertes, les prophéties dévoilées, et encore je ne sais quel micmac de casse-tête inintelligents. Si l'infortuné se fourvoie aussi sur les jugements d'expérience, on dit alors qu'il est atteint de vésanie. Mais s'il se fonde sur de nombreux jugements d'expérience corrects, et que seul son sentiment est grisé par la nouveauté et la multiplicité des conséquences que lui présente sa vivacité d'esprit, à tel point qu'il en néglige la justesse dans l'enchaînement de ses pensées, cela aboutit le plus souvent à une brillante apparence de délire, qui peut coexister avec le plus grand génie, étant donné de toute façon qu'une raison laborieuse aurait été incapable de suivre la vivacité d'esprit dans ses emportements. Lorsqu'une tête dérangée devient insensible aux perceptions extérieures, elle est *forcenée* ; cet état dans la mesure où il est dominé par la colère, s'appelle la *rage*. Le désespoir est un état forcené passager chez quelqu'un qui a perdu l'espérance. L'agitation bruyante chez quelqu'un de dérangé s'appelle en général *fureur*. Le *furieux*, dans la mesure où il est forcené, est fou furieux.

L'homme ne peut être que faiblement exposé à la déraison dans l'état de nature, et encore moins à quelque folie. Ses besoins le retiennent en permanence au ras de l'expérience et occupent son entendement sain de façon si légère que l'homme remarque à peine avoir besoin d'entendement pour ses actions. L'indolence donne une bonne mesure à ses désirs grossiers et communs et laisse assez de pouvoir au peu de jugement dont il a besoin pour les diriger à son plus grand avantage. Où pourra-t-il donc trouver matière à quelque folie, puisqu'il ne peut être – insouciant comme il l'est du jugement d'autrui – ni vaniteux ni bouffi d'orgueil ? N'ayant pas la moindre idée de la valeur de biens auxquels il n'a pas goûté, il est assuré contre les inepties de la cupidité crasse ; et, parce que sa tête demeure toujours réfractaire à la moindre vivacité d'esprit, il est également à l'abri de toute vésanie. De même, les cas de dérangement mental sont forcément rares dans cet état de simplicité. Même le sauvage avait subi quelque choc au cerveau, je ne vois pas d'où la fantasquerie pourrait venir supplanter les sensations qui constituent habituellement sa seule et unique occupation. Quel délire pourrait bien s'emparer de lui, puisque rien ne le pousse jamais à s'aventurer bien loin dans son jugement ? Quant à l'extravagance, elle est assurément tout à fait au-dessus de ses capacités. S'il est atteint d'une maladie de la tête, il est soit imbécile, soit fou furieux, encore que cela ne puisse se produire que très rarement, étant donné qu'il est la plupart du temps en bonne santé, étant libre et en mouvement. C'est à vrai dire dans la société civile que se trouvent les ferments de toute cette corruption, qui, quand ils ne la produisent pas directement, servent néanmoins à l'entretenir et à l'étendre. L'entendement, dans la mesure où il suffit aux nécessités et aux plaisirs simples de la vie, est un entendement sain ; mais, dans la mesure où il se met au service du luxe artificiel, que ce soit pour les jouissances ou pour les sciences, c'est un *entendement fin*. L'entendement sain du citoyen apparaîtrait donc déjà comme très fin par rapport à celui de l'homme naturel ; et les concepts qui, pour être compris, supposent un entendement fin dans certaines classes de la société sont inappropriés pour les classes qui se rapprochent davantage, du moins par leurs vues, de la simplicité de la nature, et, lorsque ces concepts leur parviennent, en général, ils les rendent fous. L'abbé *Terrasson* distingue quelque part deux sortes d'esprits dérangés : ceux qui tirent des conclusions justes à partir de représentations fausses, et ceux qui raisonnent de travers à partir de représentations justes. Cette division concorde parfaitement avec les propositions qui précèdent. Chez ceux de la première espèce, les fantasques ou les hallucinés, ce n'est pas vraiment l'entendement qui souffre, mais seulement la faculté chargée d'éveiller en l'âme les concepts destinés ensuite à être comparés par la faculté de juger. On peut très bien opposer à ces malades des jugements rationnels, si ce n'est pour les guérir de leurs maux, du moins pour les soulager. Mais, puisque chez ceux de la deuxième espèce – délirants et extravagants – c'est l'entendement lui-même qui est atteint, il est par suite non seulement déraisonnable de ratiociner avec eux (parce que, s'ils pouvaient saisir ces principes rationnels, ils ne seraient précisément pas délirants), mais encore de la plus extrême nocivité. Car on ne fait alors que donner à leur tête perturbée de nouveaux matériaux pour échafauder des inepties ; la contradiction ne les amende pas, mais les échauffe, et il est absolument nécessaire d'adopter avec eux, lorsqu'on les côtoie, un air plein de sang-froid et de bienveillance, en faisant exactement comme si on n'avait pas remarqué que quelque chose cloche dans leur entendement.

J'ai appelé les infirmités de la faculté de connaître les « maladies de la tête », de même qu'on appelle « maladie du cœur » la corruption de la volonté. J'ai seulement considéré les phénomènes de ces maladies tels qu'ils se présentent dans le mental, sans chercher à en épier la racine, qui se trouve sans doute dans le corps, et dont il se peut que le siège principal soit plutôt dans les parties digestives que dans le cerveau, comme l'expose avec beaucoup de vraisemblance cet hebdomadaire apprécié et universellement connu sous le nom *Le Médecin* dans ses numéros 150, 151, 152. Je ne peux au demeurant en aucune façon me convaincre que le dérangement mental découlerait, comme on le croit d'ordinaire, de l'orgueil, de l'amour, ou encore d'une méditation trop soutenue, ou de je ne sais quel mésusage des forces de l'âme. Cet avis, qui fait de l'infortune du malade un motif de reproches moqueurs, est très peu charitable et résulte d'une erreur répandue consistant à confondre la cause avec l'effet. En prêtant un tant soit peu d'attention aux exemples, on se rend compte que c'est d'abord le corps qui souffre. Étant donné que le germe de la maladie ne se développe au début qu'imperceptiblement, on n'éprouve d'abord qu'une perturbation ambiguë, qui ne fait pas encore soupçonner un dérangement mental et qui se manifeste par d'extraordinaires lubies amoureuses, un air bouffi d'orgueil, ou une rumination aussi profonde que vaine. Avec le temps, la maladie éclate, et c'est l'occasion d'en rendre responsable l'état mental qui l'a immédiatement précédée. Il faudrait cependant plutôt dire que si l'homme est devenu orgueilleux, c'est parce qu'il était déjà, à un certain degré, dérangé, et non qu'il est devenu dérangé d'avoir été trop orgueilleux. Ces tristes maux, pour peu qu'ils ne soient pas héréditaires, laissent encore espérer un heureux rétablissement; et celui qu'il faut ici appeler à la rescousse, c'est avant tout le médecin. Pour l'honneur, il me déplairait cependant d'exclure le philosophe, qui pourrait édicter le régime du mental, à la condition toutefois qu'il n'exige pas, comme dans ses nombreux autres emplois, de rétribution. Par égard pour lui, le médecin ne refuserait pas non plus de prêter main-forte au philosophe, si celui-ci, à un moment ou à un autre, tentait la grande mais toujours vaine cure de la folie. Par exemple, il soumettrait à l'observation la fureur d'un *docte hurleur*, pour savoir si des moyens cathartiques pris à forte dose ne seraient pas de quelque efficacité. Car si, comme l'observe *Swift*, un mauvais poème n'est qu'une simple purgation du cerveau par laquelle le poète malade se soulage en évacuant quantité d'humeurs nocives, pourquoi n'en serait-il pas de même d'un misérable écrit remâché ? Mais, si c'est le cas, il serait alors judicieux d'indiquer à la nature une autre voie de purgation, pour que le mal soit évacué radialement et en silence, sans en alarmer le public.

P. J. G. Cabanis

CONSIDÉRATIONS GÉNÉRALES SUR L'ÉTUDE DE L'HOMME ET SUR LES RAPPORTS ENTRE SON ORGANISATION PHYSIQUE AVEC SES FACULTÉS INTELLECTUELLES ET MORALES[*]

Introduction

C'est sans doute, citoyens, une belle et grande idée que celle qui considère toutes les sciences et tous les arts comme formant un ensemble, un tout indivisible, ou comme les rameaux d'un même tronc, unis par une origine commune, plus étroitement unis encore par le fruit qu'ils sont tous également destinés à produire, le perfectionnement et le bonheur de l'homme. Cette idée n'avait pas échappé au génie des anciens ; toutes les parties de la science entraient pour eux dans l'étude de la sagesse. Ils ne cultivaient pas les arts seulement à cause des jouissances qu'ils procurent, ou des ressources directes que peut y trouver celui qui les pratique ; ils les cultivaient parce qu'aussi ils en regardaient la connaissance

---

[*] P.-J.-G. Cabanis, *Rapports du physique et du moral de l'homme, premier mémoire*, Paris, Crapelet, 1805, p. 1-39, orthographe modernisée.

comme nécessaire à celle de l'homme et de la nature, et les procédés comme les vrais moyens d'agir sur l'un et sur l'autre avec une grande puissance.

Mais c'est au génie de Bacon qu'il était réservé d'esquisser le premier un tableau de tous les objets qu'embrasse l'intelligence humaine, de les enchaîner par leurs rapports, de les distinguer par leurs différences, de présenter ou les nouveaux points de communication qui pourraient s'établir entre eux dans la suite, ou les nouvelles divisions qu'une étude plus approfondie y rendrait sans doute indispensables.

Vers le milieu de ce siècle, une association paisible de philosophes, formée au sein de la France, s'est emparée de cette idée et de ce tableau. Ils ont exécuté[a] ce que Bacon avait conçu : ils ont distribué d'après un plan systématique, et réuni dans un seul corps d'ouvrage, les principes ou les collections des faits propres à toutes les sciences, à tous les arts. L'utilité de leurs travaux s'est étendue bien au-delà peut-être des espérances qu'ils avaient osé concevoir : en dissipant les préjugés qui corrompaient la source de toutes les vertus, ou qui leur donnaient des bases incertaines, ils ont préparé le règne de la vraie morale ; en brisant d'une main hardie toutes les chaînes de la pensée, ils ont préparé l'affranchissement du genre humain.

La postérité conservera le souvenir des travaux de ces hommes respectables, unis pour combattre le fanatisme, et pour affaiblir du moins les effets de toutes les tyrannies : elle bénira les efforts de ces courageux amis de l'humanité : elle honorera des noms consacrés par cette lutte continuelle contre l'erreur ; et parmi les bienfaits, peut-être comptera-t-elle l'établissement de

a. *L'Encyclopédie anglaise* existait déjà ; mais cet ouvrage n'est qu'un croquis informe du plan vaste de Bacon.

l'institut national, dont ils semblent avoir fourni le plan. En effet, par la réunion de tous les talents et de tous les travaux, l'institut peut être considéré comme une véritable encyclopédie vivante ; et, secondé par l'influence du gouvernement républicain, sans doute il peut devenir facilement un foyer immortel de lumière et de liberté.

Elle est, dis-je, pleine de grandeur, cette idée qui réunit, distribue et organise en un seul tout, les différentes productions du génie. Elle est pleine de vérité ; car leur examen nous offre partout les mêmes procédés et le même ordre de combinaisons. Elle est d'une grande utilité pratique : car les succès de l'homme dépendent surtout de l'application nouvelle des forces qu'il s'est créées dans tous les genres, aux travaux qu'il veut exécuter dans un seul ; et les facultés qui lui viennent immédiatement de la nature sont si bornées dans leurs premiers efforts, qu'il a besoin de connaître tous ses instruments artificiels, pour n'être pas accablé du sentiment de son impuissance.

Mais quoique toutes les parties des sciences soient unies par des liens communs ; quoiqu'elles s'éclairent et se fortifient naturellement, il en est dont les rapports sont plus directs, plus multipliés, qui se prêtent des secours, ou plus nécessaires, ou plus étendus ; et quoiqu'aux yeux du philosophe, qui ne peut séparer entièrement les progrès de l'une de ceux des autres, elles soient toutes d'une utilité générale et constante, il en est cependant qui sont plus ou moins utiles, suivant le point de vue sous lequel on les considère. Ainsi, les sciences mathématiques s'appliquent plus immédiatement à la physique des masses, la chimie à la pratique des arts ; ainsi les découvertes qui perfectionnent les procédés généraux de l'industrie, les idées qui tendent à réformer les grandes machines sociales, influent directement sur les progrès de l'espèce humaine en général : tandis que le perfectionnement des pratiques particulières dans les arts manuels, et celui de la diététique et de la morale, contribuent davantage au bonheur des individus. Car le bonheur dépend moins de l'étendue de nos moyens, que du bon emploi de ceux qui sont le plus près de nous ; et tant qu'on ne fera pas marcher de front l'art usuel de la vie avec ceux qui nous créent de nouvelles sources de jouissances, de nouveaux instruments pour maîtriser la nature, tous les prodiges du génie n'auront rien fait pour le dernier et véritable but de tous ses travaux.

Dans la classification des différentes parties de la science, l'institut offre avec raison à côté les unes des autres, et sous un titre générique, celles qui s'occupent spécialement d'objets de philosophie et de morale. Mais il est aisé de sentir que la connaissance physique de l'homme en est la base commune ; que c'est le point d'où elles doivent toutes partir, pour ne pas élever un vain échafaudage étranger aux lois éternelles de la nature. L'institut national semble avoir voulu consacrer, en quelque sorte, cette vérité d'une manière plus particulière, en appelant des physiologistes dans la section de l'analyse des idées : et votre choix même leur indique l'esprit dans lequel leurs efforts doivent être dirigés.

Permettez donc, citoyens, que je vous entretienne aujourd'hui de l'étude physique de l'homme avec celle des procédés de son intelligence ; de ceux du développement systématique de ses organes avec le développement analogue de ses sentiments et de ses passions : rapports d'où il résulte clairement que la physiologie, l'analyse des idées et la morale, ne sont que les trois branches d'une seule et même science, qui peut s'appeler, à juste titre, *la science de l'homme* [b].

---

b. C'est ce que les Allemands appellent l'*Anthropologie* ; et sous ce titre, ils comprennent en effet les trois objets principaux dont nous parlons.

Plein de l'objet principal de mes études, peut-être vous y ramènerai-je trop souvent : mais si vous daignez me prêter quelque attention, vous verrez sans peine que le point de vue sous lequel je considère la médecine, la fait rentrer à chaque instant dans le domaine des sciences morales.

SECTION 1

Nous sentons : et des impressions qu'éprouvent nos différents organes, dépendent à la fois, et nos besoins, et l'action des instruments qui nous sont donnés pour les satisfaire. Ces besoins sont éveillés, ces instruments sont mis en jeu dès le premier instant de la vie. Les faibles mouvements du fœtus dans le ventre de sa mère doivent sans doute être regardés comme un simple prélude aux actes de la véritable vie animale, dont il ne jouit à proprement parler, que lorsque l'ouvrage de sa nutrition s'accomplit en entier dans lui-même ; mais ces mouvements tiennent aux mêmes principes ; ils s'exécutent suivant les mêmes lois. Exposés à l'action continuelle des objets extérieurs, portant en nous les causes d'impressions non moins efficaces, nous sommes d'abord déterminés à agir sans nous être rendu compte des moyens que nous mettons en usage, sans nous être même fait une idée précise du but que nous voulons atteindre. Ce n'est qu'après des essais réitérés, que nous comparons, que nous jugeons, que nous faisons des choix. Cette marche est celle de la nature ; elle se retrouve partout. Nous commençons par agir ; ensuite nous soumettons à des règles nos motifs d'action : la dernière chose qui nous occupe est l'étude de nos facultés et de la manière dont elles s'exercent.

Ainsi, les hommes avaient exécuté beaucoup d'ouvrages ingénieux, avant de savoir se tracer des règles pour en exécuter de semblables, c'est-à-dire, avant d'avoir créé l'art qui s'y rapporte : ils avaient fait servir à leurs besoins les lois de l'équilibre et du mouvement, longtemps avant d'avoir la plus légère notion des principes de la mécanique. Ainsi, pour marcher, pour entendre, pour voir, ils n'ont pas attendu de connaître les muscles des jambes, les organes de l'ouïe et de la vue. De même, pour raisonner, ils n'ont pas attendu que la formation de la pensée fût éclaircie, que l'artifice du raisonnement eût été soumis à l'analyse.

Cependant les voilà déjà bien loin des premières déterminations instinctives. Du moment que l'expérience et l'analyse leur servent de guide, du moment qu'ils exécutent et répètent quelques travaux réguliers, ils ont formé des jugements, ils en ont tiré des axiomes. Mais leurs axiomes et leurs jugements se bornent encore à des objets isolés, à des points d'une utilité pratique directe. Pressés par le besoin présent, ils ne portent point leur vue dans un avenir éloigné; leurs règles n'embrassent que quelques opérations partielles; et les progrès importants sont réservés pour les époques où des règles plus générales embrasseront un art tout entier.

Tant que la subsistance des hommes n'est pas assurée, ils ont peu de temps pour réfléchir; et leurs combinaisons, resserrées dans le cercle étroit de leurs premiers besoins, ne peuvent même pas être dirigées avec succès vers ce but essentiel. Mais si tôt que, réunis en peuplades, les plus forts, et surtout les plus intelligents, ont su se procurer les moyens d'une existence régulière; si tôt qu'ils commencent à jouir de quelque loisir, ce loisir même leur pèse; et leurs méditations se portent successivement, et sur les différents objets de la nature, et sur eux-mêmes.

Je crois nécessaire de considérer ici les faits d'une manière sommaire et rapide; j'entends les faits relatifs aux progrès de la philosophie rationnelle. Sans entrer dans de plus grands détails, on peut voir que les hommes qui l'ont cultivée avec le plus de succès, étaient presque tous versés dans la physiologie, ou du moins que les progrès de ces deux sciences ont toujours marché de front.

Section 2

En revenant sur les premiers temps de l'histoire, et l'histoire ne remonte guère que jusqu'à l'établissement des peuples libres dans la Grèce[c] (au-delà l'on ne rencontre qu'imposture ridicules, ou récits allégoriques) : en revenant, dis-je, sur ces premiers temps, nous voyons les hommes qui cultivaient la sagesse occupés particulièrement de trois objets principaux, directement relatifs au perfectionnement des facultés humaines, de la morale et du bonheur, 1° ils étudiaient l'homme sain et malade, pour connaître les lois qui le régissent, pour apprendre à lui conserver, ou à lui rendre la santé. 2° Ils tâchaient de se tracer des règles pour diriger leur esprit dans la recherche des vérités utiles ; et leurs leçons roulaient, ou sur les méthodes particulières des arts, ou sur la philosophie rationnelle, dont les méthodes plus générales les embrassent toutes. 3° Enfin, ils observaient les rapports mutuels des hommes, rapports fondés sur leurs facultés physiques et morales, mais dans la détermination desquels ils faisaient entrer, comme données nécessaires quelques circonstances plus mobiles, telles que celles de temps, des lieux, des gouvernements, des

---

c. Quand la démocratie commença à prendre un caractère plus régulier, et que les rois furent soumis à certains principes plus fixes dans l'exercice de leur autorité ; c'est-à-dire environ cinquante, ou deux cents ans après l'époque où l'on place le siège de Troie.

religions et de là, naissaient pour eux, tous les préceptes de conduite et tous les principes de morale[d].

Il est vrai que la plupart de ces sages se perdirent dans de vaines recherches sur les causes premières, sur les forces actives de la nature, qu'ils personnifiaient dans des fables ingénieuses : mais les théogonies ne furent pour eux que des systèmes physiques ou métaphysiques, comme parmi nous les tourbillons et l'harmonie préétablie, qui seraient sans doute aussi devenus des divinités, si la place n'avait pas été prise. Ils s'en servaient pour captiver des imaginations sauvages et les plier aux habitudes sociales : et ces premiers bienfaiteurs de l'humanité paraissent avoir tous été convaincus qu'on peut tromper le peuple avec avantage pour lui-même ; maxime corruptrice, excusable sans doute, avant que tant de funestes expériences en eussent démontré la fausseté, mais qu'il ne doit plus être permis d'avouer dans un siècle de lumières.

Quelque sujet qu'on traite, c'est toujours cette ancienne Grèce qu'il faut citer. Tout ce qui peut arriver d'intéressant dans la société civile, s'y rassemble, s'y presse, en quelque sorte, sous les regards, durant un court espace de temps, et sur le plus petit théâtre. La Grèce ne fut pas seulement la mère des arts et de la liberté : cette philosophie, dont les leçons universelles peuvent seules perfectionner l'homme et toutes ses institutions, y naquit aussi de toutes parts, comme par une espèce de prodige, avec la plus belle langue que les hommes aient parlée, et qui n'était pas moins digne de servir d'organe à la raison, que d'enchanter les imaginations, ou d'enflammer les âmes par tous les miracles de

d. Je ne parle point de la physique, de la géométrie, ni de l'astronomie, qui les occupaient cependant d'une manière particulière, l'astronomie surtout : leurs travaux dans ces sciences, et les idées qu'ils firent naître, se rapportent de trop loin au sujet qui fixe maintenant notre attention.

l'éloquence et de la poésie. Quel plus beau spectacle que celui d'une classe entière d'hommes occupés sans cesse à chercher les moyens d'améliorer la destinée humaine, d'arracher les peuples à l'oppression, de fortifier le lien social, de porter dans les mœurs publiques cette énergie et cette élégance, dont l'union ne s'est rencontrée depuis nulle part au même degré ; et, lorsqu'ils désespéraient de pouvoir agir sur les polices générales, s'efforçant du moins, tantôt par les préceptes d'une philosophie forte et sévère, tantôt par des doctrines plus riantes et plus faciles, tantôt par une appréciation dédaigneuse de tout ce qui tourmente les faibles humaines, s'efforçant, dis-je, de mettre le bonheur individuel à l'abri de la fureur des tyrans, de l'iniquité des lois, des caprices mêmes de la nature !

Parmi ces bienfaiteurs du genre humain, dont les noms suffiraient pour consacrer le souvenir d'un peuple si justement célèbre à tant d'autres égards, quelques génies extraordinaires se font particulièrement remarquer. Pythagore, Démocrite, Hippocrate, Aristote et Épicure doivent être mis au premier rang. Quoiqu'Hippocrate soit plus spécialement célèbre par ses travaux et ses succès dans la théorie, la pratique et l'enseignement de son art, je le mets de ce nombre, parce qu'il transporta, comme il le dit lui-même, *la philosophie dans la médecine, et la médecine dans la philosophie*. Tous les cinq créèrent des méthodes et des systèmes rationnels ; ils y lièrent leurs principes de morale ; ils fondèrent ces principes, ces systèmes et ces méthodes sur la connaissance physique de l'homme. On ne peut douter que la grande influence qu'ils ont exercé sur leur siècle et sur les siècles suivants ne soit due en grande partie à cette réunion d'objets qui se renvoient mutuellement une si vive lumière, et qui sont si capables, par leurs résultats combinés, d'étendre, d'élever et de diriger les esprits.

C'est en vain qu'on chercherait dans les monuments historiques, des notions précises sur les doctrines de Pythagore, sur les véritables progrès qu'il fit faire à la science humaine : ses écrits n'existent plus ; ses disciples trop fidèles aux mystères dont l'ignorance publique avait peut-être fait une nécessité pour les philosophes, n'ont guère divulgué que la partie ridicule de ses opinions ; et les historiens de la philosophie sont presque entièrement réduits sur ce sujet, à des conjectures. Mais il est une autre manière de juger Pythagore : c'est par les faits. Or, son école, la plus grande et la plus belle institution dont un particulier ait jamais formé le plan, a fourni, pendant plusieurs siècles, des législateurs à toute l'ancienne Italie, des savants soit géomètres, soit astronomes, soit médecins, à toute la Grèce, et des sages à l'Univers. Je ne parlerai point de cette vue, si simple et si vraie, mais si pitoyablement défigurée par l'imagination d'un peuple encore enfant, touchant les éternelles transmutations de la matière ; je ne rappellerai pas surtout les découvertes qui sont attribuées à ce philosophes, en arithmétique, en géométrie, et même en astronomie, si l'on en croit quelques savants[e] ; quoique propres sans doute à donner une haute idée de son génie, elles sont entièrement étrangères à notre objet. Mais je dois observer qu'il porta le premier calcul dans l'étude de l'homme ; qu'il voulut soumettre les phénomènes de la vie à des formules mécaniques ; qu'il aperçut entre les périodes des mouvements fébriles du développement ou de la décroissance des animaux, et certaines combinaisons, ou

e. On lui doit, comme chacun sait, l'ingénieuse table de multiplication que les anciens nous ont transmise ; il démontra le premier, du moins chez les Grecs, que le carré de l'hypothénuse est égal à la somme des carrés des deux autres côtés du triangle rectangle : enfin, il enseignait que le soleil est immobile au centre du monde planétaire ; vérité longtemps méconnue, et dont la démonstration a fait, chez les modernes, la gloire de Copernic.

retours réguliers de nombres, des rapports que l'expérience des siècles paraît avoir confirmés, et dont l'exposition systématique constitue ce qu'on appelle en médecine *la doctrine des crises*. De cette doctrine découlent non seulement plusieurs indications utiles dans le traitement des maladies, mais aussi des considérations importantes sur l'hygiène et sur l'éducation physique des enfants. Il ne serait peut-être pas même impossible d'en tirer encore quelques vues sur la manière de régler les travaux[f] de l'esprit, de saisir les moments où la disposition des organes lui donne plus de force et de lucidité, de lui conserver toute sa fraîcheur, en ne le fatiguant pas à contre-temps lorsque l'état de rémission lui commande le repos. Tout le monde peut observer sur soi-même ces alternatives d'activité et de langueur dans l'exercice de la pensée : mais ce qu'il y aurait de véritablement utile, serait d'en ramener les périodes à des lois fixes, prises dans la nature, et d'où l'on pût tirer des règles de conduite applicables, moyennant certaines modifications particulières, aux diverses circonstances du climat, du tempérament, de l'âge, en un mot à tous les cas où les hommes peuvent se trouver[g]. Une partie des matériaux de ce travail existe : l'observation pourrait facilement fournir ce qui manque ; et la philosophie rattacherait ainsi quelques idées de Pythagore, et l'une des plus précieuses découvertes de la

f. Je veux parler ici de ces états périodiques et alternatives d'activité plus grande et de repos, souvent absolu du cerveau, qui s'observent chez différents individus. Comme ils tiennent aux dispositions de tous les autres organes sympathiques, et qu'ils résultent de mouvements analogues à ceux des crises dans les maladies, il n'est pas impossible de les gouverner, jusqu'à un certain point, par le régime physique et moral, peut-être même de les produire artificiellement, pour donner une force momentanée, plus grande aux facultés intellectuelles, ou pour leur imprimer une nouvelle direction.

g. Il faudrait pouvoir indiquer en même temps les moyens d'arrêter, de changer, de diriger ces mouvements, quand l'ordre n'en est pas conforme à nos besoins.

physiologie ancienne, à l'art de la pensée, qui sans doute n'en doit étudier la formation que pour parvenir, par cette connaissance, à la rendre plus facile et plus parfaite[h].

On peut en dire autant de Démocrite que de Pythagore. Les particularités de ses doctrines n'ont point échappé aux ravages du temps ; on n'en connaît que les vues générales et sommaires. Mais ces vues suffisent pour caractériser son génie et marquer sa place. C'est lui qui le premier osa concevoir un système mécanique du monde, fondé sur les propriétés de la matière et sur les lois du mouvement ; système adopté dans la suite et développé par Épicure, et qui, par cela seul qu'il se trouvait débarrassé de l'absurdité des théogonies, avait conduit, comme par la main, ses sectateurs à ne chercher les principes de la morale que dans ces facultés de l'homme et dans les rapports des individus entre eux.

Démocrite avait senti que l'univers doit s'étudier dans lui-même, dans les faits évidents qu'il présente. Il avait senti de plus que le cours ordinaire des choses ne nous dévoile pas tout ; que l'on peut forcer la nature à produire de nouveaux phénomènes, qui jettent de la lumière sur l'enchaînement de ceux que nous connaissons déjà, ou l'inviter, en quelque sorte, à présenter ces derniers sous des aspects nouveaux qui peuvent les faire connaître mieux encore. En un mot, il indiqua les expériences comme un nouveau moyen d'arriver à la vérité ; et seul parmi les anciens, il pratiqua constamment cet art qui, depuis, a fait presque tous les succès et la gloire des modernes.

---

h. En traçant un nouveau plan d'hygiène, Moreau de la Sarthe, qui paraît avoir bien senti toute l'étendue de son sujet, a remarqué particulièrement ce point de vue qui s'y présente : ce que le public connaît de son travail et de son talent, dont l'auteur a d'ailleurs donné l'idée la plus favorable, fait juger qu'il doit avoir poussé loin cette importante branche de la médecine.

Dans le temps que ses compatriotes le croyaient en démence, il était occupé de dissections d'animaux. Pour étudier les procédés de l'esprit, il avait jugé nécessaire d'en examiner les instruments. C'est dans l'organisation de l'homme, comparée avec les fonctions de la vie, avec les phénomènes moraux, qu'il cherchait la solution des problèmes de métaphysique : c'est sur les facultés et les besoins qu'il établissait les devoirs, ou les règles de conduite. Dans l'impossibilité de se procurer des cadavres humains, dont les préjugés publics eussent fait regarder les dissections comme d'horribles sacrilèges, il cherchait sur d'autres espèces, et par analogie, des connaissances qu'il ne lui était pas permis de puiser directement à leur source. Il jetait ainsi les premiers fondements des travaux qu'Erasistrate, Hérophile et Sérapion, secondés par de plus heureuses circonstances, poussèrent rapidement assez loin, quelque temps après, mais qui semblent avoir été tout à fait oubliés pendant plusieurs siècles, jusqu'à ce qu'enfin les modernes leur aient donné plus d'ensemble et de méthode.

Hippocrate, appelé par les Abdéritains, pour guérir Démocrite de sa prétendue folie, le trouva disséquant des cerveaux d'animaux, dans lesquels il s'efforçait de démêler les mystères de la sensibilité physique, et de reconnaître les organes et les causes qui produisent la pensée. Ces deux sages s'entretinrent de l'ordre général de l'univers et de celui du *petit monde*, ou de l'homme, dont l'un et l'autre étaient presque également occupés, quoique chacun le considérât plus particulièrement sous le point de vue qui se rapportait le plus à son objet principal. Dans cette conversation[i], Démocrite paraît avoir senti mieux encore les étroites

---

i. Les lettres d'Hippocrate et de Démocrite sont évidemment supposées : mais leur entrevue, dictée par un grand nombre d'écrivains anciens, ne peut guère être révoquée en doute.

connexions de l'état physique et de l'état moral : et le médecin, en se retirant, jugea que c'était aux Abdéritains, mais non point au prétendu malade, qu'il fallait administrer l'ellébore.

Sur quelques résultats qui tiennent à tout ; sur quelques vues isolées, mais qui supposent de grands ensembles ; sur le caractère, le nombre et la gloire de leurs élèves ou de leur sectateurs, on peut juger que Pythagore et Démocrite furent des génies rares : mais, encore une fois, on ne connaît, par le détail, leurs travaux et leurs opinions ; on ignore sur tout quels progrès la philosophie rationnelle fit entre leurs mains. Une grande partie des ouvrages d'Hippocrate nous ayant été conservée, nous ne sommes pas tout à fait dans le même embarras à son égard. Comme la médecine et la philosophie, fondues ensemble dans ses écrits, y sont absolument inséparables, on ne peut écarter ce qui regarde l'une, quand on parle de l'autre. Je prie donc qu'on me permette quelques détails qui, je le redis encore, pourront paraître ici tenir par trop de point à la médecine, mais sans lesquels pourtant on ne saurait faire entendre la méthode philosophique de ce grand homme[j].

Hippocrate n'eut pas seulement ses propres observations à mettre en ordre : il était le dix-septième médecin de sa race ; et de père en fils, les faits observés par des hommes plein de sagacité, que la lecture des livres ne pouvait distraire de l'étude de la nature, avaient été successivement recueillis, entassés et transmis comme un précieux héritage. Hippocrate avait d'ailleurs voyagé dans tous les pays où quelque ombre de civilisation permettait de pénétrer ; il avait copié les histoires de maladies, suspendues aux colonnes des temples d'Esculape et d'Apollon ; il avait profité des

---

j. C'est à mon célèbre ami et confrère Thouret, directeur et professeur de l'école de médecine, à nous développer la doctrine d'Hippocrate, et à nous en bien faire connaître la philosophie, la sage hardiesse et l'imposante simplicité.

observations faites et des idées heureuses proposées par les ennemis même de sa famille et de son école, les maîtres de l'école de Cnide, qui ne savaient pas voir comme lui dans les faits, mais qui cependant avaient eu les occasions d'en rassembler un grand nombre sur presque toutes les parties de l'art.

Ce fut donc après avoir fouillé dans tous les recueils, après s'être enrichi des dépouilles de ses prédécesseurs et de ses contemporains, qu'Hippocrate se mit à observer lui-même. Personne n'eut jamais plus de moyens de le faire avec succès, puisque, dans le cours d'une longue vie, il exerça constamment sa profession avec un éclat dont il y a peu d'exemples. Dans ses *Épidémies*, il nous fait connaître l'esprit qui dirigeait ses observations, et sa manière d'en tirer des résultats généraux. Je ne considère point dans ce moment, cet ouvrage sous le point de vue médical : mais il est un vrai modèle de méthode ; et c'est par là qu'il se rapport bien véritablement à notre sujet.

Il est aisé de faire voir combien la manière dont Hippocrate dirigeait et exécutait ses travaux, est parfaitement appropriée à leur nature et à leur but.

Ici, le but de ce grand homme était d'observer les maladies qui régnaient dans une ville, ou dans un territoire, d'assigner ce qu'elles avaient de commun, et ce qui pouvait les distinguer entre elles ; de voir s'il ne serait pas possible de trouver la raison de leur dominance et de leurs retours, dans les circonstances de l'exposition du sol, de l'état de l'air, du caractère des différentes saisons. Il sentait que toute vue générale qui n'est pas un résultat précis des faits, n'est qu'une pure hypothèse : il commença donc par étudier les faits.

Dans chaque malade, il se développe une série de phénomènes : ces phénomènes sont tout ce qu'il y a d'évident et de sensible dans les maladies. Hippocrate s'attache à les décrire par ces coups de pinceau frappants, ineffaçables, qui font mieux que reproduire la nature, car ils en rapprochent et distinguent fortement les traits caractéristiques. Chaque histoire forme un tableau particulier : le sexe, l'âge, le tempérament, le régime, la profession du malade, y sont notés avec soin. La situation du lieu, son exposition, la nature de ses productions, les travaux de ses habitants, sa température, le temps de l'année, les changements que l'air a subis durant les saisons précédentes : telles sont les circonstances accessoires qu'il rassemble autour de ses tableaux. De là, naissent des règles simples, suivant lesquelles les maladies se divisent en générales et en particulières : et l'influence de ces circonstances diverses sur leur production, déterminée par des rapprochements et des combinaisons faciles, s'énonce par des déductions immédiates et directes.

Je le répète encore : la médecine est identifiée dans ses écrits avec les règles, ou la pratique de sa méthode ; on ne peut les séparer … Mais je parle à des hommes qui savent trop bien que dans les méthodes, se trouve renfermée, en quelque sorte, toute la philosophie rationnelle de chaque siècle et de chaque écrivain.

Les livres aphoristiques d'Hippocrate présentent des résultats plus généraux encore. Pour être exacts, il faut que ces résultats soient conformes, non seulement aux observations d'Hippocrate, mais à celles de tous les siècles et de tous les pays : il faut que tous les faits qui sont, ou qui pourront être recueillis les confirment, et leur servent, pour ainsi dire, de commentaire. C'est là qu'il fondit ces immenses matériaux, qu'une tête aussi forte était seule en état d'arranger et de réduire dans des plans réguliers : et l'on voit clairement que ce ne sont pas ceux de ses écrits dont il attendait le moins de gloire.

Mais Hippocrate ne se contenta point de pratiquer et d'écrire : il forma des élèves, il enseigna. La force et la grandeur du génie se développent mieux dans les livres : mais dans la perfection de l'enseignement, on voit mieux aussi peut-être l'excellence, la lumière et la sagesse de l'esprit. Pour instruire les autres, il ne suffit pas d'être fort instruit soi-même : il est nécessaire d'avoir beaucoup réfléchi sur le développement des idées, d'en bien connaître l'enchaînement naturel, afin de savoir dans quel ordre elles doivent être présentées, pour être saisies facilement et laisser des traces durables : on a besoin d'avoir étudié profondément l'art de les rendre, afin d'en simplifier et d'en perfectionner de plus en plus l'expression. Il semble qu'Hippocrate fût déjà initié à tous les secrets de la méthode analytique. Dans son école, les élèves étaient entourés de tous les objets de leurs études : c'est au lit des malades qu'ils étudiaient les maladies ; c'est en voyant, en goûtant, en préparant sans cesse les remèdes, en observant les résultats de leurs différentes applications, qu'ils acquéraient des notions précises, et sur leurs qualités sensibles, et sur leurs effets dans le corps humain.

Ces premiers médecins avaient peu d'occasion de cultiver la mémoire qui puise dans les livres ; à peine alors existait-il quelques volumes. Mais, en revanche, ils exerçaient beaucoup celle qui est le résultat des sensations. Par-là, tous les objets de leurs études leur devenaient infiniment plus propres : ils en avaient des idées plus nettes ; et leur esprit, pensant plus par lui-même, devenait aussi plus actif et plus fort.

Et qu'on ne s'imagine pas qu'Hippocrate, comme la plupart des hommes d'un grand talent, ait employé les procédés analytiques, sans savoir ce qu'il faisait, poussé par la seule impulsion d'un génie heureux. La lecture attentive de plusieurs de ses ouvrages prouve qu'il avait profondément médité sur les routes que l'esprit doit suivre dans ses recherches, sur l'ordre qu'il doit se tracer dans l'exposition de ses travaux.

Les reproches qu'il fait aux auteurs des maximes Cnidiennes, annoncent un homme à qui l'art d'enchaîner les vérités n'était pas moins familier que celui de les découvrir ; également en garde, et contre ces vues précipitées, qui généralisent sur des données insuffisantes, et contre cette impuissance de l'esprit qui, ne sachant pas apercevoir les rapports, se traîne éternellement, sur des individualités sans résultats. Qui jamais mieux que lui sut appliquer aux différentes parties de son art, ces règles générales de raisonnement, cette métaphysique supérieure qui embrasse, et tous les arts, et toutes les sciences? (car elle n'en existait pas moins déjà pour ceux qui savaient le mettre en pratique, quoiqu'elle n'eût point encore de nom particulier). Quel autre écrivain, sortant de la sphère de ses travaux, jeta plus souvent, ou sur les lois de la nature en elles-mêmes, ou sur les moyens par lesquels on peut les faire servir aux besoins de l'homme, quelques uns de ces coup d'œil qui rapprochent les objets les plus distants, parce qu'ils partent de haut et de loin? Enfin ne semble-t-il pas avoir fait, en deux mois à sa manière l'histoire de la pensée dans cette phrase des Παραγγελιαι? « Il faut déduire les règles de pratique, non d'une suite de raisonnements antérieurs, quelques probables qu'ils puissent être, mais de l'expérience dirigée par la raison. Le jugement est une espèce de mémoire qui rassemble et met en ordre toutes les impressions reçues par les sens : car avant que la pensée se produise les sens ont éprouvé tout ce qui doit la former ; et ce sont eux qui en font parvenir les matériaux à l'entendement »[k].

Le mot si répété par l'école des analyses modernes, *il n'y a rien dans l'esprit qui n'ait passé par les sens*, est célèbre sans doute à juste titre : l'exactitude et la brièveté de l'expression n'en sont pas moins remarquables que l'idée elle-même, et

---

k. L'auteur de ce mémoire a cité le même passage dans un écrit intitulé : *Du degré de certitude de la Médecine.*

l'époque dont elle date. Mais Aristote énonce un résultat[1], tandis qu'Hippocrate fait un tableau; et ce tableau date d'une époque antérieure encore. Nous ne dirons cependant pas que l'un soit l'inventeur, et l'autre le copiste. Aristote fut sans doute un des esprits les plus éminents, une des têtes les plus fortes; et ses créations métaphysiques, portent, il faut en convenir, un tout autre caractère que celles de ses prédécesseurs. C'est à lui qu'on doit la première analyse complète et régulière du raisonnement. Il entreprit d'en déterminer les procédés par des formules mécaniques en quelque sorte : et s'il était remonté jusqu'à la formation des signes[m], s'il avait connu leur influence sur celle même des idées, peut-être aurait-il laissé peu de choses à faire à ses successeurs.

La manière heureuse et profonde dont il traça les règles de l'éloquence, de la poésie et des beaux-arts en général, devait donner beaucoup de poids à sa philosophie rationnelle : on en voyait l'application faite à des objets où tout le monde pouvait juger et sentir leur justesse. Il était difficile de ne pas s'apercevoir que, si l'artiste produit ce que le philosophe voudrait en vain répéter, le philosophe découvre souvent dans les travaux de l'artiste, ce que celui-ci n'y soupçonne pas. *L'Histoire des animaux*, dont Buffon lui-même n'a point fait oublier les admirables peintures, nous dévoile le secret de ce beau génie. On le sent avec évidence : c'est dans l'étude des faits physiques, qu'Aristote avait acquis cette fermeté de vue qui le caractérise, et puisé ces notions fondamentales de l'économie vivante, sur lesquelles sont établies et sa métaphysique et sa morale. Aucune

---

1. Encore ce résultat ne se trouve-t-il point en toute lettre dans ses écrits.

m. Au reste, il n'aurait pu expliquer la formation des signes, sans remonter à celle même des idées.

partie des sciences naturelles ne lui était étrangère : mais l'anatomie et la physiologie, telles qu'elles existaient alors, l'avaient particulièrement occupé.

Épicure ressuscita la philosophie de Démocrite : il en développa les principes ; il en agrandit les vues ; et il fonda la morale sur la nature physique de l'homme. Mais le malheur qu'il eut de se servir d'un mot qui pouvait être pris dans un mauvais sens, déshonora sa doctrine aux yeux de beaucoup de personnages plus estimables qu'éclairés, et l'altéra même, à la longue, dans l'esprit, et peut-être même dans la conduite de plusieurs de ses sectateurs.

Pour suivre les progrès de l'art du raisonnement, il faut passer tout d'un coup d'Aristote à Bacon. Après quelques beaux jours, qui n'étaient, à proprement parler, que l'aurore de la philosophie, les Grecs tombèrent dans des subtilités misérables. Aristote, malgré tout son génie, y contribua beaucoup ; Platon encore davantage. Les rêves de Platon, qui tendaient éminemment à l'enthousiasme, s'alliaient mieux avec un fanatisme ignorant et sombre : aussi les premiers Nazaréens[n] se hâtèrent-ils de fondre leurs croyances avec le platonisme, qu'ils trouvaient établi presque partout. Le péripatétisme exigeait des esprits plus cultivés. Pour devenir subtil, il faut y mettre un peu du sien : pour être enthousiaste, il suffit d'écouter et de croire.

Les doctrines d'Aristote ne reparurent que du temps des Arabes, qui les portèrent en Espagne avec leurs livres : de là, elles se répandirent dans tout le reste de l'Europe.

Ce qu'Aristote contient de sage et d'utile avait disparu dans ses commentateurs. Son nom régnait dans les écoles : mais sa

---

n. Secte de chrétiens-juifs, dont Cérinthe, le même qui joua un rôle si singulier dans Pérégrinus de Wieland, était le chef.

philosophie, défigurée par l'obscurité dont il s'était enveloppé lui-même (et quelquefois à dessein), par les méprises des copistes, par les erreurs inévitables des premières traductions, par les absurdités que chaque nouveau maître ne manquait guère d'y ajouter, était entièrement méconnaissable; il n'en restait que les divisions subtiles et les formes syllogistiques.

Bacon vient tout à coup, au milieu des ténèbres et des cris barbares de l'école, ouvrir de nouvelles routes à l'esprit humain: il indique de nouveaux moyens d'arracher ses secrets à la nature; il trouve de nouvelles méthodes pour développer, fortifier et diriger l'entendement. Sa tête vaste avait embrassé toutes les parties des sciences. Il connaissait les faits sur lesquels elles reposent, et que la suite des siècles avait recueillis: il fut assez heureux pour grossir lui-même ce recueil d'un assez grand nombre d'expériences entièrement neuves. Mais il s'occupa d'une manière particulière de la physique animale. Dans le petit écrit intitulé *Historia vitae et mortis*, on rencontre une foule d'observations profondes qui lui appartiennent; et dans le grand ouvrage *de Augmentis scientarum*, il y a quelques chapitres sur la médecine, qui contiennent peut-être ce qu'on a dit de meilleur sur sa réforme et son perfectionnement.

Une constitution délicate lui avait donné les moyens d'observer plus en détail, et de sentir plus directement les relations intimes du physique et du moral. Il ne s'occupe pas avec moins de soin, de l'art de prolonger la vie, de conserver la santé, de donner aux organes cette sensibilité fine qui multiplie les impressions, et de maintenir entre eux cet équilibre qui règle les idées, que de perfectionner ces mêmes idées par les moyens moraux de l'instruction et des habitudes. En même temps qu'il assigne et classe les sources de nos erreurs, qu'il enseigne comment il faut passer des faits particuliers aux résultats généraux, appliquer ces résultats à de nouveaux faits, pour aller à des généralités plus étendues encore; en même temps qu'il fait voir pourquoi les formes syllogistiques ne conduisent point à la vérité, si les mots dont on se sert n'ont pas une détermination précise; et qu'il crée, comme il le dit lui-même, *un nouvel instrument* pour les opérations intellectuelles, on le voit sans cesse occupé de diététique et de médecine, sous le rapport de l'influence que les maladies et la santé, tel genre d'aliments, ou tel état des organes, peuvent avoir sur les idées et sur les passions.

Les erreurs de Descartes ne doivent pas faire oublier les immortels services qu'il a rendus aux sciences et à la raison humaine. Il n'a pas toujours atteint le but; mais il a souvent tracé la route. Personne n'ignore qu'en appliquant l'algèbre au calcul des courbes, il a fait changer de face à la géométrie; et ses écrits, purement philosophiques ou moraux, sont pleins de vues d'une grande justesse, autant que d'une grande profondeur. On sait aussi qu'il passa une partie de sa vie à disséquer. Il croyait que le secret de la pensée était caché dans l'organisation des nerfs et du cerveau; il osa même, et sans doute il eut tort en cela, déterminer le siège de l'âme; mais il était persuadé que les observations physiologiques peuvent seules faire connaître les lois qui la régissent; et, sur ce dernier point, il avait bien raison. « Si l'espèce humaine peut être perfectionné, c'est, dit-il, dans la médecine qu'il faut en chercher les moyens ».

On peut regarder Hobbes comme l'élève de Bacon. Mais Hobbes avait plus médité que lu: il était entièrement étranger à plusieurs parties des sciences, et ne paraissait guère pouvoir suivre son maître que dans les matières de pur raisonnement. Mais par une classification entièrement méthodique, et par une précision de langage que peut-être aucun écrivain n'a jamais égalée, il rendit plus sensibles et plus correctes, il agrandit même et lia par de nouveaux rapports, les idées qu'il avait empruntées de lui. Sans doute l'un des plus grands sujets d'étonnement est de voir à quels sophismes misérables sur les plus grandes questions politiques cette forte tête put se laisser entraîner, en partant de principes si solides et se servant d'un instrument si parfait : et cet exemple du trouble et de l'incertitude que l'aspect des grandes calamités publiques peut faire naître dans les meilleurs esprits, devrait bien n'être pas perdu pour nous dans ce moment.

Depuis Bacon jusqu'à Locke, la théorie de l'entendement n'avait donc pas fait tous les progrès qu'on pouvait attendre. Mais Locke s'empare de l'axiome d'Aristote, des idées de Bacon sur le syllogisme. Il remonte à la véritable source des idées ; il la trouve dans les sensations ; il remonte à la véritable source des erreurs ; il la trouve dans l'emploi vicieux des mots. Sentir avec attention ; représenter ce qu'on a senti par des expressions bien déterminées ; enchaîner dans leur ordre naturel les résultats des sensations : tel est, en peu de mots, son art de penser. Il faut observer que Locke était médecin ; et c'est par l'étude de l'homme physique qu'il avait préludé à ses découvertes dans la métaphysique ; la morale et l'art social.

Parmi ses successeurs, ses admirateurs, ses disciples, celui qui paraît avoir eu le plus de force de tête, quoiqu'il n'ait pas été l'esprit le plus lumineux, quoique même on puisse lui reprocher des erreurs, Charles Bonnet fut un grand naturaliste autant qu'un grand métaphysicien. Il a fait plusieurs applications directes de ses connaissances anatomiques à la psychologie ; et si, dans ces applications, il n'a pas été toujours également heureux, il a du moins fait sentir plus nettement cette étroite connexion entre les connaissances relatives à la structure des organes, et celles qui se rapportent aux opérations les plus nobles qu'ils exécutent.

Enfin notre admiration pour l'esprit sage, étendu, profond d'Helvétius, pour la raison lumineuse et la méthode parfaite de Condillac, ne nous empêchera pas de reconnaître qu'ils ont manqué l'un et l'autre de connaissances physiologiques, dont leurs ouvrages auraient pu profiter utilement. S'ils eussent mieux connu l'économie animale, le premier aurait-il pu soutenir le système de l'égalité des esprits ? Le second n'aurait-il pas senti que l'âme, telle qu'il l'envisage, est une faculté, mais non pas un être ; et que, si c'est un être, à ce titre elle ne saurait avoir plusieurs des qualités qu'il lui attribue ?

Tel est le tableau rapide des progrès de l'analyse rationnelle. On y voit déjà clairement un rapport bien remarquable entre les progrès des sciences philosophiques et morales, et ceux de la physiologie, ou de la science physique de l'homme ; mais ce rapport se retrouve encore bien mieux dans la nature même des choses.

MICHEL FOUCAULT

LA CONSTITUTION HISTORIQUE
DE LA MALADIE MENTALE[*]

C'est à une date relativement récente que l'Occident a
accordé à la folie un statut de maladie mentale.

On a dit, on a trop dit que le fou avait été considéré jusqu'à
l'avènement d'une médecine positive comme un « possédé ». Et
toutes les histoires de la psychiatrie jusqu'à ce jour ont voulu
montrer dans le fou du Moyen Âge et de la Renaissance un
malade ignoré, pris à l'intérieur du réseau serré de significations
religieuses et magiques. Il aurait donc fallu attendre l'objectivité
d'un regard médical serein et enfin scientifique pour découvrir la
détérioration de la nature là où on ne déchiffrait que des perver-
sions surnaturelles. Interprétation qui repose sur une erreur de
fait : que les fous étaient considérés comme des possédés ; sur un
préjugé inexact : que les gens définis comme possédés étaient
des malades mentaux ; enfin, sur une faute de raisonnement : on
déduit que si les possédés étaient à la vérité des fous, les fous
étaient traités réellement comme des possédés. En fait, le

[*] M. Foucault, *Maladie mentale et psychologie* (1954), 2ᵉ partie, *Folie et
culture*, chap. 5, Paris, PUF, 2008, p. 76-89.

complexe problème de la possession ne relève pas directement
d'une histoire de la folie, mais d'une histoire des idées religieuses.
À deux reprises, avant le XIXe siècle, la médecine a interféré avec
le problème de la possession : une première fois de J. Weyer à
Duncan (de 1560 à 1640), et ceci à l'appel des Parlements, des
gouvernements ou même de la hiérarchie catholique, contre
certains ordres monastiques qui poursuivaient les pratiques de
l'Inquisition ; les médecins ont alors été chargés de montrer que
tous les pactes et rites diaboliques pouvaient être expliqués par les
pouvoirs d'une imagination déréglée ; une seconde fois, entre
1680 et 1740, à l'appel de l'Église catholique tout entière et du
gouvernement contre l'explosion de msyticisme protestant et
janséniste, déclenchée par les persécutions de la fin du règne de
Louis XIV ; les médecins ont alors été convoqués par les autorités ecclésiastiques pour montrer que tous les phénomènes de
l'extase, de l'inspiration, du prophétisme, de la possession par
l'Esprit-Saint n'étaient dus (chez les hérétiques bien sûr), qu'aux
mouvements violents des humeurs ou des esprits. L'annexion de
tous ces phénomènes religieux ou parareligieux par la médecine
n'est donc qu'un épisode latéral par rapport au grand travail qui
a défini la maladie mentale ; et surtout, elle n'est pas issue d'un
effort essentiel au développement de la médecine ; c'est l'expérience religieuse elle-même qui, pour se départager, a fait appel,
et d'une manière seconde, à la confirmation et à la critique médicales. Il était du destin de cette histoire qu'une pareille critique
fût, après coup, appliquée par la médecin à tous les phénomènes
religieux, et retournée, aux dépens de l'Église catholique qui
l'avait pourtant sollicitée, contre l'expérience chrétienne tout
entière : pour montrer à la fois, et d'une manière paradoxale, que
la religion relève des pouvoirs fantastiques de la névrose, et que
ceux que la religion a condamnés étaient victimes, à la fois, de
leur religion et de leur névrose. Mais ce retournement ne date que

du XIXe siècle, c'est-à-dire d'une époque où la définition de la maladie mentale en style positiviste était déjà acquise.

En fait, avant le XIXe siècle, l'expérience de la folie dans le monde occidental était très polymorphe ; et sa confiscation à notre époque dans le concept de « maladie » ne doit pas nous faire illusion sur son exubérance originaire. Sans doute, depuis la médecine grecque, une certaine part dans le domaine de la folie était déjà occupée par les notions de la pathologie et les pratiques qui s'y rattachent. Il y a eu, en Occident, et de tout temps, des cures médicales de la folie et les hôpitaux du Moyen Âge comportaient pour la plupart, comme l'Hôtel-Dieu de Paris, des lits réservés aux fous (souvent des lits fermés, des sortes de grandes cages pour maintenir les furieux). Mais ce n'était là qu'un secteur restreint, limité aux formes de la folie qu'on jugeait curables (« frénésies », épisodes de violence, ou accès « mélancolique »). Tout autour, la folie avait une grande extension, mais sans support médical.

Cette extension, toutefois, ne relève pas de mesures stables ; elle varie avec les époques, au moins pour ses dimensions visibles ; tantôt, elle reste implicite et comme à fleur d'eau, ou, au contraire, elle fait surface, émerge largement et s'intègre sans difficulté à tout le paysage culturel. La fin du XVe siècle est certainement une de ces époques où la folie renoue avec les pouvoirs essentiels du langage. Les dernières manifestations de l'âge gothique ont été, tour à tour et dans un mouvement continu, dominées par la hantise de la mort et par la hantise de la folie. À la *Danse macabre* figurée au cimetière des Innocents, au *Triomphe de la mort* chanté sur les murs du Campo Santo de Pise, font suite les innombrables danses et fêtes des Fous que l'Europe célébrera si volontiers tout au long de la Renaissance. Il y a les réjouissances populaires autour des spectacles donnés par les « associations de fous », comme le *Navire bleu*, en Flandre ; il y a toute une iconographie qui va de *La nef des fous* de Bosch, à Breughel et à *Margot la Folle*; il y a aussi les textes savants, les ouvrages de philosophie ou de critique morale, comme la *Stultifera Navis* de Brant ou l'*Éloge de la folie* d'Érasme. Il y aura, enfin, toute la littérature de la folie : les scènes de démence dans le théâtre élizabéthain et dans le théâtre français préclassique font partie de l'architecture dramatique, comme les songes et, un peu plus tard, les scènes d'ave : elles conduisent le drame de l'illusion à la vérité, de la fausse solution au vrai dénouement. Elles sont un des ressorts essentiels de ce théâtre baroque, comme des romans qui lui sont contemporains : les grandes aventures des récits de chevalerie deviennent volontiers les extravagances d'esprits qui ne maîtrisent plus leurs chimères. Shakespeare et Cervantès à la fin de la Renaissance témoignent des grands prestiges de cette folie dont Brant et Jérôme Bosch, cent ans plus tôt, avaient annoncé le prochain règne.

Ce n'est pas dire que la Renaissance n'a pas soigné les fous. Au contraire, c'est au XVe siècle qu'on voit s'ouvrir en Espagne d'abord (à Saragosse), puis en Italie, les premières grandes maisons réservées aux fous. On les y soumet à un traitement pour une grande part sans doute inspirée de la médecine arabe. Mais ces critiques sont localisées. La folie est pour l'essentiel éprouvée à l'état libre; elle circule, elle fait partie du décor et du langage communs, elle est pour chacun une expérience quotidienne qu'on cherche plus à exalter qu'à maîtriser. Il y a en France, au début du XVIIe siècle, des fous célèbres dont le public, et le public cultivé, aime à s'amuser; certains comme Bluet d'Arbères écrivent des livres qu'on publie et qu'on lit comme œuvres de folie. Jusqu'aux environs de 1650, la culture occidentale a été étrangement hospitalière à ces formes d'expérience.

*

Au milieu du XVIIe siècle, brusque changement ; le monde de la folie va devenir le monde de l'exclusion.

On crée (et ceci dans toute l'Europe) de grandes maisons d'internement qui ne sont pas simplement destinées à recevoir les fous, mais toute une série d'individus fort différents les uns des autres, du moins selon nos critères de perception : on enferme les pauvres invalides, les vieillards dans la misère, les mendiants, les chômeurs opiniâtres, les vénériens, des libertins de toutes sortes, des gens à qui leur famille ou le pouvoir royal veulent éviter un châtiment public, des pères de famille dissipateurs, des ecclésiastiques en rupture de ban, bref tous ceux qui, par rapport à l'ordre de la raison, de la morale et de la société, donnent des signes de «dérangement». C'est dans cet esprit que le gouvernement ouvre, à Paris, l'Hôpital général, avec Bicêtre et la Salpétrière ; un peu auparavant saint Vincent de Paul avait fait de l'ancienne léproserie de Saint-Lazare une prison de ce genre, et bientôt Charenton, d'abord l'hôpital, s'alignera sur le modèle de ces nouvelles institutions. En France, chaque grande ville aura son Hôpital général.

Ces maisons n'ont aucune vocation médicale ; on n'y est pas admis pour y être soigné ; mais on y entre parce qu'on ne peut plus ou parce qu'on ne doit plus faire partie de la société. L'internement dans lequel le fou, avec bien d'autres, se trouve pris à l'époque classique ne met pas en question les rapports de la folie à la maladie, mais les rapports de la société avec elle-même, avec ce qu'elle reconnaît et ne reconnaît pas dans la conduite des individus. L'internement sans doute est une mesure d'assistance ; les nombreuses fondations dont il bénéficie en sont la preuve. Mais c'est un système dont l'idéal serait d'être entièrement clos sur lui-même : à l'Hôpital général, comme dans les Workhouses, en Angleterre, qui en sont à peu près les contemporaines, règne le travail forcé; on file, on tisse, on fabrique des objets divers qui sont jetés à bas prix sur le marché pour que le bénéfice permette à l'hôpital de fonctionner. Mais l'obligation du travail a aussi un rôle de sanctions et de contrôle moral. C'est que, dans le monde bourgeois en train de se constituer, un vice majeur, le péché par excellence dans le monde du commerce, vient d'être défini; ce n'est plus l'orgueil ni l'avidité comme au Moyen Âge; c'est l'oisiveté. La catégorie commune qui groupe tous ceux qui résident dans les maisons d'internement, c'est l'incapacité où ils se trouvent de prendre part à la production, à la circulation ou à l'accumulation des richesses (que ce soit par leur faute ou par accident). L'exclusion dont on les frappe est à la mesure de cette incapacité et elle indique l'apparition dans le monde moderne d'une césure qui n'existait pas auparavant. L'internement a donc été lié dans ses origines et dans son sens primordial à cette restructuration de l'espace social.

Ce phénomène a été doublement important pour la constitution de l'expérience contemporaine de la folie. D'abord, parce que la folie, si longtemps manifeste et bavarde, si longtemps présente à l'horizon, disparaît. Elle entre dans un temps de silence dont elle ne sortira pas de longtemps; elle est dépouillée de son langage; et si on a pu continuer à parler sur elle, il lui sera impossible de parler elle-même à propos d'elle-même. Impossible, du moins jusqu'à Freud qui, le premier, a rouvert la possibilité pour la raison et la déraison de communiquer dans le péril d'un langage commun, toujours prêt à se rompre et à se dénouer dans l'inaccessible. D'autre part, la folie, dans l'internement a noué de nouvelles et étranges parentés. Cet espace d'exclusion qui groupait avec les fous, les vénériens, les libertins et bien des criminels majeurs ou mineurs a provoqué une sorte d'assimilation obscure; et la folie a noué avec les culpabilités morales et sociales un cousinage qu'elle n'est peut-être pas près de rompre. Ne nous étonnons pas qu'on ait depuis le XVIIIe siècle découvert comme une filiation entre la folie et tous les « crimes de l'amour », que la folie soit devenue, à partir du XIXe siècle, l'héritière des crimes qui trouvent, en elle, à la fois leur raison d'être, et leur raison de n'être pas des crimes ; que la folie ait découvert au XXe siècle, au centre d'elle-même, un primitif noyau de culpabilité et d'agression. Tout cela n'est pas la découverte progressive de ce qu'est la folie dans sa vérité de nature ; mais seulement la sédimentation de ce que l'histoire d'Occident a fait d'elle depuis trois cents ans. La folie est bien plus *historique* qu'on ne croit d'ordinaire, mais bien plus jeune aussi.

*

L'internement n'a guère conservé plus d'un siècle sa fonction première de mise au silence de la folie. Dès le milieu du XVIIIe siècle, l'inquiétude renaît. Le fou fait sa réapparition dans les paysages les plus familiers ; à nouveau, on le rencontre faisant partie de la vie quotidienne. *Le Neveu de Rameau* en porte témoignage. C'est qu'à cette époque, le monde correctionnaire où la folie était prise au milieu de tant de fautes, de péchés et de crimes commence à se disloquer Dénonciation politique des séquestrations arbitraires ; critique économique des fondations et de la forme traditionnelle de l'assistance ; hantise populaire de ces maisons comme Bicêtre ou Saint-Lazare, qui prennent la valeur de foyers du mal. Tout le monde réclame l'abolition de l'internement. Restituée à son ancienne liberté, que va devenir la folie ?

Les réformateurs d'avant 1789 et la Révolution elle-même ont voulu à la fois supprimer l'internement comme symbole de l'ancienne oppression et restreindre dans toute la mesure du possible l'assistance hospitalière comme signe de l'existence d'une classe misérable. On a cherché à définir une formule de secours financiers et de soins médicaux dont les pauvres pourraient bénéficier à leur domicile, échappant ainsi à la hantise de l'hôpital. Mais les fous ont ceci de particulier que, restitués à la liberté, ils peuvent devenir dangereux pour leur famille et le groupe dans lequel ils se trouvent. D'où la nécessité de les contenir et la sanction pénale qu'on inflige à ceux qui laissent errer « les fous et les animaux dangereux ».

C'est pour résoudre ce problème que les anciennes maisons d'internement, sous la Révolution et l'Empire, ont été peu à peu affectées aux fous, mais cette fois aux *seuls fous*. Ceux que la philanthropie de l'époque a libérés sont donc tous les autres, *sauf* les fous; ceux-ci se trouveront être les héritiers naturels de l'internement et comme les titulaires privilégiés des vieilles mesures d'exclusion.

Sans doute l'internement prend-il alors une signification nouvelle: il devient mesure à caractère médical. Pinel en France, Tuke en Angleterre et en Allemagne, Wagnits et Reil ont attaché leur nom à cette réforme. Et il n'est point d'histoire de la psychiatrie ou de la médecine qui ne découvre en ces personnages les symboles d'un double avènement: celui d'un humanisme et celui d'une science enfin positive.

Les choses ont été tout autres. Pinel, Tuke, leurs contemporains et leurs successeurs n'ont pas dénoué les anciennes pratiques de l'internement; ils les ont au contraire resserrées autour du fou. L'asile idéal que Tuke a réalisé près de York est censé reconstituer autour de l'aliéné une quasi-famille où il devra se sentir comme chez lui; en fait, il est soumis, par là même, à un contrôle social et moral ininterrompu; le guérir voudra dire lui réinculquer les sentiments de dépendance, d'humilité, de culpabilité, de reconnaissance qui sont l'armature de la vie de famille. On utilisera pour y parvenir des moyens comme les menaces, les châtiments, les privations alimentaires, les humiliations, bref, tout ce qui pourra à la fois *infantiliser* et *culpabiliser* le fou. Pinel, à Bicêtre, utilise des techniques semblables, après avoir « délivré les enchaînés » qui s'y trouvaient encore en 1793. Certes, il a fait tomber les liens matériels (pas tous cependant), qui contraignaient physiquement les malades. Mais il a reconstitué autour d'eux tout un enchaînement moral, qui transformait l'asile en une sorte d'instance perpétuelle de jugement : le fou devrait être surveillé dans ses gestes, rabaissé dans ses prétentions, contredit dans son délire, ridiculisé dans ses erreurs : la sanction devait suivre immédiatement tout écart par rapport à une conduite normale. Et ceci sous la direction du médecin qui n'est pas tellement chargé d'une intervention thérapeutique que d'un contrôle éthique. Il est, à l'asile, l'agent des synthèses morales.

Mais il y a plus. Malgré l'étendue très grande des mesures d'internement, l'âge classique avait laissé subsister et se développer jusqu'à un certain point les pratiques médicales concernant la folie. Il y avait dans les hôpitaux ordinaires des sections réservées aux fous, on leur appliquait un traitement, et les textes médicaux du XVIIe et du XVIIIe siècle cherchaient à définir, surtout avec la grande multiplication des vapeurs et des maladies nerveuses, les techniques les plus appropriées à la guérison des insensés. Ces traitements n'étaient ni psychologiques ni physiques : ils étaient l'un et l'autre à la fois – la distinction cartésienne de l'étendue et de la pensée n'ayant pas entamé l'unité des pratiques médicales ; on soumettait le malade à la douche ou au bain pour rafraîchir ses esprits ou ses fibres ; on lui injectait du sang frais pour renouveler sa circulation troublée ; on cherchait à provoquer en lui des impressions vives pour modifier le cours de son imagination.

Or, ces techniques que la physiologie de l'époque justifiait ont été reprises par Pinel et ses successeurs dans un contexte purement répressif et moral. La douche ne rafraîchit plus, elle punit ;

on ne doit plus l'appliquer quand le malade est « échauffé », mais quand il a commis une faute; en plein XIXᵉ siècle encore, Leuret soumettra ses malades à une douche glacée sur la tête et entreprendra à ce moment-là, avec eux, un dialogue où il les contraindra à avouer que leur croyance n'est que du délire. Le XVIIIᵉ siècle avait aussi inventé une machine rotatoire sur laquelle on plaçait le malade afin que le cours de ses esprits trop fixés sur une idée délirante soit remis en mouvement et retrouve ses circuits naturels. Le XIXᵉ siècle perfectionne le système en lui donnant un caractère strictement punitif : à chaque manifestation délirante on fait tourner le malade jusqu'à l'évanouissement s'il n'est pas venu à résipiscence. On met aussi au point une cage mobile qui tourne sur elle-même selon un axe horizontal et dont le mouvement est d'autant plus vif qu'est plus agité le malade qu'on y enferme. Tous ces jeux médicaux sont les versions asilaires d'anciennes techniques fondées sur une physiologie désormais abandonnée. L'essentiel, c'est que l'asile fondé à l'époque de Pinel pour l'internement ne représente pas la « médicalisation » d'un espace social d'exclusion; mais la confusion à l'intérieur d'un régime moral unique de techniques dont les unes avaient un caractère de précaution sociale et les autres un caractère de stratégie médicale.

Or, c'est à partir de ce moment-là que la folie a cessé d'être considérée comme un phénomène global touchant à la fois, par l'intermédiaire de l'imagination et du délire, au corps et à l'âme. Dans le nouveau monde asilaire, dans ce monde de la morale qui châtie, la folie est devenue un fait qui concerne essentiellement l'âme humaine, sa culpabilité et sa liberté; elle s'inscrit désormais dans la dimension de l'intériorité; et par là, pour la première fois, dans le monde occidental, la folie va recevoir statut, structure et signification psychologiques. Mais cette psychologisation n'est que la conséquence superficielle d'une opération plus sourde et située à un niveau plus profond – une opération par laquelle la folie se trouve insérée dans le système des valeurs et des répressions morales. Elle est enclose dans un système punitif où le fou, minorisé, se trouve apparenté de plein droit à l'enfant, et où la folie, culpabilisée, se trouve originairement reliée à la faute. Ne nous étonnons pas, par conséquent, si toute la psychopathologie – celle qui commence avec Esquirol, mais la nôtre aussi – est commandée par ces trois thèmes qui définissent sa problématique : rapports de la liberté à l'automatisme ; phénomène de régression et structure infantile des conduites ; agression et culpabilité. Ce que l'on découvre à titre de « psychologie » de la folie n'est que le résultat des opérations par lesquelles on l'a investie. Toute cette psychologie n'existerait pas sans le *sadisme moralisateur* dans lequel la « philanthropie » du XIXe siècle l'a enclose, sous les espèces hypocrites d'une « libération ».

***

On dira que tout savoir est lié à des formes essentielles de cruauté. La connaissance de la folie ne fait point exception. Mais sans doute ce rapport est-il, à propos de la folie, singulièrement important. Parce que c'est lui d'abord qui a rendu possible une analyse psychologique de la folie ; mais surtout, parce que c'est lui qui secrètement a fondé la possibilité de toute psychologie. Il ne faut pas oublier que la psychologie « objective » ou « positive » ou « scientifique » a trouvé son origine historique et son fondement dans une expérience pathologique. C'est une analyse des dédoublements qui a autorisé une psychologie de la personnalité ; une analyse des automatismes et de l'inconscient qui a fondé une psychologie de la conscience ; une analyse des déficits qui a déclenché une psychologie de l'intelligence. Autrement dit, l'homme n'est devenu une « espèce psychologisable » qu'à partir du moment où son rapport à la folie a permis une psychologie, c'est-à-dire à partir du moment où son rapport à la folie a été défini par la dimension extérieure de l'exclusion et du châtiment, et par la dimension intérieure et de l'assignation morale et de la culpabilité. En situant la folie par rapport à ces deux axes fondamentaux, l'homme du début du XIXᵉ rendait possible une *prise* sur la folie et à travers elle une psychologie générale.

Cette expérience de la Déraison dans laquelle, jusqu'au XVIIIᵉ siècle, l'homme occidental rencontrait la nuit de sa vérité et sa contestation absolue va devenir, et reste encore pour nous, la voie d'accès à la vérité naturelle de l'homme. Et on comprend alors que cette voie d'accès soit si ambiguë et qu'à la fois elle invite aux réductions objectives (selon la ligne de pente de l'*exclusion*) et sollicite sans cesse le rappel à soi (selon la ligne de pente de l'assignation morale). Toute la structure épistémologique de la psychologie contemporaine s'enracine dans cet événement qui est à peu près contemporain de la Révolution, et qui concerne le rapport de l'homme à lui-même. La « psychologie » n'est qu'une mince pellicule à la surface du monde éthique où l'homme moderne cherche sa vérité – et la perd. Nietzsche l'avait bien vu, à qui on a fait dire le contraire.

Par conséquent, une psychologie de la folie ne peut être que dérisoire, et pourtant elle touche à l'essentiel. Dérisoire puisqu'en voulant faire la psychologie de la folie on exige de la psychologie qu'elle entame ses propres conditions, qu'elle retourne à ce qui l'a rendue possible et qu'elle contourne ce qui est pour elle, et par définition, l'indépassable. Jamais la psychologie ne pourra dire sur la folie la vérité, puisque c'est la folie qui détient la vérité de la psychologie. Et cependant une psychologie de la folie ne peut manquer d'aller vers l'essentiel, puisqu'elle se dirige obscurément vers le point où ses possibilités se nouent ; c'est-à-dire qu'elle remonte son propre courant et s'achemine vers ces régions où l'homme a rapport avec lui-même et inaugure cette forme d'aliénation qui le fait devenir *homo psychologicus*. Poussée jusqu'à sa racine, la psychologie de la folie, ce serait non pas la maîtrise de la maladie mentale et par là la possibilité de sa disparition, mais la destruction de la psychologie elle-même et la remise à jour de ce rapport essentiel, non psychologique parce que non moralisable, qui est le rapport de la raison à la déraison.

C'est ce rapport qui, malgré toutes les misères de la psychologie, est présent et visible dans les œuvres de Hölderlin, de Nerval, de Roussel et d'Artaud, et qui promet à l'homme qu'un jour, peut-être, il pourra se retrouver libre de toute psychologie pour le grand affrontement tragique avec la folie.

LA MÉDECINE COMME SAVOIR
ET FORME D'ACQUISITION DU SAVOIR

INTRODUCTION

La médecine constitue *une forme de savoir et d'acquisition du savoir*. En tant que telle, elle a dû tout d'abord s'affirmer comme un mode spécifique et légitime de connaissance et d'acquisition du savoir vis-à-vis du discours religieux sur la maladie. Le traité du *corpus* hippocratique sur *La maladie sacrée* (l'épilepsie) détermine ainsi un point de vue médical distinct de la perception religieuse des pathologies, et singulièrement à propos de la maladie qui était considérée par excellence comme d'origine sacrée :

> sur la maladie dite sacrée, voici ce qu'il en est. Elle ne me paraît nullement plus divine que les autres maladies ni plus sacrée, mais de même que toutes les autres maladies ont une origine naturelle à partir de laquelle elles naissent, cette maladie a une origine naturelle et une cause déclenchante [1].

Si le bien-fondé de l'éclairage médical des pathologies qui affectent le corps humain ne fait plus vraiment question, en revanche, le débat sur sa nature n'a jamais cessé. Des conceptions concurrentes du savoir médical se sont développées. La discussion se concentre notamment sur le fait de savoir si la médecine

---

1. Hippocrate, *L'Art de la médecine*, *op. cit.*, p. 146-164.

est (plutôt) un « art » ou une « science ». S'affrontent ici une conception de la

> médecine qui érige les sciences du corps humain en référence absolue pour se donner comme objets les maladies, au risque d'oublier la détresse de l'individu souffrant dont elle tient sa raison d'être,

et une

> médecine qui se présente et s'assume plutôt comme un « art aux carrefours de plusieurs sciences », qui met l'accent sur la clinique, sur l'intuition et sur le tact dans l'approche des patients, envisagés comme des personnes toujours singulières [1].

Du *corpus hippocratique* à la philosophie de H.G. Gadamer, ce débat aux enjeux multiples traverse toute la réflexion sur la nature du savoir médical.

Historiquement, l'ambition d'une médecine comme science est souvent rapportée à la pensée classique : elle serait énoncée comme projet au XVIIe siècle et deviendrait un véritable programme de recherche au XVIIIe siècle [2]. Mais cette vision des choses doit être nuancée. R. Descartes, à qui l'on rapporte souvent cette ambition, avait en effet avancé la nécessité de se fier à une connaissance certaine pour échapper aux maladies et à l'affaiblissement lié à la vieillesse (*Discours de la méthode*, 1626), mais il a aussi,

---

1. D. Lecourt, « De l'infaillibilité médicale », dans Cl. Sureau, D. Lecourt, G. David (dir.), *L'erreur médicale*, Paris, PUF, 2006, p. 15.

2. G. Canguilhem, « Puissance et limite de la rationalité de la médecine », dans G. Canguilhem, Y. Conry, Fr. Gremy, L. Israël, J.-Cl. Page, J. Schwartz (dir.), *Médecine, Science et Techniques, recueil d'études rédigées à l'occasion du centenaire de la mort de Claude Bernard (1813-1878)*, Paris, CNRS, 1984, p. 111-112.

par la suite esquissé le modèle d'une sagesse naturaliste et modérée dans l'*Entretien avec Burman* (1648)[1]. Par ailleurs, cette localisation dans la pensée classique d'un projet de médecine scientifique est erronée. L'ambition en est formulée bien avant cette période. Selon A. Fagot-Largeault, elle est perceptible dans le *corpus* hippocratique. Lorsque le traité *De la bienséance* énonce qu'« il faut transporter la philosophie dans la médecine et la médecine dans la philosophie », cela signifie selon elle non qu'il faut doter la philosophie d'une vertu thérapeutique, mais plutôt qu'il faut faire sortir la médecine de l'empirisme, la rendre rationnelle et scientifique[2]. L'œuvre galénique assumerait aussi une telle ambition : tout en ayant conscience d'être « un maillon » dans la chaîne du savoir médical, Galien cherche à conjuguer la quête de l'évidence sensible et celle de l'évidence logique : ces deux évidences doivent permettre selon lui de raisonner correctement sur l'invisible, et d'identifier les causes des phénomènes qui ne sont pas apparentes. Galien entend également utiliser les ressources d'une classification systématique des phénomènes, inspirée de la dialectique platonicienne, afin de distinguer les genres de maladies et les remèdes qui leur sont appropriés[3].

L'ambition d'un savoir médical certain se fait également entendre dans les propos des médecins de la Renaissance qui

---

1. Descartes, *Discours de la méthode* (1637), dans *Œuvres philosophiques*, I, Paris, Garnier, 1988 et *Entretien avec Burman*, éd., trad. fr. et notes J.-M. Beyssade, Paris, PUF, 1981.

2. A. Fagot-Largeault, *Leçon inaugurale au Collège de France, Chaire de philosophie des sciences biologiques et médicales*, Paris, Collège de France, 2001, p. 12.

3. Galien, *Méthode de traitement*, trad. fr., présentation et notes J. Boulogne, Paris, Gallimard, 2009, introduction, p. 20. Voir en particulier le rouleau 1 sur la méthode d'acquisition d'un savoir certain.

relancent la pratique de la dissection et en promeuvent une conception renouvelée : elle ne doit plus être l'occasion d'une confirmation de l'écrit antique, mais une véritable exploration du corps humain, corrigeant au besoin le manuel dont disposent les étudiants. La pratique de la dissection est ainsi selon Vésale, l'un des principaux promoteurs de cette conception, un nouveau lieu de l'identification entre voir et connaître[1]. Il ne remet pas en cause Galien, alors considéré comme le maître du savoir anatomique, ni son enseignement, mais le « suivisme » dont font preuve ses successeurs. Vésale voulait corriger, perfectionner, améliorer son savoir, d'autant que Galien lui-même s'est à l'occasion corrigé et a exposé des théories contradictoires d'un ouvrage à l'autre.

Au-delà de la pensée classique, la visée de la médecine comme savoir certain a par la suite notamment trouvé à se développer sous la forme d'une introduction des mathématiques probabilistes dans l'acquisition du savoir médical. Dans cette histoire de la médecine comme science, l'idée d'une médecine expérimentale, mise en valeur par Cl. Bernard, occupe une place essentielle et trouve encore un écho important, dans le développement contemporain de la recherche clinique. L'outil probabiliste se répand massivement à partir du XIXe siècle et joue un rôle essentiel dans l'« *evidence-based medicine* » contemporaine, qui

---

1. A. Vésale, *La Fabrique du corps humain*, préface, éd. bilingue et trad. fr. L. Bakelants, Arles, Actes-Sud-INSERM, 1987, p. 37. Du même auteur, voir aussi *Epitome*, sorte de résumé de la *Fabrique*, en particulier la dédicace au Prince Philippe, fils de Charles Quint (1542). Une traduction en anglais de ce texte, par L.R. Lind, est disponible (New York, The Macmillan Company, 1949), de même qu'une traduction en français, plus récente : *Résumé de ces livres sur « La fabrique du corps humain »*, texte et trad. fr. par J. Vons, intr., notes et comm. par J. Vons et S. Velut, Paris, Les Belles Lettres, 2008.

promeut une médecine de la preuve, censée déjouer les failles d'une médecine de l'autorité[1].

Quelle que soit l'époque considérée, l'ambition d'un savoir rationnel et scientifique appliquée à la médecine a fait l'objet de discussions. L'illusion d'une connaissance achevée et définitive a été dénoncée, mais la reconnaissance que le savoir médical évolue, s'enrichit et se corrige ne s'est pas avérée incompatible avec l'ambition d'une connaissance scientifique. Les discussions les plus difficiles portent d'une part sur la relation de ce savoir à la pratique de soin et d'autre part sur l'articulation entre le soin et la recherche clinique. Tout d'abord, cette conception du savoir médical est perçue comme incompatible avec une certaine pratique médicale. De façon générale, on soupçonne qu'un tel programme conduit à la dévaluation radicale de l'expérience passée et de la part d'intuition que comporte l'exercice médical. En outre, une telle dimension est perçue comme un facteur d'oubli du patient, qui ne correspond jamais à «la figure idéal du parfait malade conforme aux canons, si l'on peut dire, d'une idéale population de cas »[2]. L'histoire française de la médecine présente au XIXᵉ siècle

une tendance pour la science issue de l'école de physiologie allemande (Fr. Magendie, Cl. Bernard) et par ailleurs l'école des cliniciens comme R. Laennec, X. Bichat, qui insistent sur la nécessité de lire les corps malades, d'en déchiffrer l'histoire sans remettre en cause l'importance de la scientificité

---

1. D.L. Sackett *et alii*, «Evidence-Based Medicine : What it is and What it isn't», *British Medical Journal*, 1996, 312, p. 71-72.

2. D. Lecourt, « De l'infaillibilité médicale », dans *L'erreur médicale, op. cit.*, p. 18-19.

et dont le point de vue connaît aussi une large diffusion dans le milieu médical [1].

Comme nous l'avons indiqué dans la préface, cette discussion sur la médecine comme science se déploie de manière subtile dans la réflexion du philosophe de la médecine et historien des sciences G. Canguilhem. Selon lui, la question ne se pose pas de remettre en cause l'ambition scientifique de la connaissance médicale :

> il n'est pas contestable que les acquisitions progressives du savoir médical dans des disciplines fondamentales telles que l'anatomie pathologique, l'histologie et l'histo-pathologie, la physiologie, la chimie organique ont contraint la pathologie et la thérapeutique à des révisions déchirantes de bien des attitudes devant la maladie que les médecins avaient héritées du XVIIIe siècle [2].

Il se montre très sévère à l'égard de la critique d'une médecine qui se veut rationnelle et scientifique, estimant qu'elle s'appuie sur un « amalgame idéologique où l'on retrouve la qualité de vie, le naturisme agro-alimentaire et quelques sous-produits de la psychanalyse » et qu'elle se pare « d'une revendication d'auto-gestion de la santé personnelle » qui contribue à « la renaissance des magies thérapeutiques » [3].

---

1. Fr. Dagognet, *Pour une philosophie de la maladie, Entretien avec Ph. Petit*, Paris, Textuel 1996, p. 13. Voir B. Bouillaud, *Essai sur la philosophie médicale et sur les généralités de la clinique médicale*, précédé d'un *Résumé philosophique des principaux progrès de la médecine*, Paris, J. Rouvier et E. Le Bouvier, 1836 ; R. Leriche, *Philosophie de la chirurgie*, Paris, Flammarion, 1951 ; voir aussi le travail de Ch.-E. Brown-Séquard et de A. Trousseau.

2. G. Canguilhem, « Puissance et limite de la rationalité de la médecine », dans *Médecine, Science et Techniques, recueil d'études rédigées à l'occasion du centenaire de la mort de Claude Bernard (1813-1878)*, *op. cit.*, p. 110.

3. *Ibid.*, p. 118.

Malgré tout, il reconnaît une pertinence à cette critique lorsqu'elle renvoie au fait que le malade « est plus et autre qu'un terrain singulier où la maladie s'enracine, qu'il est plus et autre qu'un sujet grammatical qualifié par un attribut emprunté à la nosologie du moment »[1]. G. Canguilhem invite à considérer « le malade » comme

> un Sujet, capable d'expression, qui se reconnaît comme Sujet dans tout ce qu'il ne sait désigner que par des possessifs : sa douleur et la représentation qu'il s'en fait, son angoisse, ses espoirs et ses rêves : En bref, il est impossible d'annuler dans l'objectivité du savoir médical la subjectivité de l'expérience vécue du malade[2].

La « clinique » est le nom donné à cette autre vision de la médecine qui, sans remettre en cause l'ambition de savoir, cherche à faire sa place au malade. L'usage de l'outil probabiliste n'est pas exclu par la perspective clinique, bien au contraire. Mais il prend une acception différente en son sein. C'est ce qui apparaît à la lumière de l'essai consacré par M. Foucault à la pensée clinique. Selon lui, le développement de la pensée clinique relève avant tout d'un changement de paradigme épistémologique, qui n'exclut pas les probabilités comme moyen d'organiser une connaissance dont la généralité est toujours confrontée à l'épreuve de la particularité. Ce développement ne relève pas d'un désir de restaurer « l'humanisme médical »[3]. De son point de vue, il s'agit

---

1. G. Canguilhem, « Puissance et limite de la rationalité de la médecine », art. cit., p. 118.

2. *Ibid.*, p. 124-125. Voir aussi, à ce sujet, « La santé comme concept vulgaire », dans *Cahiers du séminaire de philosophie*, Strasbourg, Centre de documentation en histoire de la philosophie, 1988.

3. M. Foucault, *La naissance de la clinique* (1963), Paris, PUF, 1990, préface, p. VII-VIII.

d'une réorganisation fondamentale des connaissances médicales et d'une refonte du discours sur la maladie. La médecine, à travers l'usage des probabilités, peut s'accepter comme savoir incertain, sans faire de l'incertitude une marque de non-savoir. Ce faisant, elle donne en outre une place à l'individu malade, tout en cherchant à s'extraire de la particularité [1].

La visée d'une médecine scientifique et rationnelle a par ailleurs suscité une réflexion sur l'articulation entre la pratique et la recherche médicales, en raison d'une tension possible entre la nécessité du soin immédiat accordé au malade et sa participation à un essai clinique en vue d'une découverte dont il ne bénéficiera probablement jamais lui-même. Selon A. Fagot-Largeault, « les médecins ont été très lents à intérioriser les conduites de la recherche » parce que

> l'humanisme médical, qui commandait que l'on soit d'abord au service du malade et de sa guérison, paraissait interdire que le malade, réduit à un cas, soit instrumentalisé comme source de données au service de la science, et éventuellement étudié avec d'autres cas semblables dans le cadre d'un protocole expérimental standardisé [2].

D'après elle, les médecins ne devraient plus vivre cette dimension comme un écart vis-à-vis de leur pratique, car collectivement, ils ont « une obligation de recherche » ou encore « un devoir d'essai » selon l'expression du Comité Consultatif

---

1. M. Foucault, *La naissance de la clinique*, *op. cit.*, p. 15. Voir aussi Fr. Dagognet, « L'épistémologisation de la médecine » (1996), dans *Savoir et pouvoir en médecine*, Le Plessis-Robinson, Institut Synthélabo, 1998, p. 19-20.

2. A. Fagot-Largeault, *Leçon inaugurale au Collège de France, Chaire de philosophie des sciences biologiques et médicales*, *op. cit.*, p. 13.

National d'Éthique (1984) et ils doivent pouvoir tenir ensemble cette obligation et le soin consacré aux malades[1]. Il n'est cependant pas certain que l'on parvienne à effacer la tension parfois ressentie par le corps médical et les patients eux-mêmes entre soin et recherche, surtout lorsque l'on s'intéresse aux conditions contemporaines ou passées de l'expérimentation. En effet, on observe alors une tendance récurrente à effectuer des expérimentations sur des sujets vulnérables ou insuffisamment protégées par le droit, et au-delà de ce constat, qui pose un grave problème politique et moral, l'écart est parfois irréductible entre une attente de soin présente et une expérimentation qui ne produira peut-être ses fruits que bien plus tard. Il est sans doute plus inconfortable mais aussi plus réaliste d'assumer cette tension comme une dimension constitutive de l'acquisition du savoir médical que de chercher à la minimiser. Les choses sont cependant susceptibles d'évoluer, avec la nouvelle revendication d'un droit à participer aux essais cliniques par les malades atteints de pathologies graves[2].

Au-delà de ces débats, il convient d'enrichir le questionnement sur la médecine comme forme de savoir selon deux directions au moins. Tout d'abord, l'analyse de la manière dont ce savoir se constitue ne peut se borner à l'étude des épistémologies élaborées par les médecins et les chercheurs en biomédecine et de leur

---

1. Pour le cas spécifique des essais cliniques dans le domaine de la psychiatrie, *cf.* A. Fagot-Largeault, *L'homme bioéthique, pour une déontologie de la recherche sur le vivant, op. cit.*, p. 63 *sq.*

2. Ph. Amiel, *Des cobayes et des hommes. Expérimentation sur l'être humain et justice*, Paris, Les Belles Lettres, 2011. Voir aussi l'étude sociologique de J. Barbot, *Les malades en mouvement. Médecine et science à l'épreuve du sida*, Paris, Balland, 2007.

ambition plus ou moins affirmée de certitude et d'achèvement du savoir. Elle doit aussi se compléter d'une recherche historique, culturelle et sociologique, qui tienne compte des parcours singuliers de ces médecins et chercheurs, des besoins que la société exprime en termes médicaux et des financements qu'elle leur accorde pour y répondre, des représentations relatives au corps humain, à la maladie et à la santé que ses membres nourrissent, et enfin des conditions socio-politiques, institutionnelles et techniques dans lesquelles ce savoir est acquis. Ensuite, il convient d'interroger la distinction aujourd'hui communément établie entre une connaissance médicale scientifique et rationnelle et une médecine considérée comme « magique » ou « traditionnelle » : quelle est son origine, son sens et sa portée ? Où réside le critère de différenciation : dans le mode d'acquisition de la connaissance, dans la façon dont les personnes y ont recours, dans le degré d'efficacité des connaissances acquises, dans une combinaison de ces éléments ou dans un facteur encore non identifié ? Enfin, quel est l'effet sur la conception du savoir médical de l'exploitation de connaissances dites « traditionnelles » au sein d'un marché international des médicaments dont les acteurs sont avant tout des entreprises privées et non des institutions de recherche ou de soin[1] ?

Pour être à même de répondre à ces interrogations, la philosophie de la médecine doit développer des outils conceptuels qui arriment l'analyse épistémologique à une histoire des rapports sociaux, politiques et institutionnels qui sous-tendent les

---

1. R. Wynberg, D. Schroeder, R. Chennells (dir.), *Indigenous Peoples, Consent and Benefit Sharing, Lessons from the San-Hoodia Case*, Dordrecht-Heidleberg-New York-Londres, Springer, 2009.

pratiques de soin et la recherche biomédicale[1]. Face à cette nécessité et au constat qu'une telle histoire est encore en large part à écrire, nous avons du moins, dans la présente section, cherché à donné vie et chair aux interrogations conceptuelles et épistémologiques de la philosophie sur le savoir médical, en proposant un choix de textes qui fait de nouveau la part belle à une mise en perspective historique, puisqu'il va de Galien à l'épidémiologiste et statisticien A.B. Hill, concepteur pionnier de l'essai clinique randomisé. Ce parcours met en évidence l'évolution du questionnement épistémologique, qui suit celle du savoir médical, mais aussi la récurrence de certaines questions. Ainsi, la possibilité de l'expérimentation introduit tout à la fois de nouvelles pratiques dans la recherche biomédicale, de nouveaux modes de pensée et de nouveaux enjeux épistémologiques, comme l'illustre le texte de Cl. Bernard. Par ailleurs, la réflexion de H.G. Gamader, qui fait écho au débat présent dès le *corpus* hippocratique sur la médecine comme art ou science, suggère l'impossibilité d'attribuer au savoir médical une définition univoque et indique la complexité de l'ambition scientifique propre à la médecine. Enfin, le texte de Vésale, aux allures de manifeste en faveur de la dissection et celui de l'historien et philosophes des sciences L. Fleck mettent en évidence de façon concrète, et même vécue dans le cas de Vésale, la manière dont le savoir médical s'élabore : avec une part de contingence et d'aléas, selon un rythme imprévisible, des conflits indissolublement théoriques et personnels et un contexte social, historique et culturel plus ou moins favorable. Il convient de rendre compte de tous ces aspects afin d'éviter d'accorder

---

1. G. Chamayou, *Les corps vils : expérimenter sur les êtres humains aux XVIIIe et XIXe siècles*, Paris, La Découverte, 2008.

crédit au mythe d'un savoir élaboré de façon linéaire et indépendamment de tout contexte.

Ce choix de textes reflète par ailleurs la volonté de faire place à différentes traditions, en introduisant notamment ici la pensée herméneutique avec Gadamer. Elle a toute sa place dans une réflexion sur la relation entre philosophie et médecine, aux côtés de textes sélectionnés ici selon une démarche d'histoire et d'épistémologie des sciences « à la française » (Bachelard, Canguilhem, Foucault), fondée sur la lecture et le commentaire de textes-sources, qu'ils soient écrits par des « philosophes » ou non. Les auteurs, Galien, Vésale, Claude Bernard, Ludwig Fleck et plus encore Austin Bradford Hill, ne sont pas à proprement parler des « philosophes », si ce n'est peut-être Galien, qui a revendiqué une double identité intellectuelle et scientifique, celle de médecin et celle de philosophe. Mais leur réflexion participe de façon consubstantielle à la compréhension philosophique des enjeux soulevés par la médecine comme savoir et mode d'acquisition du savoir.

Galien (123-c. 200) constitue une étape liminaire indispensable dans ce parcours pour au moins trois raisons : parce qu'il revendique cette double identité et estime que « le meilleur médecin est aussi philosophe »; parce que sa pensée fait école en Europe jusqu'au XVIIIe siècle ; et enfin parce qu'à travers l'*Esquisse empirique*, il expose un débat entre « empiristes » et « dogmatiques » qui structure durablement le questionnement épistémologique sur la médecine comme savoir et mode d'acquisition du savoir.

C'est pourtant à Galien, ou plus exactement aux médecins de son temps qui suivent Galien à la lettre sans explorer les mystères du corps de leurs propres mains qu'André Vésale s'en prend. Inscrit dans une dynamique de renouveau de la pratique anatomique en Europe, André Vésale y apparaît comme une figure de premier plan, voire comme l'auteur de la révolution copernicienne en médecine, parce qu'il rompt avec la hiérarchie bien établie entre médecins et barbiers, les seconds procédant aux dissections tandis que les premiers lisaient et commentaient en chaire, sans toucher les corps disséqués, les auteurs anciens. *De la fabrique du corps humain*, ouvrage publié en 1543 à Bâle et connu pour sa riche iconographie réalisée par un élève du Titien, Jan Van Calcar, dénonce ainsi de nombreuses erreurs inspirées par Galien. Cependant, son intérêt tient aussi à sa description très engagée du processus par lequel la médecine accumule des connaissances et des circonstances nécessaires à cette dynamique du savoir. La médecine n'est pas un savoir coupé de son temps : lorsque l'époque est « barbare », elle aussi tombe en décadence.

Sur un mode moins passionnel, le médecin et biologiste polonais Ludwig Fleck intègre aussi cette perspective : le savoir médical a une histoire, d'ailleurs partiellement contingente. Cet aspect s'intègre à une théorie de la connaissance, publiée en 1935, selon laquelle la vérité scientifique, médicale ou autre, évolue à un rythme discontinu et non nécessaire et renvoie, dans chacune de ses versions, à un ensemble de croyances et de valeurs qui caractérisent une époque.

Lorsque Claude Bernard publie son *Introduction à la médecine expérimentale* en 1865, le galénisme ne domine plus la pensée médicale. Malgré tout, la connaissance du débat exposé dans l'*Esquisse empirique* et de ses termes est toujours nécessaire à la compréhension de la réflexion épistémologique qui anime Claude Bernard. L'idée d'une médecine des faits, qui renvoie certes au climat positiviste de son époque, est en effet une façon de trancher dans la discussion qui oppose dogmatiques et empiriques. Claude Bernard entend étayer la connaissance physiologique du vivant par des fondements solides : ceux de l'observation, de l'analyse causale et expérimentale et d'une phase de confirmation ou d'information de l'hypothèse. Héritier d'un débat pluriséculaire, Claude Bernard lui confère une inflexion nouvelle décisive à travers la notion d'*expérimentation*, et celle de *médecine scientifique* qu'elle permet de caractériser.

La mise en place des essais cliniques randomisées et leur conception par Austin Bradford Hill illustre à sa manière par la suite l'ambition d'une médecine scientifique et la volonté de fonder l'analyse diagnostique et le savoir médical relatif au corps humain sur des faits. Son intérêt tient dans sa vision statistique du savoir médical certain qu'il développe à partir de sa participaton à des travaux de recherche sur la tuberculose. On estime que c'est à ce moment là de son travail qu'est mis en place le premier protocole d'essais cliniques randomisés, qu'il développera ensuite dans des travaux sur le cancer des poumons : méthode qu'il présente de façon détaillée dans le texte sélectionné ici.

Bibliographie indicative

AMANN J.-P., CHIRON C., DULAC O. et FAGOT-LARGEAULT A., *Épilepsie, connaissance du cerveau et société*, Laval, Presses Universitaires de Laval, 2006.

BACON F., *La nouvelle Atlantide*, trad. fr. M. Le Dœuff, Paris, Flammarion, 1995.

– *Sur le prolongement de la vie et les moyens de mourir*, trad. fr. C. Surprenant, Paris, Rivages, 2002.

DALY J., *Evidence-based medicine and the search for a science of clinical care*, Berkeley, University of California Press, 2004.

DEBRU Cl. et NOUVEL P. (dir.), *Le possible et les biotechnologies*, Paris, PUF, 2003.

GALIEN, *Méthode de traitement*, trad. fr., présentation et notes J. Boulogne, Paris, Gallimard, 2009.

FAGOT-LARGEAULT A., *Problèmes éthiques posés par l'expérimentation sur des sujets humains, l'exemple de la psychiatrie*, Paris 12, Université de Paris Val de Marne, 1983.

—, LEMAIRE Fr. et GHANASSIA J.-P. (éds.), *Consentement éclairé et recherche clinique*, Journées d'éthique médicale Maurice Rapin, Paris, Flammarion, 1994.

LANTÉRI-LAURA G., *Essai sur les paradigmes de la psychiatrie moderne*, Paris, Éditions du temps, 1998.

MOULIN A.-M., *Le dernier langage de la médecine, histoire de l'immunologie de Pasteur au SIDA*, Paris, PUF, 1991.

– *L'aventure de la vaccination*, Paris, Fayard, 1996.

– *Histoire de la médecine arabe : dialogues du passé avec le présent*, Saint-Ouen, Confluent, 1996.

RICŒUR P., « Les trois niveaux du jugement médical » (1997), *Esprit*, 2001, *Le juste II*, p. 227-243.

GALIEN

ESQUISSE EMPIRIQUE *

CHAPITRE 1 INTRODUCTIF
De l'intention de Galien dans ce livre

[42] Tous les médecins qui sont partisans de l'expérimentation, tout comme aussi les philosophes appelés sceptiques, ne voulant pas être nommés d'après un homme réclament qu'on les connaisse par leur disposition d'esprit. C'est ainsi, disent-ils, que les autres sont appelés hippocratiques, érasistréens, praxagoréens ou par quelque autre nom de ce genre, alors qu'eux-mêmes ne s'appellent pas acroniens (c'est pourtant à Acron le premier qu'on a attribué des doctrines empiriques), ni [43] d'après Timon, ni d'après Philinos, ni d'après Sérapion, qui virent après Acron, mais que les autres empiriques se sont donnés comme leurs devanciers. Cela étant donc posé, ce qui leur est commun à tous de manière absolument certaine, c'est que sera considéré comme

---

* Galien, *Die Griechische Empirikerschule, sammlung der Fragmente und Darstellung der Lehre*, K. Deigräber (éd.), Berlin, Weidmann, 1930; trad. fr. *Traités philosophiques et logiques*, P. Pellegrin, C. Dalimier, J.-P. Levet (éd.), Paris, GF-Flammarion, 1998, p. 95-110. Nous donnons la pagination de l'édition Deigräber entre crochets droits [ ].

élève de la secte empirique celui qui s'abstient, dans tout ce qu'il dit, d'accepter quelque chose que l'on pense avoir été trouvé de manière indicative. Ils n'acceptent pas que l'art médical soit constitué de l'indication accompagnée d'expérience, comme le disent tous les dogmatiques, mais de la seule expérience des choses que l'on a rencontrées la plupart du temps de manière semblable. En ayant donc cela à l'esprit, juge chacune des choses qui ont été dites, puisque je montre de la manière la plus sûre de quelle sorte est la doctrine de la secte empirique. Mais supposons que c'est un empirique qui soutient tout ce qui est contenu dans ce livre.

[44] Chapitre 2
Qui dit d'où, selon les empiriques, l'art médical
a pris son origine

Nous disons que l'art médical tire son existence de l'expérience et non de l'indication. Mais nous appelons expérience la connaissance qu'on a de quelque chose par soi-même, alors que l'indication est une connaissance qui vient d'une consécution rationnelle. La perception sensible, en effet, nous conduit à l'expérience, alors que la raison conduit les dogmatiques à l'indication. Une connaissance par une observation par soi-même advient parfois spontanément à ceux qui voient quelque chose (on l'appelle « incidente »), parfois à ceux qui improvisent ou à ceux qui imitent quelqu'une des choses qu'ils ont vues. Sont dites spontanées les choses qui adviennent par hasard ou par nature ; par hasard, par exemple si quelqu'un ayant une douleur à l'arrière de la tête se trouve tomber et, la veine idoine du front s'étant rompue, [45] se trouve secouru par l'hémorragie ; par nature ou naturellement comme quand on a une hémorragie nasale et qu'ensuite on se trouve délivré de sa fièvre. L'expérience improvisée advient par exemple si on trouve un secours à cause du désir qu'on a eu de boire de l'eau froide ou de manger une grenade, une poire ou quelque autre chose, ou si, ayant été mordu dans la montagne par quelque bête sauvage, il arrive à quelqu'un d'appliquer telle herbe [sur sa blessure] et d'y trouver un secours. Nous faisons aussi une expérience imitative dans les cas qui se révèlent avoir ce caractère [secourable] et qui le font deux, trois ou un certain nombre de fois, mais pas un nombre de fois suffisant pour qu'il soit possible de dire si, quand telle chose se produit, telle autre s'ensuit toujours, ou si cela n'arrive que la plupart du temps, ou une fois sur deux, ou rarement. L'expérience fondée sur la pratique, c'est-à-dire savante, advient seulement chez des hommes de l'art, selon quelque ressemblance parmi les choses qu'ils ont trouvées par l'expérimentation. Nous disons que l'expérimentation est une connaissance des choses qui sont apparues un nombre de fois tel qu'elles sont déjà des théorèmes, c'est-à-dire que nous savons si elles sont arrivées toujours, ou la plupart du temps, ou une fois sur deux, ou rarement. Il y a en effet [46] quatre variétés de choses objets de théorèmes. Si bien que nous disons aussi qu'un théorème est la connaissance d'une chose qu'on a vue un certain nombre de fois, en même temps que la faculté de distinguer l'événement qui lui est contraire. La distinction sera donc entre ce qui arrive toujours, c'est-à-dire ce dont le contraire n'apparaît pas, ce qui arrive la plupart du temps, c'est-à-dire ce dont le contraire apparaît mais rarement, ce qui arrive une fois sur deux, c'est-à-dire ce [dont le contraire] apparaît un nombre égal de fois, ce qui arrive rarement, c'est-à-dire ce [dont le contraire] apparaît non pas quelques fois mais la plupart du temps. Quant aux choses pour lesquelles nous n'avons pas une telle distinction, nous disons qu'elles sont sans ordre et la connaissance que nous en avons n'est pas vraiment une partie de l'expérimentation. Ménodote a appelé ce genre d'expérimentation une expérimentation particulière qui n'est pas composée d'autres expérimentations particulières, et il a donc soutenu qu'elle était la première et la plus simple.

CHAPITRE 3
Qui explique par quoi on acquiert les parties de la médecine,
à savoir l'observation par soi-même, l'histoire, le passage
au semblable, l'imitation, l'observation fondée
sur la pratique, spontanée, improvise ; sans que pourtant
toutes ces choses soient ici abordées, mais seulement
certaines d'entre elles

Tout comme un art tout entier se compose de plusieurs expérimentations, à son tour des expérimentations de cette sorte se compose de beaucoup d'expérimentations. Mais le point d'en savoir le nombre est indéterminé et tombe sous le problème logique que certains appellent « sorite ». Ceci est discuté plus longuement dans un autre livre intitulé *De l'expérience médicale*.

Chez les anciens Grecs, j'ai vu l'expression « celui qui observe par soi-même », mais je n'ai pas vu « l'observation par soi-même ». [48] Mais, comme dans d'autres cas, nous parlons, en forgeant un terme, d'« observation par soi-même ». Certes, pour celui qui observe par lui-même, il y a là une certaine opération et non une connaissance, mais les anciens empiriques ont pris l'habitude de dire que l'observation par soi-même est non seulement une opération mais aussi une connaissance, et, qui plus est, ils vont jusqu'à appeler ainsi l'expérimentation elle-même. Quant à nous, nous utiliserons ces dénominations de la même façon et nous appellerons observation par soi-même non seulement toute connaissance de ce qui apparaît, mais aussi l'expérimentation constituée par l'accumulation de beaucoup de telles [connais-sances]. Mais, je ne sais pourquoi, ils ont pris l'habitude d'utiliser le terme d'«observation», comme équivalent de «connaissance» et «mémoire de ce qui a été découvert». C'est aussi pourquoi Théodas a dit que nous acquérons les parties de l'art médical, par lesquelles nous atteignons la plupart du temps notre but, par l'expérimentation, laquelle advient par l'observation par soi-même, par l'histoire et par le passage selon l'analogie; en consé-quence de quoi, ensuite, en définissant l'expérimentation comme ce qui ne diffère en rien de l'observation par soi-même, il dit qu'on appelle expérimentation l'observation totale de ce qui s'est manifesté. À la place de «remémoration» et de «connaissance», il utilise «observation», que l'on appelle aussi «conservation», qui est l'acte de celui qui observe, indiquant par cette dénomi-nation que ce n'est pas proprement qu'on l'appelle remémoration ou connaissance.

Ces termes, donc, ils ne les ont pas utilisés selon l'usage des Grecs. Mais, le terme «fondé sur la pratique», [ils l'emploient] comme les [Grecs]. En effet, l'exercice de l'expérimentation dans les opérations, ils [49] l'appellent «fondé sur la pratique», c'est de là que les Grecs appellent «praticien» celui qui y a pris part, comme ils appellent «empiriste» celui qui possède l'expérimen-tation. Les Grecs n'eurent point coutume de l'appeler «empi-rique», mais ce sont ceux qui établirent la [doctrine] empirique qui s'appelèrent eux-mêmes «empiriques», et ils appellent expé-rimentation non seulement la connaissance d'un seul théorème, mais l'art médical tout entier, dont ils disent qu'il est constitué de l'expérimentation qui observe elle-même – qu'ils appellent obser-vation par soi-même – de l'histoire et du passage au semblable. Par «histoire», ils entendent le fait de rapporter une observation faite par soi-même, par «passage au semblable» une voie menant à l'expérimentation fondée sur la pratique par le biais de la similitude entre les choses qui sont connues par l'expérience.

CHAPITRE 4
Du passage au semblable, de l'histoire par le moyen
de l'enquête et de la description de l'expérimentation

On s'est demandé si Sérapion lui aussi pense que le passage au semblable est la troisième partie constitutive de l'art médical tout entier ; Ménodote a enseigné que non, et il n'a fait que s'en servir. Car ce n'est pas la même chose de s'en servir et de s'en servir comme partie [de l'art médical]. Et le pyrrhonien Cassius, qui a écrit un [50] livre entier sur le sujet, tente de montrer qu'il n'utilise même pas cette sorte de passage. Théodas a fait mieux en disant que cette progression par la similitude était une expérience rationnelle. Quant à certains autres, ils ont dit qu'elle était comme un instrument. Mais il est peut-être mieux de dire que l'histoire elle aussi est comme un instrument et non pas une partie de l'art médical. Mais il en va de même aussi de l'observation, dont j'ai dit qu'elle était tenue pour une opération.

C'est pourquoi, à ce qu'il me semble, Théodas a écrit à ce propos : les parties de l'art médical, par lesquelles nous atteignons notre but, nous viennent par l'expérimentation, qui advient par l'observation par soi-même, par l'histoire et par le passage qui a lieu selon l'analogie. En disant, en effet, qu'on obtient ainsi les parties de l'art médical, [il dit] qu'il est pourtant évident qu'elles sont différentes de [ces parties de l'art médical], et que d'une manière générale elles sont tout entières des faits de remémoration. Et pour cette raison, il serait mieux de décrire l'expérimentation comme la mémoire des choses que l'on a vues souvent. Et si on emploie « observation » pour [51] désigner l'opération,

comme le font les Grecs, et « mémoire » pour désigner la conservation dans l'âme des choses qui ont été vues, il est permis de dire,
en prenant les deux ensemble, que l'expérimentation est l'observation et la remémoration des choses qui ont été vues de multiples
fois et de manière semblable, ou de dire que c'est seulement
la remémoration [de ces choses]. En effet, l'observation est
contenue dans la [mémoire] du fait que nous ne pouvons pas nous
souvenir des choses qui ont été vues de multiples fois et de
manière semblable, à moins d'en faire quelque observation.

CHAPITRE 5
Sur les parties de l'art médical selon les empiriques
et qu'elles sont trois : la sémiotique,
la thérapeutique et l'hygiénique

J'ai donc pensé qu'il serait bon de donner une brève
description de ces matières. Théodas posait que les parties de
toute la médecine étaient la partie sémiotique, la thérapeutique
et celle qu'on appelle l'hygiénique. Il dit que ce par quoi nous
les acquérons c'est l'observation par soi-même, l'histoire et le
passage au semblable, et pour cela ceux qui les appellent les
parties de l'expérimentation tout entière, ne les appellent pas ainsi
sans addition en disant qu'elles sont simplement des parties, mais
[en disant] qu'elles sont des parties constitutives c'est-à-dire
constituant l'art médical tout entier, dont, par ailleurs, les parties
finales sont, disent-ils, la sémiotique, la thérapeutique et l'hygiène,
opposant [ainsi les parties] finales aux [parties] constituantes.

Cependant, pour ceux qui veulent caractériser correctement
les choses, ce ne sont pas là les parties [de l'art médical], mais
des opérations [52] des médecins. Mais la connaissance qui est
dans l'âme, par laquelle le médecin voit des signes, soigne et

prend des précautions hygiéniques, est bien une partie de l'art médical. Mais, maintes fois, ils expriment [de la première manière] par abus de langage, et nous nous exprimons de même, à savoir que ce sont là les parties de l'art médical tout entier : la sémiotique, la thérapeutique et l'hygiène. La sémiotique a comme parties le diagnostic des phénomènes présents et le pronostic des phénomènes futurs. La thérapeutique a la chirurgie, la diététique et la pharmacologie – nous devons nous souvenir qu'ils appellent des mêmes noms les opérations et les disciplines par lesquelles nous opérons. Quant à l'hygiène, certains la gardent indivise, alors que d'autres la divisent en [hygiène] concernant la forme [du corps] et [hygiène] concernant sa bonne condition ; certains ajoutent une partie prophylactique, une partie réparatrice et une partie gérontologique, c'est-à-dire qui s'occupe des vieux. Mais il y en a d'autres qui disent que, certes, ce sont là les subdivisions de l'art médical tout entier, mais qu'elles viennent de la division de réalités neutres, ni saines ni morbides, qui d'après eux, sont trois : les corps, les causes et les signes. Hérophile aussi adoptait cette position, en disant que l'art médical tout entier [53] est la science des réalités saintes, neutres et morbides. Mais ce qui est neutre se retrouve assurément dans les signes comme dans les causes. Il s'ensuit que, si nous entendons garder le point de vue empirique, il faut diviser selon cette division pour pouvoir mieux enseigner ce qui est divisé. Je n'interdis pourtant pas à d'autres de diviser autrement si leur division ne laisse de côté aucune subdivision de l'art. C'est pourquoi Théodas lui aussi au début de [son exposition] des parties de la doctrine dit ceci : « Il faut dire que ses parties – sémiotique, thérapeutique et ce qu'on appelle hygiène – permettent aussi une division en d'autres ». Il n'est donc pas étonnant que certains disent qu'il y a deux doctrines dans l'expérimentation, d'autres trois, d'autres quatre, d'autres cinq. Eux-mêmes disent que ceci n'est pas discordance, mais diversité de vocables, comme s'ils parlaient d'une doctrine [unique] avec des mots différents. Mais quelle est la division qui est conforme à la raison, on le dira un peu plus bas.

[54] CHAPITRE 6
Dans lequel, expliquant d'abord la maladie et les symptômes, on traite de la distinction ou de la détermination qu'il faut faire dans les parties constitutives de l'art médical qui sont le diagnostic, le pronostic et la thérapeutique

Parlons à nouveau des parties constitutives de l'art médical, du moins de celles qui n'ont pas été abordées, car ce sont les plus utiles de toutes. Le médecin qui observe se nomme lui-même empirique et [il nomme] tout son art expérimentation. Comme il est normal, il a, dans un premier temps, observé ce qui est bénéfique et ce qui est nuisible non seulement dans des domaines utiles mais aussi dans des domaines inutiles. Et dans la longue période de temps qui s'étend jusqu'à maintenant, alors que beaucoup d'observateurs ont découvert beaucoup de choses, il s'en trouve beaucoup qui ont été observées en vain. Et c'est pour cette raison que l'histoire est aujourd'hui des plus utiles, comme l'a été auparavant l'observation par soi-même. On a, en effet, observé que la couleur des vêtements est inutile dans beaucoup d'affections, et utiles dans quelques-unes. En effet, à celui qui souffre d'ophtalmie sont utiles les couleurs bleue, verte et noire, alors que le blanc et le brillant lui sont les plus contraires, les autres [couleurs] étant entre ces deux [extrêmes]. De la même manière, on a observé que la couleur rouge exacerbe le mal de ceux qui crachent du sang, alors que dans le cas d'autres affections et d'autres symptômes, on a observé que cette couleur était inutile et sans intérêt; de même pour une table le fait d'être en ivoire ou [55] en bois, ou bien pour un vase le fait d'être en or, en argent ou en verre. Car aucune de ces propriétés n'amène la santé ou la maladie, mais est neutre et sans intérêt. En revanche, ce qui exhale une odeur abominable ou nocive n'est ni sans intérêt ni neutre en ce qui concerne la santé. Car les choses fétides minent les vertus appétitive et digestive, et leur sont contraires les choses qui sont fortes par leurs qualités comme le cyprès, le peuplier noir, le buis, le noyer et cela avant tout quand ils sont frais. C'est pourquoi nous fuyons un lit, une porte ou n'importe quel vase faits d'un bois de ce genre, ainsi que toute odeur qui remplit la tête ou mine l'appétit ou qui a un autre effet semblable. De même, en effet, qu'il est utile de choisir ce qui est profitable, il l'est de fuir ce qui est nuisible; quant à ce qui est neutre, il ne faut ni le choisir ni le fuir. C'est pour cela qu'il est nécessaire que le médecin soit instruit de ces choses, à savoir de ce qui est sain, de ce qui est morbide et de ce qui est neutre, non seulement en ce qui concerne les causes, mais aussi les corps et les signes. Mais il n'y a pas de différence entre dire avoir la science et dire avoir la connaissance, de même entre « être expert », « être instruit de », [56] « apprendre un art ou une science ». Il n'y a pas de différence non plus à dire qu'une inflammation, si l'on prend ce cas au hasard, est une affection ou une maladie. Mais il y a une différence [à parler] de symptôme, du fait que le symptôme est une chose simple et unique et non pas composée d'une agrégation de plusieurs choses. Une douleur au côté est un symptôme, ainsi qu'une toux ou qu'un crachat sanguinolent, jaune ou livide. La dyspnée n'est pas moins un symptôme, de même qu'une chaleur contre nature. L'agrégation qui résulte de tous [les symptômes], les Grecs l'appellent une maladie ou une affection, ainsi qu'une souffrance ou une infirmité. Or nous utilisons les termes, autant que faire se peut, selon l'usage des Grecs, et si nous l'ignorons, c'est selon un accord mutuel. Il est donc suffisant, dans la mesure où l'on veut communiquer clairement ou enseigner et apprendre, d'appeler simplement symptôme l'une quelconque des choses contre nature – comme [57] une couleur, une tumeur, une inflammation, une dyspnée, un refroidissement, une douleur, une toux – et [d'appeler] affection ou maladie le concours de ces [symptômes]. C'est en effet ainsi que l'on appelé tous les empiriques avant nous, non qu'ils aient ainsi appelé n'importe quelle agrégation de symptômes, mais [seulement] dans le cas où ils affectaient en même temps le corps du malade, connaissaient en même temps leur augmentation, leur arrêt, leur déclin et leur fin. C'est pourquoi, pour donner un tour concis à leur doctrine, ils ont posé un seul nom pour chaque concours [de symptômes], le dénommant d'après l'un des [symptômes] qui le composent, par exemple ils parlent de pleurésie et de péripneumonie selon la partie affectée, de phlegmon ou de phrénitis d'après un symptôme quelconque; parfois ils dénomment à partir d'une similitude, par exemple pour l'éléphantiasis et le cancer; parfois ils fabriquent eux-mêmes le nom entier, par exemple l'œdème ou le squirre. Ces affections, donc, [58] qui adviennent et augmentent en même temps, et qui s'arrêtent, déclinent et cessent en même temps, ils les appellent « co-invasives », et celles [qui vont ensemble] le plus souvent « concourantes ». Des concours de symptômes eux-mêmes certains font diagnostiquer une affection – on les appelle « diagnostiques » – d'autres indiquent à l'avance ce qui va arriver – on les appelle « pronostiques » – d'autres provoquent la remémoration d'une thérapeutique – on les appelle « thérapeutiques ». Mais tous ces concours de symptômes nous les connaissons à partir de l'observation, les conviant à notre mémoire, nous en servant enfin en nous les remémorant. En effet, nous utilisons l'expérimentation on observant et en nous remémorant ce que nous avons vu accompagner quoi, être antérieur à quoi, être postérieur à quoi, et cela toujours, la plupart du temps, une fois sur deux ou rarement. Toujours, par exemple, la mort dans le cas d'une blessure au cœur; la plupart du temps, par exemple, la purgation par la scammonée; une fois sur deux, par exemple, la mort dans le cas d'une blessure à la dure mère; rarement, par exemple, la survie dans le cas d'une blessure au cerveau. Enfin, dans tous les cas, il est nécessaire de distinguer et de déterminer ce qui est propre par rapport à ce qui est commun, selon la constitution de l'art, que nous établissons à partir de l'observation et de la mémoire, et ensuite selon l'enseignement de cette constitution. [59] La plupart des empiriques, ou peut-être tous, appellent cela non pas une détermination mais une distinction, sans oublier la vanité des dénominations. Conservant cette attitude, nous dirons qu'il n'y a pas de différence à utiliser l'une ou l'autre des deux expressions, pour peu qu'on distingue ce qui est propre de ce qui est commun par des connaissances évidentes. Il est en effet permis, quand deux choses existantes sont une par les signifiants qu'on leur assigne, alors qu'elles sont différentes selon la distinction des choses, d'appeler cela distinction dans les signifiants et détermination dans les choses. Dans les deux cas, ce qui est propre est séparé de ce qui est commun, mais il faut, comme Platon avait l'habitude de le faire, mépriser les dénominations, mais ne pas négliger l'exactitude des notions. [Il est en effet nécessaire de distinguer ce qui est propre de ce qui est commun]. Dans le diagnostic des affections, il faut procéder ainsi : une fièvre aiguë avec dypsnée, toux et salive colorée, si quelqu'un demande de quelle maladie c'est le concours de symptômes, nous répondrons que le concours de symptômes susdit est commun à la pleuritis et à la péripneumonie, mais que, cependant, il ne correspond complètement à aucun des deux cas, mais manque de quelque chose et est tronqué. Mais si l'on ajoute aux [symptômes] précédents une douleur aiguë au côté et un pouls saccadé [60] et fort avec de la tension, l'affection sera une pleuritis; mais s'il n'y a pas douleur au côté et que le pouls n'est pas dur, que le sujet ne peut respirer qu'en ayant le corps droit et s'il s'y ajoute une sensation d'angoisse qui fait que le sujet croit suffoquer, on appelle ce concours de symptômes une péripneumonie.

Ainsi donc, dans le diagnostic des affections, qu'ils appellent aussi sémiologie, on distingue ce qui est commun de ce qui est propre à chaque cas particulier. Dans le pronostic, les choses se passent ainsi : si quelqu'un demande ce qu'un nez aigu, des yeux creux, des battements aux tempes signifient pour le futur, nous dirons que, s'ils adviennent dans le cas d'une maladie fortement chronique, [ces symptômes] signifient un dommage léger, [61] mais s'ils adviennent au principe [d'une maladie], ils [signifient] un danger de mort à très courts terme. Telle est donc la première détermination, selon le temps de la maladie. Une autre [détermination] se prend de ce qui est arrivé auparavant, à savoir s'il y a évacuation importante mais pas du fait d'une diarrhée ou d'une purgation par une drogue, ou s'il y a insomnie ou faim. Dans le traitement, la distinction entre ce qui est commun et ce qui est propre se fait ainsi : faut-il ou non pratiquer la phlébotomie au pleuritique ? Nous disons, en effet, qu'il ne faut pas pratiquer la phlébotomie à n'importe qui, mais à celui qui présente un concours de symptômes de ce qu'on appelle la pleuritis, ou, s'il ne l'a pas, à quelqu'un qui soit fort et jeune, et encore pas à tous ceux qui sont dans ce cas. Si, en effet, celui qui a ce concours de symptômes pleuritiques est un vieillard ou un petit enfant, il nous faudra nous garder de pratiquer la phlébotomie, et de même pour quelqu'un qui vit dans une région très froide, par exemple en Scythie, et au moment le plus chaud de l'été pendant lequel nous voyons beaucoup de gens affectés de syncopes, on n'a pas besoin de phlébotomie. Mais cela ne suffit pas à soi seul. Il y a, en effet, d'autres déterminations qui sont les suivantes : si la douleur atteint la clavicule, il faut plutôt user de phlébotomie, si c'est l'hypocondre, de purgation.

[62] CHAPITRE 7
Qui, pour conclure ce qui a été dit dans le chapitre précédent sur la détermination, en pose la définition, et dit en même temps en quoi les empiriques et les dogmatiques diffèrent sur le concours de symptômes, tant dans les termes qu'ils emploient que dans leur manière de rendre compte des causes

Telle est la détermination de la chose, qu'ils décrivent en disant que c'est un discours qui distingue ce qui est propre à chaque cas particulier de ce qui est commun, et ils l'appellent, comme je l'ai dit, non pas détermination, mais distinction. Quant à nous, qu'on l'appelle détermination ou distinction, nous ne ferons pas de différence, pour peu que nous préservions les différences des concours de symptômes selon les empiriques et selon les dogmatiques. En effet, les [concours de symptômes] que je viens de passer en revue peuvent être différenciés à partir de [critères] évidents, alors que ceux des dogmatiques ne peuvent pas l'être à partir de [critères] évidents. Mais c'est aussi en cela que le raisonnement empirique diffère du raisonnement dogmatique : l'un porte sur des choses évidentes, l'autre sur des choses non apparentes. Ils appellent le raisonnement qui leur est propre « épilogisme », et celui des dogmatiques « analogisme », ne voulant pas partager même leur [63] terminologie. De la même manière, ils appellent les énoncés les plus succincts non pas des définitions, mais des descriptions. Et, assurément, rien n'empêcherait de dire qu'une définition empirique est le discours approprié à une chose, constitué des éléments qui lui appartiennent de manière évidente, alors que la [définition] des dogmatiques est certes propre [à la chose], mais n'est pas constituée d'éléments apparaissant de manière évidente. Tels sont donc les différents qu'ils ont sur la terminologie, laquelle peut être utilisée avec superbe ou avec modestie, comme le font souvent les empiriques en employant [des termes] en un sens détourné. Mais sur les réalités, les empiriques et les dogmatiques diffèrent entre eux comme on l'a dit en commençant, en ce que les empiriques n'ajoutent foi qu'aux choses qui sont évidentes aux sens, et à celles dont, à partir des premières, ils ont la mémoire, alors que les dogmatiques [ajoutent foi] non seulement à ces choses-là, mais aussi à celles que l'on découvre rationnellement par consécution naturelle indépendamment de l'observation.

Mais l'empirique recourt non seulement aux définitions et aux déterminations supplémentaires tirés de ce qui est évident, mais aussi à des explications causales et à des démonstrations tirées de choses préalablement connues de manière évidente par les sens. Pose, en effet, que, dans le cas d'une jambe démise avec une plaie, [64] on demande au médecin pour quelle cause il ne remet pas le membre ; il répondra que c'est parce qu'il a été observé que remettre [un membre] dans ces conditions entraîne un spasme. Nous devons, en effet, garder à l'esprit qu'il ne faut jamais rien énoncer que l'on tirer d'une suite logique, mais toujours d'une observation évidente et de la mémoire. C'est donc de cette manière que l'empirique constitue l'art médical et l'enseigne aux autres. En cela, il diffère énormément de celui qui met en œuvre une doctrine irrationnelle, car celui-ci entreprend beaucoup de choses de manière indéterminée. L'empirique n'en diffère pas moins en ce qu'il s'aide de l'histoire. Cela, en effet, nous est nécessaire du fait de la vaste étendue de l'art, puisqu'il ne nous est pas possible de tout découvrir en nous en tenant à la vie d'un seul homme. En effet, nous accumulons tout cela et le rassemblons de partout, en ayant recours aux livres de nos prédécesseurs. Ainsi, si ceux qui ont écrit sur ces sujets les avaient découverts, un par un, avant de les consigner par écrit, à la manière dont un empirique aurait pu les découvrir en usant de déterminations, alors toutes ces choses seraient vraies dans l'état où elles ont été consignées par écrit par ces auteurs ; mais du fait que certains accordent créance à une expérience sans détermination, que d'autres n'ont pas vu de multiples fois ce qu'ils consignent par écrit, que d'autres ont suivi des conjectures rationnelles, ils n'ont pas écrit [65] selon la vérité sur certains sujets, et pour cela il nous est nécessaire non pas de croire simplement tout ce qui a été écrit par nos prédécesseurs, mais il faut l'éprouver avant de s'en servir. Et c'est là l'un des aspects qui appartiennent à l'expérience, mais ils n'appartiennent pas à ceux qui mettent en œuvre une doctrine irrationnelle. Ménodote les appelle « praticiens », ayant forgé ce terme à partir du mot « pratiquant » que les anciens médecins employaient habituellement pour désigner ceux qui sont exercés en quelque matière. De sorte qu'il te faut appeler « pratiquant » celui qui est accompli dans l'exercice de quelque [activité] et qui a appris une théorie [tirée de l']exercice, et « praticien » celui qui touche à l'art de manière irrationnelle, c'est-à-dire ni en sachant déterminer ni en appliquant son intellect à l'histoire ; et s'il n'y applique pas [son intellect], il n'essayera pas de la juger.

ANDRÉ VÉSALE

LA FABRIQUE DU CORPS HUMAIN[*]

Au divin Charles Quint, le très grand et invincible empereur, préface d'André Vésale à ses livres sur l'anatomie du corps humain.

1. S'il est vrai que divers obstacles entravent l'exercice des arts et des sciences, nuisent à leur étude approfondie et en restreignent les effets heureux dans la pratique, je suis d'avis, Charles, Empereur très clément, qu'un sérieux préjudice est causé par la spécialisation excessive des disciplines auxiliaires de chaque art et, bien plus encore, par la répartition fâcheuse des activités entre divers praticiens. Ainsi, ceux-là mêmes qui se sont donné pour tâche la maîtrise d'un art, s'attachent-ils à ce point à l'une des branches de celui-ci que, ne pouvant plus s'en dégager, ils délaissent les autres qui tendent cependant au même résultat. Ils ne produisent dès lors rien de remarquable et, n'atteignant jamais la fin qu'ils se sont proposée, ils s'écartent sans retour de la véritable nature de l'art.

* A. Vésale, *La fabrique du corps humain* (*De humani corporis fabrica*), préface, éd. bilingue et trad. fr. L. Bakelants, Arles, Actes-Sud-INSERM, 1987, p. 19-51.

2. C'est de la science qui est la sauvegarde de la santé des hommes, de loin la plus utile de toutes celles que conçut le génie humain, plus que toutes indispensable, mais difficile à l'extrême et requérant un pénible labeur, que j'entends parler quelque temps, passant les autres sous silence. Rien de plus pernicieux ne pouvait se produire – surtout après l'invasion des Goths et la mort d'Al Mansour, roi de Boukhara en Perse (sous son règne les Arabes et, tout comme eux, les Grecs nous demeuraient, à juste titre, familiers) – que la désagrégation de la médecine au point que son arme primordiale, l'intervention chirurgicale au cours du traitement, fut tellement négligée, qu'elle parut abandonnée à des mains serviles, nullement initiées aux disciplines relevant de l'art médical.

3. Il y eut autrefois trois écoles de médecine : la Logique, l'Empirique et la Méthodique ; sans distinction, les maîtres de ces sectes fixèrent à leur art un but unique : la conservation de la santé et l'extermination des maladies. Chacun, d'après les enseignements de son école, ramenait à cela les exigences de son art. Il était fait appel à des remèdes de trois espèces : le régime alimentaire, l'emploi des médicaments et enfin la chirurgie. Cette dernière nous laisse entendre que la médecine consiste avant tout à suppléer à ce qui fait défaut et à enlever le superflu. Jamais, lorsque nous intervenons médicalement, elle ne nous abandonne dans le traitement des maladies : le temps et l'expérience nous ont appris combien ses bienfaits sont salutaires au genre humain.

4. Cette triple thérapeutique était également familière aux médecins de toutes les sectes ; ils n'hésitaient pas, lorsque la nature de l'affection le réclamait, à prêter au traitement le concours de leurs propres mains et ils accordaient à ce travail autant de soin qu'à l'institution du régime, qu'au choix et à la composition des médicaments. Le divin Hippocrate notamment en apporte la preuve éclatante, surtout dans les traités parfaits

qu'il consacra aux devoirs du médecin, aux fractures, aux luxations des articulations et autres maux de ce genre. Galien aussi, ce prince de la médecine, après Hippocrate, se fait gloire de s'être vu confier, à lui seul, le soin des gladiateurs de Pergame. À un âge déjà avancé, il refusa d'abandonner à ses serviteurs la peine d'écorcher les singes qu'il se proposait de disséquer. Il nous dit souvent le plaisir qu'il prenait aux techniques chirurgicales et l'application avec laquelle il s'y livrait, semblable en cela aux autres médecins de l'Asie. Enfin, il n'apparaît pas que parmi les Anciens il en serait un qui n'aurait pas accordé une égale attention à transmettre à la postérité aussi bien les traitements chirurgicaux que ceux qui consistent en régimes ou en médicaments.

5. Hélas! après les ravages des invasions barbares, toutes les sciences, auparavant merveilleusement florissantes et exercées selon les règles, allèrent à leur perte. Ce fut en Italie d'abord que les médecins les plus réputés, pleins de répugnance pour le travail manuel – ils suivaient en cela l'exemple des anciens Romains – commencèrent à se décharger sur des serviteurs des interventions chirurgicales qu'ils jugeaient nécessaires d'opérer sur leurs malades; ils se contentaient d'y assister, comme des architectes aux travaux. Petit à petit, les autres aussi se dérobèrent aux servitudes du véritable exercice de la médecine, sans pour autant réduire en rien leurs honoraires ou leurs profits, et devinrent bientôt indignes des anciens médecins. Le soin d'accommoder les aliments et, ce qui est plus grave, toute l'institution du régime furent abandonnés aux gardes-malades, la composition des médicaments aux apothicaires, les interventions chirurgicales aux barbiers. Le temps aidant, le système thérapeutique fut misérablement écartelé : les médecins, se parant du grand nom de physicien, se bornèrent à s'attribuer la prescription des médicaments et du régime pour les affections internes, abandonnant à ceux qu'ils appellent chirurgiens, et qui leur tiennent lieu de domestiques, la

branche la plus important et la plus ancienne de la médecine, celle qui (et je doute qu'il y en ait d'autre), au premier chef, s'appuie sur l'observation de la nature. Cependant, aujourd'hui encore, chez les Hindous, ce sont surtout les rois qui l'exercent; les Perses, par droit d'héritage – comme ce fut le cas, jadis, dans la famille des Asclépiades – la transmettent à leurs enfants; les Thraces, avec beaucoup d'autres nations, la cultivent et la vénèrent. Hélas! Cette partie de l'art médical fut presque entièrement négligée : autrefois beaucoup de gens la prétendaient inventée pour berner l'humanité et la mener à sa perte : aussi la bannirent-ils de la République, arguant qu'elle n'arrivait à aucun résultat sans l'assistance de la nature, mais que, bien au contraire, en cherchant à seconder celle-ci dans sa lutte contre la maladie, il lui arrivait plus d'une fois de ruiner ses efforts et d'entraver son action. C'est à cet état d'esprit aussi que nous devons les habituels brocards lancés aux médecins et les railleries qui éclaboussent un art très vénérable. Et pendant ce temps des hommes formés aux disciplines libérales n'éprouvent aucune honte à se laisser arracher la partie de la médecine, qui constituera à jamais son plus beau titre de gloire !

6. En effet, lorsque Homère, source de toute inspiration, affirme que le médecin est supérieur à bien d'autres gens et lorsqu'il célèbre, avec tous les poètes de la Grèce, Podalire et Machaon, ces fils du divin Esculpae sont vantés, non pour avoir calmé une petite poussée de fièvre – que, dans la plupart des cas, la seule nature est plus prompte à guérir sans intervention de médecin – ni pour avoir administré des potions en cas de maladies cachées et incurables, mais surtout pour avoir présidé à la guérison de luxations, de fractures, de contusions, de blessures, d'autres dérangements semblables et d'hémorragies, et pour avoir délivré des flèches et des traits et d'autres maux de cette sorte (ce sont là accidents inhérents à la guerre et qui réclament

toujours l'action diligente d'un médecin) les magnanimes guerriers d'Agamemnon.

7. Je ne préconise nullement de préférer une méthode médicale aux autres : le triple instrument thérapeutique, dont j'ai parlé plus haut, ne supporte ni la division, ni le partage et intéresse un seul et même praticien ; en vue de son emploi judicieux, il faut que toutes les branches de la médecine, sans distinction soient organisées et disposées de façon à ce que chacune d'elles atteigne des résultats pratiques d'autant plus heureux que ses recours aux autres auront été plus abondants. Il est extrêmement rare, en effet, qu'une maladie se présente qui ne requière sur-le-champ les triples ressources de nos soins : l'institution d'un régime alimentaire convenable, les médicaments et, enfin, l'une ou l'autre intervention chirurgicale. Aussi est-ce notre devoir de mettre en garde les débutants dans notre art contre les critiques malveillantes de ces fameux physiciens : qu'ils passent outre et appliquent, à l'exemple des Grecs, les préceptes essentiels de notre art et de la raison en contribuant de leurs mains au traitement de la maladie. Sans cela, ils transformeront la médecine, désormais mutilée, en fléau pour la vie commune des hommes. Les avertissements les plus nets en ce sens sont lancés par les médecins les plus irréprochables et les plus savants de notre temps ; ce sont les mêmes pourtant que nous voyons fuir les interventions chirurgicales comme la peste : ils craignent surtout que les pontifes de la médecine ne les fassent passer pour des barbiers auprès du public ignorant et qu'ils ne doivent ensuite se contenter, comme eux, d'honoraires médicaux réduits de moitié, sans parler des marques d'honneur et d'estime diminuées d'autant, de la part de la masse mal informée et même des grands. En effet, c'est avant tout cette détestable opinion du nombre qui, même en ce siècle, nous empêche de remplir complètement notre tâche de médecin. En nous réservant le traitement des maladies internes, nous ne

portons, à vrai dire, nos efforts que sur une partie infime de la médecine, et cela au grand dam de l'humanité. En effet, du moment où la préparation tout entière des médicaments a été abandonnée aux apothicaires, les médecins ont bientôt complètement perdu la connaissance nécessaire des médicaments simples. Ils furent responsables de l'abandon, sous des noms barbares et faux, de nombre d'entre eux dans les officines pharmaceutiques et de la perte de recettes très raffinées des Anciens, dont de nombreuses nous échappent complètement. Ils ont ainsi abandonné un champ de travail fécond aux savants de notre époque et de la précédente, qui se sont attachés avec une telle application à l'étude des simples que leurs efforts pour lui restituer son ancien lustre semblent avoir abouti pour une grande part. Hélas! la néfaste répartition entre praticiens des différentes modalités du traitement porta un coup plus redoutable, infligea une défaite plus atroce encore, à la partie de la philosophie naturelle embrassant l'anatomie humaine et qui est regardée, à juste titre, comme le fondement le plus solide de l'art médical et le principe même de sa constitution; Hippocrate et Platon en faisaient tant de cas qu'ils n'hésitèrent pas à lui attribuer le premier rôle dans la médecine. Anciennement, les médecins n'épargnaient aucun effort pour s'en rendre maîtres, mais elle entra en décadence complète dès qu'ils déléguèrent à d'autres les opérations manuelles et perdirent toute notion pratique d'anatomie.

8. Comme les médecins jugeaient que seul le traitement des affections internes était de leur ressort et pensaient que la connaissance des viscères leur suffisait amplement, ils négligèrent comme si elle ne les regardait pas, la structure des os, des muscles, des nerfs, des veines et des artères qui irriguent les os et les muscles. Ajoutez à cela que l'abandon aux barbiers de toute la pratique fit non seulement perdre aux médecins toute connaissance réelle des viscères, mais aussi toute habileté, à tel point

qu'ils ne s'y livrèrent plus. Cependant, les barbiers à qui ils avaient abandonné la technique étaient tellement ignorants qu'ils étaient incapables de comprendre les écrits des professeurs de dissection ; peu s'en faut que ce soit des gens de cette espèce qui aient conservé pour nous cet art extrêmement difficile que nous avons déposé entre leurs mains et que ce déplorable démembrement de l'art de guérir n'ait introduit dans les Écoles le détestable usage de confier aux uns le dissection du corps humain pendant que les autres commentent les particularité des organes. Ces derniers, à la façon des geais, parlant de choses qu'ils n'ont jamais abordées de près, mais qu'ils ont prises dans les livres et confiées à leur mémoire, sans jamais regarder les objets décrits, plastronnent, juchés sur leur chaire, et y vont de leur couplet. Les autres sont tellement ignorants des langues qu'ils ne peuvent fournir aux spectateurs des explications sur les pièces disséquées ; il leur arrive aussi de lacérer les organes que le physicien leur ordonne de montrer. Celui-ci, qui n'a jamais mis la main à une dissection, se contente de son commentaire et mène sa barque en pilote ombrageux. Ainsi, tout est enseigné de travers ; les journées passent à des questions ridicules et, dans tout ce tumulte, on présente aux assistants moins de choses qu'un boucher, à l'abattoir, ne pourrait en montrer à un médecin ; et je ne parle pas des Écoles où l'idée de disséquer l'organisme humain n'est guère venue à l'esprit ; voilà à quel point l'antique médecine a vu, depuis d'assez nombreuses années déjà, ternir son ancien éclat.

9. Mais poursuivons. La médecine, dans le climat si favorable de notre siècle (dont les dieux ont voulu confier la prudente conduite à Ton génie), commençait à revivre depuis quelque temps avec toutes les autres disciplines et à relever la tête des profondes ténèbres où elle était tombée. Dans certaines Universités, elle semblait presque avoir recouvré, sans discussion possible, son antique éclat, mais rien ne lui manquait autant que

la connaissance perdue des organes du corps humain. Incité par l'exemple de tant d'hommes distingués, je jugeai, pour ma part, que je devais assumer cette tâche avec les moyens dont je disposais; alors que tous, avec beaucoup de succès, entreprenaient quelque chose dans l'intérêt des études communes, je ne pouvais me complaire dans l'inaction et, pour ne pas être indigne de mes ancêtres, tous médecins de valeur, je décidai de retirer des ténèbres cette branche de la philosophie naturelle, non que j'eusse l'espoir de lui rendre la perfection qu'en d'autres circonstances elle connut chez les anciens docteurs en dissection, mais pour que nous puissions affirmer une bonne fois et sans honte que notre méthode de dissection soutient la comparaison avec l'antique et qu'en notre temps aucune discipline ne fut à la fois aussi près de sa disparition et aussi rapidement restituée dans son ancienne intégrité que l'anatomie.

10. Mon effort n'aurait pas abouti si, pendant mes études de médecine à Paris, je n'avais mis personnellement la main à la tâche et si je m'étais contenté des quelques viscères qu'au cours de l'une ou l'autre dissection publique, nous montraient, à moi et à mes camarades, superficiellement et sans insister, des barbiers d'une rare incompétence : telle était la négligence avec laquelle on enseignait alors l'anatomie, la même où nous avons vu renaître et prospérer la médecine ! Je m'exerçai moi-même par quelques dissections d'animaux et, lors de la troisième séance à laquelle il me fut donné d'assister (et qui, comme d'habitude se limitait aux viscères), exhorté par mes condisciples et mes maîtres, j'exécutai moi-même la dissection, et le fis plus correctement qu'on n'y était habitué. Au cours de la seconde que j'entrepris, je m'efforçai de montrer les muscles de la main en même temps qu'une section plus soignée des viscères. En effet, à part les huit muscles de l'abdomen honteusement lacérés et présentés dans un ordre défectueux, personne, à vrai dire, ne m'avait jamais montré aucun

muscle, ni d'ailleurs un os quelconque et moins encore un réseau de nerfs, de veines ou d'artères.

11. Bientôt les troubles de la guerre m'obligèrent de rentrer à Louvain, où, depuis dix-huit ans, les médecins n'avaient même plus songé à l'anatomie. Pour me rendre utile aux étudiants de l'Université et me perfectionner moi-même dans une branche très peu connue, mais, selon moi, avant toute autre nécessaire à l'ensemble de la médecine, j'exposai encore plus soigneusement qu'à Paris la structure de l'organisme humain, en illustrant mon cours de dissections. Aussi, à l'heure actuelle, les plus jeunes professeurs de cette Université semblent consacrer un grand et sérieux effort à la connaissance précise des parties du corps humain et ils comprennent parfaitement quels remarquables sujets de méditation cette connaissance leur fournira.

12. Enfin, à Padoue, dans l'École la plus célèbre de l'Univers (le cours d'anatomie qui s'y rattache à la chaire de médecine chirurgicale qui m'a été confiée il y a cinq ans par l'Illustrissime Conseil de Venise, si généreux pour les études scientifiques), j'ai consacré mes soins diligents aux recherches sur la structure de l'homme et, rejetant les méthodes ridicules en usage dans les autres Universités, je me suis occupé de l'anatomie et je l'ai enseignée de façon à ce que rien de ce que nous ont transmis les Anciens ne restât dans l'ombre.

13. Par indolence, hélas, les médecins n'ont pas eu souci de nous conserver les écrits d'Eudème, d'Hérophile, de Marinus, d'André, de Lycus et des autres maîtres de la dissection. Pas le moindre fragment ne subsiste de tant d'illustres auteurs, et pourtant, Galien en mentionne plus de vingt dans son second commentaire sur le livre d'Hippocrate *De la nature humaine*. Bien plus, la moitié à peine des livres anatomiques du maître a été sauvée de la destruction. Quant aux disciples de Galien, parmi lesquels je range Oribase, Théophile, les Arabes et quelques-uns

des nôtres, l'examen critique de tous ceux qu'il m'a été donné de lire révèle que chaque fois qu'ils ont laissé une page digne d'être lue (qu'ils me pardonnent ces paroles!), ils se sont écartés du maître. En outre, celui qui pratique la dissection remarque immédiatement que rien ne leur est plus étranger qu'une telle activité. Ainsi, les plus éminents d'entre eux, par fidélité à je ne sais quelle méthode d'exposition et se fiant au mépris des autres pour la dissection, s'obstinèrent à condenser honteusement Galien en de méchants abrégés sans jamais s'écarter, fût-ce de la largeur d'un ongle, de ce qu'il a enseigné. Au contraire, au frontispice de leurs livres, ils proclament que leurs écrits ne sont qu'une nouvelle mouture des théories de Galien et ils vont jusqu'à lui attribuer ce qui émane d'eux.

14. Tous accordent un si complet crédit qu'il serait impossible de trouver un médecin qui admette que la plus légère erreur ait jamais été relevée dans ses livres d'anatomie et, moins encore, la possibilité d'en relever une. Entre-temps (notons que Galien se corrige souvent, rectifie, à la lumière de l'expérience, des erreurs commises dans un livre précédent et expose ainsi, à peu de distance, des théories contradictoires), la pratique rénovée de la dissection, l'interprétation critique des livres de Galien et les émendations justifiées apportées à plusieurs passages, nous démontrent clairement qu'il n'a jamais procédé lui-même à la dissection d'un cadavre humain encore frais. Induit en erreur par ses dissections de singe (admettons qu'il les ait pris pour des cadavres humains desséchés et préparés pour un examen des os), il lui arriva fréquemment de taxer indûment d'erreur les anciens médecins qui avaient pratiqué la dissection d'êtres humains. Bien plus, on pourrait trouver chez lui de très nombreuses conclusions erronées en ce qui concerne les singes mêmes. Sans autrement insister, on ne peut qu'être vivement étonné du fait qu'aucune des multiples et infinies différences entre les organes du corps

humain et ceux du singe n'ait été observée par Galien, sinon aux doigts et à l'articulation du genou : cette particularité eût sans doute été omise, comme les autres, si elle ne lui avait pas été révélée en dehors de toute dissection de cadavre humain.

15. Mais je n'ai pas entrepris, pour le moment, de relever les théories fausses de Galien, le premier des professeurs de dissection, d'autant moins que je ne voudrais point passer pour sacrilège à l'égard de l'initiateur de tous nos biens, ni manquer de respect à son autorité. En effet, je n'ignore pas combien les médecins (différents en cela des sectateurs d'Aristote) sont troublés lorsque au cours d'une seule démonstration anatomique, comme j'en fais dans les écoles, ils constatent que Galien s'est écarté bien plus que deux cents fois de la description correcte de l'agencement des parties du corps, de leur rôle et fonction ; pourtant, avec le plus ardent désir de le défendre, ils inspectent avec minutie les moindres parties disséquées. Eux aussi sont guidés par l'amour de la vérité ; peu à peu ils s'apaisent et finissent par ajouter plus de foi à leurs yeux et à leur raison agissante qu'aux écrits de Galien. Ces vérités, qui heurtent l'opinion commune, ne sont pas des miettes ramassées aux expériences d'autrui et ne reposent pas uniquement sur un grand nombre d'autorités en la matière : c'est pour cela que dans leurs lettres, qui partent dans toutes les directions, ils les exposent en détail à leurs amis et les soumettent à leur examen ; ils les exhortent à la connaissance de la véritable anatomie avec tant de sollicitude et d'amitié qu'on peut concevoir l'espoir que, sous peu, cette science sera cultivée dans toutes les Universités avec la même application que jadis à Alexandrie.

16. Pour que cet espoir se réalise, sous les auspices encore plus favorables des Muses, j'ai essayé pour ma part (sans parler des ouvrages traitant la même matière que j'ai publiés ailleurs et que des plagiaires, me croyant loin de l'Allemagne, éditèrent comme leurs dans ce pays) de condenser l'histoire naturelle des

parties du corps humain en sept livres, dans l'ordre même que j'ai l'habitude de suivre, dans cette ville, à Bologne ou à Pise, quand j'expose mon cours où se pressent une foule d'hommes savants. Ainsi, ceux qui assistèrent à mes dissections posséderont des commentaires sur ce que je leur ai montré et pourront montrer l'anatomie aux autres avec moins de peine. Du reste, pour que mon ouvrage ne soit pas sans profit pour tous ceux à qui l'observation expérimentale est refusée, j'ai développé assez longuement les passages qui traitent du nombre, de la position de chaque partie du corps humain, de sa forme, de sa substance, de sa connexion avec les autres organes, et de nombreux détails que nous avons l'habitude de scruter lorsque nous disséquons; j'ai insisté aussi sur la technique de la dissection des corps morts et vivants; enfin, dans le texte suivi de l'exposé, j'ai inséré des représentations si fidèles des divers organes qu'elles semblent placer un corps disséqué devant les yeux de ceux qui étudient les œuvres de la Nature. Dans le premier livre, j'explique dans le détail la nature de tous les os et des cartilages; comment ils soutiennent les autres parties du corps, dont la description vient après; c'est par eux que doivent s'amorcer les connaissances de l'étudiant en Anatomie. Le second livre traite des ligaments dont le rôle est d'unir entre eux les os et les cartilages, et ensuite des muscles, qui exécutent les mouvements conçus par notre volonté. Le troisième est consacré au réseau si dense des veines, qui portent aux muscles, aux os et aux autres parties du corps le sang familier qui les nourrit, ainsi que des artères, qui modèrent la température de la chaleur intérieure et de l'esprit vital. Le quatrième n'expose pas seulement la succession des nerfs, qui transportent aux muscles l'esprit animal, mais aussi celle de tous les organes de cette espèce. Le cinquième explique la structure des organes affectés à la nutrition, qui se fait par l'absorption de boissons et d'aliments; il contient aussi, en raison de la proximité de leur siège, l'étude des instruments que le suprême Créateur a mis à notre disposition pour la propagation de l'espèce. Le sixième est consacré au cœur, principe de la faculté vitale, et aux organes qui secondent son action. Le septième traite du système du cerveau et des sens, sans revenir sur le faisceau des nerfs, qui partent du cerveau et qui ont déjà été étudiés dans le quatrième livre. De fait, dans l'élaboration du plan de ces livres, j'ai suivi l'opinion de Galien, qui est d'avis qu'après avoir parcouru l'histoire naturelle des muscles, il faut passer à l'étude anatomique des veines, des artères, des nerfs et, en dernier lieu, des viscères. Quant à celui qui a hâte – et il n'a pas tort, surtout lorsqu'il est apprenti en cette science – de parvenir à une connaissance poussée de la distribution des vaisseaux et des viscères, mon Epitome lui en fournit l'occasion. J'ai conçu cet ouvrage comme un raccourci de ces livres, comme un abrégé de ce qui y est enseigné : il est rehaussé par la splendeur de son dédicataire, le sérénissime Prince Philippe, fils de Votre majesté et image vivante des vertus paternelles.

17. Ici me vient à l'esprit l'opinion de certains qui condamnent catégoriquement le fait de proposer aux étudiants en histoire naturelle des dessins, quelque excellents qu'ils soient, non seulement des plantes mais aussi des parties du corps humain ; il importe d'apprendre ces matières, non d'après des images, mais par la dissection soigneuse et l'observation directe des choses. Je me rangerais volontiers à leur avis, si ces images très ressemblantes – plaise au ciel que les typographes ne les détériorent jamais – avaient été jointes au texte dans le but d'encourager les étudiants à se contenter des planches et à s'abstenir de la dissection des corps, mais la vérité n'est-elle pas plutôt, qu'avec tous les moyens dont je dispose, j'exhorte les candidats en médecine à s'y livrer de leurs propres mains ? Assurément, je le concède, s'il s'était maintenue jusqu'à nos jours la coutume antique d'exercer,

à domicile, les jeunes gens à la pratique de la dissection et ensuite aux éléments du dessin et de la lecture, nous pourrions nous passer, non seulement de figures, mais de tout commentaire écrit, comme les Anciens eux-mêmes, qui ne se mirent à composer des livres sur la technique de la dissection que le jour où ils estimèrent légitime de communiquer les secrets de l'art, non seulement à leurs propres enfants, mais également aux étrangers dont ils admiraient la vertu.

18. En effet, dès qu'on cessa d'exercer les jeunes gens à la dissection, une étude moins féconde de l'anatomie alla de pair avec l'abolition des exercices habituels qui les formaient dès l'enfance. À tel point que, lorsque l'art médical sortit de la famille des Asclépiades et déclina de siècle en siècle, le besoin de livres se fit sentir pour conserver l'intégrité de la doctrine. Combien les représentations graphiques contribuent à la compréhension de celle-ci (ne placent-elles pas sous les yeux l'objet lui-même avec une intensité plus grande que le discours le plus explicite?), il n'est personne qui ne l'ait expérimenté en géométrie et dans les autres disciplines mathématiques. Quoi qu'il en soit, dans tout cet ouvrage, j'ai visé à ce but unique : être utile au plus grand nombre dans les études les moins accessibles et les plus ardues de toute ; j'ai voulu traiter à fond, en me conformant strictement à la vérité des choses, l'histoire naturelle de l'organisme humain, qui comprend, non pas dix ou douze (comme pourrait le croire un spectateur distrait), mais plus de mille parties différentes, pour contribuer ainsi à la compréhension des livres de Galien sur cette matière, qui, parmi les autres monuments de ce maître, requièrent le commentaire d'un précepteur; ce sera là, pour les candidats médecins, un appoint à ne pas négliger.

19. Il ne m'échappe pas qu'à cause de mon âge – je n'ai pas vingt-huit ans révolus – mon ouvrage manquera d'autorité et qu'à cause des dénonciations fréquentes des fausses théories de

Galien, il sera encore moins à l'abri des attaques de ceux qui ne se sont pas appliqués à l'anatomie, comme nous, dans les Universités italiennes, ainsi que des vieillards se rongeant d'envie devant les découvertes valables des jeunes et qui rougiront, avec les autres disciples de Galien, d'avoir vu trouble jusqu'à ce jour et de n'avoir pas remarqué, malgré le grand nom qu'ils s'arrogent dans l'art, ce que nous leur présentons aujourd'hui : à moins que ce livre ne paraisse au grand jour sous de favorables auspices, recommandé, comme c'est l'usage, par la protection efficace de quelque divin génie. Comme aucun nom n'est plus grand et plus durable que celui du divin Charles, notre invincible et très grand Empereur, et qu'il consiste à la fois la protection la plus sûre et l'ornement le plus éclatant, je supplie votre Majesté de permettre que, sous la conduite et la brillante protection de celui-là même à qui, pour de multiples raisons, il doit tout, cet ouvrage de jeunesse puisse circuler tel quel entre les mains du public jusqu'au jour où, avec un jugement et une érudition mûris par l'expérience et par l'âge, je le rend digne du Prince le plus élevé et le plus magnanime, ou que j'offre à celui-ci une nouvelle œuvre appréciable puisée aux sources de notre art. Je ne suis pas loin de penser que dans le domaine médical, bien plus, dans celui de la philosophie naturelle tout entière, rien n'est plus agréablement accueilli par Votre Majesté que l'histoire naturelle, qui nous apporte des lumières sur le corps et sur l'âme, sur la puissance agissante et quasi divine qui résulte de leur harmonie, et, connaissance vraiment digne de l'homme, sur nous-mêmes. J'ai plusieurs raisons pour le croire, mais je le déduis en premier lieu du fait que parmi le plus grand nombre de livres dédiés à votre aïeul Maximilien, le plus grand des Empereurs romains, d'heureuse mémoire, aucun ne fut plus apprécié qu'un opuscule traitant de ces matières. Et jamais je n'oublierai non plus avec quel plaisir vous avez examiné mes *Tables anatomiques*, avec quel intérêt vous avez posé des questions sur chacune d'elles, lorsque mon père, André Vésale, pharmacien principal et sujet très fidèle de Votre Majesté, vous les présenta un jour pour que vous y jetiez un coup d'œil. Et je ne dis rien, ni de l'intérêt incroyable que vous portez à toutes les disciplines scientifiques, mais surtout aux mathématiques et particulièrement à la branche qui concerne le monde et les astres, ni de votre compétence en ce domaine, admirable pour un héros tel que vous. À tel point qu'il me semble impossible que vous soyez uniquement captivé par la cosmologie : vous serez charmé aussi par l'étude de l'organisme de la plus parfaite parmi les créatures et vous prendrez plaisir à l'examen attentif de ce qui est l'asile à la fois et l'instrument de notre âme immortelle, et que les Anciens, pour ses correspondances à plus d'un égard remarquables avec l'Univers, ont justement qualifié de microcosme. J'ai jugé superflu de vanter ici la connaissance la plus digne de l'homme et la plus utile, celle de la structure de son organisme, discipline à laquelle les Romains les plus éminents et les plus remarquables par leurs conceptions philosophiques ne dédaignèrent pas de consacrer leur peine en toute circonstance ; de même, me souvenant du fameux Alexandre le Grand, qui ne voulait d'autre peintre qu'Apelle, d'autre bronzier que Lysippe, d'autre sculpteur que Pyrgatèle, je n'ai pas pensé non plus devoir énumérer ici vos mérites, craignant que mon discours aride et maladroit ne les plonge dans les ténèbres au lieu de les couvrir de lumière. D'autant plus qu'il faut rejeter, me semble-t-il, les usages reçus en matière de préfaces : en vue d'une récompense insignifiante, on fait appel aux lieux communs et aux formules consacrées, pour attribuer à tous les dédicataires – sans aucun discernement et souvent au-delà de leurs mérites réels – une science qui force le respect, une prudence singulière, une admirable bienveillance, un jugement vif, une générosité sans limites, une remarquable sollicitude pour les lettrés et les études, une décision rapide et réfléchie, en un mot, la somme de toutes les vertus. Sans que j'en parle ici, il n'est personne qui ne soit convaincu que, sur ce point, sa Majesté surpasse tous les mortels, tant par la dignité et le bonheur de sa vie que par les triomphes que lui valurent ses exploits. Aussi, de son vivant encore, elle est honorée comme un être divin et suprême : je forme le vœu que les dieux, dans l'intérêt des études et de l'Univers entier, ne prennent ombrage de cette situation, mais la maintiennent et la sauvegardent très longtemps encore pour notre salut et notre bonheur. Padoue, aux Calendes d'août de la 1542e année de Notre Seigneur.

CLAUDE BERNARD

DES OBSTACLES PHILOSOPHIQUES QUE RENCONTRE LA MÉDECINE EXPÉRIMENTALE *

Il y a bien longtemps que l'on dit et que l'on répète que les médecins physiologistes les plus savants sont les plus mauvais médecins et qu'ils sont les plus embarrassés quand il faut agir au lit du malade. Cela voudrait-il dire que la science physiologique nuit à la pratique médicale ? Et dans ce cas, je me serais placé à un point de vue complètement faux. Il importe donc d'examiner avec soin cette opinion qui est le thème favori de beaucoup de médecins praticiens et que je considère pour mon compte comme entièrement erronée et comme étant toujours éminemment nuisible au développement de la médecine expérimentale.

D'abord considérons que la pratique médicale est une chose extrêmement complexe dans laquelle interviennent une foule de questions d'ordre social et extra-scientifiques. Dans la médecine pratique vétérinaire elle-même, il arrive souvent que la thérapeutique se trouve dominée par des questions d'intérêt ou d'agriculture.

* Cl. Bernard, *Introduction à la médecine expérimentale*, III, *La médecine empirique et la médecine expérimentale ne sont point incompatibles; elles doivent être au contraire inséparables l'une de l'autre*, chap. IV, Paris, J.-B. Baillière, 1865, p. 359-380 (BIUM collection Medic@).

Je me souviens d'avoir fait partie d'une commission dans laquelle il s'agissait d'examiner ce qu'il y avait à faire pour prévenir les ravages de certaines épizooties de bêtes à cornes. Chacun se livrait à des considérations physiologiques et pathologiques dans le but d'établir un traitement convenable pour obtenir la guérison des animaux malades, lorsqu'un vétérinaire praticien prit la parole pour dire que la question n'était pas là, et il prouva clairement qu'un traitement qui guérirait serait la ruine de l'agriculteur, et que ce qu'il y avait de mieux à faire, c'était d'abattre les animaux malades en en tirant le meilleur parti possible. Dans la médecine humaine, il n'intervient jamais de considérations de ce genre, parce que la conservation de la vie de l'homme doit être le seul but de la médecine. Mais cependant le médecin se trouve souvent obligé de tenir compte, dans son traitement, de ce qu'on appelle l'influence du moral sur le physique, et par conséquent, d'une foule de considérations de famille ou de position sociale qui n'ont rien à faire avec la science. C'est ce qui fait qu'un médecin praticien accompli doit non seulement être un homme très instruit dans sa science, mais il doit encore être un homme honnête, doué de beaucoup d'esprit, de tact et de bon sens. L'influence du médecin praticien trouve à s'exercer dans tous les rangs de la société. Le médecin est, dans une foule de cas, le dépositaire des intérêts de l'État, dans les grandes opérations d'administration publique ; il est en même temps le confident des familles et tient souvent entre ses mains leur honneur et leurs intérêts les plus chers. Les praticiens habiles peuvent donc acquérir une grande et légitime puissance parmi les hommes, parce que, en dehors de la science, ils ont une action morale dans la société. Aussi, à l'exemple d'Hippocrate, tous ceux qui ont eu à cœur la dignité de la médecine, ont toujours beaucoup insisté sur les qualités morales du médecin.

Je n'ai pas l'intention de parler ici de l'influence sociale et morale des médecins ni de pénétrer dans ce qu'on pourrait appeler les mystères de la médecine pratique, je traite simplement le côté scientifique et je le sépare afin de mieux juger de son influence. Il est bien certain que je ne veux pas examiner ici la question de savoir si un médecin instruit traitera mieux ou plus mal son malade qu'un médecin ignorant. Si je posais la question ainsi, elle serait absurde ; je suppose naturellement deux médecins également instruits dans les moyens de traitement employés en thérapeutique, et je veux seulement examiner si, comme on l'a dit, le médecin *savant*, c'est-à-dire celui qui sera doué de l'esprit expérimental, traitera moins bien son malade que le médecin *empirique*, qui se contentera de la constatation des faits en se fondant uniquement sur la tradition médicale, ou que le médecin *systématique*, qui se conduira d'après les principes d'une doctrine quelconque.

Il y a toujours eu dans la médecine deux tendances différentes qui résultent de la nature même des choses. La première tendance de la médecine qui dérive des bons sentiments de l'homme, est de porter secours à son semblable quand il souffre, et de le soulager par des remèdes ou par un moyen moral ou religieux. La médecine a donc dû, dès son origine, se mêler à la religion, en même temps qu'elle s'est trouvée en possession d'une foule d'agents plus ou moins énergiques ; ces remèdes trouvés par hasard ou par nécessité se sont transmis ensuite par tradition simple ou avec des pratiques religieuses. Mais après ce premier élan de la médecine qui partait du cœur pour ainsi dire, la réflexion a dû venir, et en voyant des malades qui guérissaient seuls, sans médicaments, on fut porté à se demander, non seulement si les remèdes qu'on donnait étaient utiles, mais s'ils n'étaient pas nuisibles. Cette première réflexion ou ce premier raisonnement médical, résultat de l'étude des malades, fit reconnaître dans l'organisme vivant une force médicatrice spontanée, et l'observation apprit qu'il

fallait la respecter et chercher seulement à la diriger et à l'aider
dans ses tendances heureuses. Ce doute porté sur l'action curative
des moyens empiriques, et cet appel aux lois de l'organisme
vivant pour opérer la guérison des maladies, furent le premier
pas de la médecine scientifique, accompli par Hippocrate. Mais
cette médecine, fondée sur l'observation, comme science, et sur
l'expectation, comme traitement, laissa encore subsister d'autres
doutes. Tout en reconnaissant qu'il pouvait être funeste pour le
malade de troubler par des médications empiriques les tendances
de la nature quand elle sont heureuses, on dut se demander si d'un
autre côté il ne pouvait pas être possible et utile pour le malade
de les troubler et de les modifier quand elles sont mauvaises. Il ne
s'agissait donc plus d'être simplement un médecin qui dirige et
aide la nature dans ses tendances heureuses : *Quo vergit natura,
eo ducendum*, mais d'être aussi un médecin qui combat et domine
la nature dans ses tendances mauvaises : *medicus naturae supera-
tor*. Les *remèdes héroïques*, les *panacées universelles*, les *spécifiques* de Paracelse et autres ne sont que l'expression empirique
de cette réaction contre la médecine hippocratique, c'est-à-dire
contre l'expectation.

La médecine expérimentale, par sa nature même de science
expérimentale, n'a pas de système et ne repousse rien en fait de
traitement ou de guérison de maladies ; elle croit et admet tout,
pourvu que cela soit fondé sur l'observation et prouvé par l'expérience. Il importe de rappeler ici, quoique nous l'ayons déjà bien
souvent répété, que ce que nous appelons médecine expérimentale n'est point une théorie médicale nouvelle. C'est la médecine
de tout le monde et de tous les temps, dans ce qu'elle a de solide-
ment acquis et de bien observé. La médecine scientifique expérimentale va aussi loin que possible dans l'étude des phénomènes
de la vie ; elle ne saurait se borner à l'observation des maladies,
ni se contenter de l'expectation, ni s'arrêter à l'administration

empirique des remèdes; mais il lui faut de plus étudier expérimentalement le mécanisme des maladies et l'action des remèdes pour s'en rendre compte scientifiquement. Il faut surtout introduire dans la médecine l'esprit analytique de la méthode expérimentale des sciences modernes; mais cela n'empêche pas que le médecine expérimentateur doit être avant tout un bon observateur, il doit être profondément instruit dans la clinique, connaître exactement toutes les maladies, avec toutes leurs formes normales, anormales ou insidieuses, être familiarisé avec tous les moyens d'investigation pathologiques et avoir, comme l'on dit, un diagnostic sûr et un bon pronostic; il devra en outre être ce qu'on appelle un thérapeutiste consommé et savoir tout ce que les essais empiriques ou systématiques ont appris sur l'action des remèdes dans les diverses maladies. En un mot, le médecin expérimentateur possèdera toutes les connaissances que nous venons d'énumérer comme doit le faire tout médecin instruit, mais il différera du médecin systématique en ce qu'il ne se conduira d'après aucun système; il se distinguera des médecins hippocratistes et des médecins empiriques en ce qu'au lieu d'avoir pour but l'*observation* des maladies et la constatation de l'action des remèdes, il voudra aller plus loin et pénétrer, à l'aide de l'*expérimentation*, dans l'explication des mécanismes vitaux. En effet, le médecin hippocratiste se trouve satisfait quand, par l'observation exacte, il est arrivé à bien caractériser une maladie dans son évolution, à connaître et à prévoir à des signes précis ses diverses terminaisons favorables ou funestes, de manière à pouvoir intervenir s'il y a lieu pour aider la nature, la diriger vers une terminaison heureuse; il croira que c'est là l'objet que doit se proposer la science médicale. Un médecin empirique se trouve satisfait quand, à l'aide de l'empirisme, il est parvenu à savoir qu'un remède donné guérit une maladie donnée, à connaître exactement les doses suivant lesquelles il faut l'administrer et les cas

dans lesquels il faut l'employer ; il pourra croire aussi avoir atteint
les limites de la science médicale. Mais le médecin expérimentateur, tout en étant le premier à admettre et à comprendre
l'importance scientifique et pratique des notions précédentes sans
lesquelles la médecine ne saurait exister, ne croira pas que la
médecine, comme science, doive s'arrêter à l'observation et à la
connaissance empirique des phénomènes, ni se satisfaire de
systèmes plus ou moins vagues. De sorte que le médecin hippocratique, l'empirique et le médecin expérimentateur ne se distingueront aucunement par la nature de leurs connaissances ; ils
se distingueront seulement par le point de vue de leur esprit, qui
les portera à pousser plus ou moins loin le problème médical. La
puissance médicatrice de la nature invoquée par l'hippocratiste et
la force thérapeutique ou autre imaginée par l'empirique paraî-
tront de simples hypothèses aux yeux du médecin expérimentateur. Pour lui, il faut pénétrer à l'aide de l'expérimentation dans
les phénomènes intimes de la machine vivante et en déterminer le
mécanisme à l'état normal et à l'état pathologique. Il faut rechercher les causes prochaines des phénomènes normaux qui toutes
doivent se trouver dans des conditions organiques déterminées et
en rapport avec des propriétés de liquides ou de tissus. Il ne suffi-
rait pas de connaître empiriquement les phénomènes de la nature
minérale ainsi que leurs effets, mais le physicien et le chimiste
veulent remonter à leur condition d'existence, c'est-à-dire à leurs
causes prochaines afin de pouvoir régler leur manifestation. De
même il ne suffit pas au physiologiste de connaître empiriquement les phénomènes normaux et anormaux de la nature vivante,
mais il veut, comme le physicien et le chimiste, remonter aux
causes prochaines de ces phénomènes, c'est-à-dire de leur condition d'existence. En un mot, il ne suffira pas au médecin expérimentateur comme au médecin empirique de savoir que le
quinquina guérit la fièvre ; mais ce qui lui importe surtout, c'est de

savoir ce que c'est que la fièvre et de se rendre compte du mécanisme par lequel le quinquina la guérit. Tout cela importe au médecin expérimentateur, parce que, dès qu'il le saura, le fait de guérison de la fièvre par le quinquina ne sera plus un fait empirique et isolé, mais un fait scientifique. Ce fait se rattachera alors à des conditions qui le relieront à d'autres phénomènes et nous serons conduits ainsi à la connaissance des lois de l'organisme et à la possibilité d'en régler les manifestations. Ce qui préoccupe surtout le médecin expérimentateur, c'est donc de chercher à constituer la science médicale sur les mêmes principes que toutes les autres sciences expérimentales. Voyons actuellement comment un homme animé de cet esprit scientifique devra se comporter au lit du malade.

L'hippocratisme, qui croit à la nature médicatrice et peu à l'action curative des remèdes, suit tranquillement le cours de la maladie; il reste à peu près dans l'expectation en se bornant à favoriser par quelques médications simples les tendances heureuses de la nature. L'emprique qui a foi dans l'action des remèdes comme moyen de changer la direction des maladies et de les guérir, se contente de constater empiriquement les actions médicamenteuses sans chercher à en comprendre scientifiquement le mécanisme. Il n'est jamais dans l'embarras; quand un remède a échoué, il en essaye un autre; il a toujours des recettes ou des formules à son service pour tous les cas, parce qu'il puise, comme on dit, dans l'arsenal thérapeutique qui est immense. La médecine empirique est certainement la plus populaire de toutes. On croit dans le peuple que, par la suite d'une sorte de compensation, la nature a mis le remède à côté du mal, et que la médecine consiste dans l'assemblage de recettes pour tous les maux qui nous ont été transmis d'âge en âge et depuis l'origine de l'art de guérir. Le médecin expérimentateur est à la fois hippocratiste et empirique en ce qu'il croit à la puissance de la nature et à l'action des remèdes ; seulement il peut comprendre ce qu'il fait ; il ne lui suffit pas d'observer ou d'agir empiriquement, mais il veut expérimenter scientifiquement et comprendre le mécanisme physiologique de la production de la maladie et le mécanisme de l'action curative du médicament. Il est vrai qu'avec cette tendance d'esprit, s'il était exclusif, le médecin expérimentateur se trouverait autant embarrassé que le médecin empirique l'était peu. En effet, dans l'état actuel de la science, on comprend si peu de chose dans l'action des médicaments, que, pour être logique, le médecin expérimentateur se trouverait réduit à ne rien faire et à rester le plus souvent dans l'expectation que lui commanderaient ses doutes et ses incertitudes. C'est dans ce sens qu'on a pu dire que le médecin savant était toujours le plus embarrasssé au lit du malade. Cela est très vrai, il est réellement embarrassé, parce que d'une part sa conviction est que l'on peut agir à l'aide de moyens médicamenteux puissants, mais d'un côté son ignorance du mécanisme de ces actions le retient, car l'esprit scientifique et expérimental répugne absolument à produire des effets et à étudier des phénomènes sans chercher à les comprendre.

Il y aurait évidemment excès de ces deux dispositions radicales de l'esprit chez l'empirique et chez l'expérimentateur ; dans la pratique il doit y avoir fusion de ces deux points de vue, et leur contradiction apparente doit disparaître. Ce que je dis ici n'est point une sorte de transaction ou d'accommodement pour faciliter la pratique médicale. Je soutiens une opinion purement scientifique parce qu'il me sera facile de prouver que c'est l'union raisonnée de l'empirisme et de l'expérimentation qui constitue la vraie méthode expérimentale. En effet, nous avons vu qu'avant de prévoir les faits d'après les lois qui les régissent, il faut les avoir observés empiriquement ou par hasard ; de même qu'avant d'expérimenter en vertu d'une théorie scientifique, il faut avoir expérimenté empiriquement ou *pour voir*. Or, l'empirisme, sous ce rapport, n'est pas autre chose que le premier degré de la méthode expérimentale ; car, ainsi que nous l'avons dit, l'empirisme ne peut pas être un état définitif ; l'expérience vague et inconsciente qui en résulte et qu'on peut appeler le tact médical, est transformée ensuite en notion scientifique par la méthode expérimentale qui est consciente et raisonnée. Le médecin expérimentateur sera donc d'abord empirique, mais, au lieu d'en rester là, il cherchera à traverser l'empirisme pour en sortir et arriver au second degré de la méthode expérimentale, c'est-à-dire à l'expérience précise et consciente que donne la connaissance expérimentale de la loi des phénomènes. En un mot, il faut subir l'empirisme, mais vouloir l'ériger en système est une tendance antiscientifique. Quant aux médecins systématiques ou doctrinaires, ce sont des empiriques qui, au lieu de recourir à l'expérimentation, relient de pures hypothèses ou bien les faits que l'empirisme leur a appris à l'aide d'un système idéal dont ils déduisent ensuite leur ligne de conduite médicale.

Par conséquent, je pense qu'un médecin expérimentateur qui, au lit d'un malade, ne voudrait employer que les médicaments dont il comprend physiologiquement l'action, serait dans une exagération qui lui ferait fausser le vrai sens de la méthode expérimentale. Avant de comprendre les faits, l'expérimentateur doit d'abord les constater et les débarrasser de toutes les causes d'erreurs dont ils pourraient être entachés. L'esprit de l'expérimentateur doit donc, d'abord, s'appliquer à recueillir les observations médicales ou thérapeutiques faites empiriquement. Mais il fait plus encore, il ne se borne pas à soumettre au critérium expérimental tous les faits empiriques que la médecine lui offrira ; il ira au-devant. Au lieu d'attendre que le hasard ou des accidents lui enseignent l'action des médicaments, il expérimentera empiriquement sur les animaux, afin d'avoir des indications qui le dirigent dans les essais qu'il fera ultérieurement sur l'homme.

D'après ce qui précède, je considère donc que le véritable médecin expérimentateur ne doit pas être plus embarrassé au lit d'un malade qu'un médecin empirique. Il fera usage de tous les moyens thérapeutiques que l'empirisme conseille ; seulement, au lieu de les employer, d'après une autorité quelconque, et avec une confiance qui tient de la superstition, il les administrera avec le doute philosophique qui convient au véritable expérimentateur ; il en contrôlera les effets par des expériences sur les animaux et par des observations comparatives sur l'homme, de manière à déterminer rigoureusement la part d'influence de la nature et du médicament dans la guérison de la maladie. Dans le cas où il serait prouvé à l'expérimentateur que le remède ne guérit pas, et à plus forte raison s'il lui était démontré qu'il est nuisible, il devrait s'abstenir et rester, comme l'hippocratiste, dans l'expectation. Il y des médecins praticiens qui, convaincus jusqu'au fanatisme de l'excellence de leurs médications, ne comprendraient pas la critique expérimentale thérapeutique dont je viens de parler. Ils disent qu'on ne peut donner aux malades que des médicaments dans lesquels on a foi, et ils pensent qu'administrer à son semblable un remède dont on doute, c'est manquer à la moralité médicale. Je n'admets pas ce raisonnement qui conduirait à chercher à se tromper soi-même afin de tromper les autres sans scrupules. Je pense, quant à moi, qu'il vaut mieux chercher à s'éclairer afin de ne tromper personne.

Le médecin expérimentateur ne devra donc pas être, comme certaines personnes semblent le croire, un simple physiologiste qui attendra les bras croisés que la médecine expérimentale soit constituée scientifiquement avant d'agir auprès de ses malades. Loin de là, il doit employer tous les remèdes connus empiriquement, non seulement à l'égal de l'empirique, mais aller même au-delà et essayer le plus possible de médicaments nouveaux d'après les règles que nous avons indiquées plus haut. Le médecin expérimentateur sera donc, comme l'empirique, capable de porter secours aux malades avec tous les moyens que possède la médecine pratique; mais de plus, à l'aide de l'esprit scientifique qui le dirige, il contribuera à fonder la médecine expérimentale, ce qui doit être le plus ardent désir de tous les médecins qui pour la dignité de la médecine voudraient la voir sortir de l'état où elle est. Il faut, comme nous l'avons dit, subir l'empirisme comme un état transitoire et imparfait de la médecine, mais non l'ériger en système. Il ne faudrait donc pas se borner, comme on a pu le dire, à faire des *guérisseurs* empiriques dans les facultés de médecine; ce serait dégrader la médecine et la rabaisser au niveau d'une industrie. Il faut inspirer avant tout aux jeunes gens l'esprit scientifique et les initier aux notions et aux tendances des sciences modernes. D'ailleurs faire autrement serait en désaccord avec le grand nombre de connaissances que l'on exige d'un docteur, uniquement afin qu'il puisse cultiver les sciences médicales, car on exige beaucoup moins de connaissances d'un officier de santé qui doit simplement s'occuper de la pratique empirique.

Mais on pourra objecter que la médecine expérimentale dont je parle beaucoup, est une conception théorique dont rien pour le moment ne justifie la réalité pratique, parce qu'aucun fait ne démontre qu'on puisse atteindre en médecine la précision scientifique des sciences expérimentales. Je désire autant que possible ne laisser aucun doute dans l'esprit du lecteur ni aucune ambiguïté dans ma pensée; c'est pourquoi je vais revenir en quelques mots sur ce sujet, en montrant que la médecine expérimentale n'est que l'épanouissement naturel de l'investigation médicale *pratique* dirigée par un esprit scientifique.

J'ai dit plus haut que la commisération et l'empirisme aveugle ont été les premiers moteurs de la médecine; ensuite la réflexion est venue amenant le doute, puis la vérification scientifique. Cette évolution médicale peut se vérifier encore chaque jour autour de nous; car chaque homme s'instruit dans les connaissances qu'il acquiert, comme l'humanité dans son ensemble.

L'expectation avec l'aide qu'elle peut donner aux tendances de la nature ne saurait constituer qu'une méthode incomplète de traitement. Il faut souvent aussi agir contrairement aux tendances de la nature; si par exemple une artère est ouverte, il est clair qu'il ne faudra pas favoriser la nature qui fait sortir le sang et amène la mort; il faudra agir en sens contraire, arrêter l'hémorragie et la vie sera sauvée. De même, quand un malade aura un accès de fièvre pernicieuse, il faut agir contrairement à la nature et arrêter la fièvre si l'on veut guérir son malade. L'empirique peut donc sauver un malade que l'expectation aurait laissé mourir, de même que l'expectation aura pu permettre la guérison d'un malade que l'empirique aurait tué. De sorte que l'empirisme est aussi une méthode insuffisante de traitement en ce qu'elle est incertaine et souvent dangereuse. Or la médecine expérimentale n'est que la réunion de l'expectation et de l'empirisme éclairés par le raisonnement et l'expérimentation. Mais la médecine expérimentale ne peut arriver que la dernière et c'est alors seulement que la médecine est devenue scientifique. Nous allons voir, en effet, que toutes les connaissances médicales se recommandent et sont nécessairement subordonnées les unes aux autres dans leur évolution.

Quand un médecin est appelé auprès d'un malade, il doit faire successivement le *diagnostic*, le *pronostic* et le *traitement* de la maladie. Le diagnostic n'a pu s'établir que par l'observation; le médecin qui reconnaît une maladie ne fait que la rattacher à l'une des formes de maladies déjà observées, connues et décrites. La marche et le pronostic de la maladie sont également donnés par l'observation; le médecin doit savoir l'évolution de la maladie, sa durée, sa gravité afin d'en prédire le cours et l'issue. Ici la statistique intervient pour guider le médecin, parce qu'elle apprend la proportion de cas mortels, et si de plus l'observation a montré que les cas heureux ou malheureux sont reconnaissables à certains signes, alors le pronostic devient plus certain. Enfin arrive le traitement ; si le médecin est hippocratiste, il se bornera à l'expectation ; si le médecin est empirique, il donnera des remèdes, en se fondant encore sur l'observation qui aura appris, par des expérimentations ou autrement, que tel remède a réussi dans cette maladie un certain nombre de fois ; si le médecin est systématique il pourra accompagner son traitement d'explications vitalistes ou autres et cela ne changera rien au résultat. C'est la statistique seule qui sera encore ici invoquée pour établir la valeur du traitement.

Tel est, en effet, l'état de la médecine empirique qui est une méthode *conjecturale*, parce qu'elle est fondée sur la statistique qui réunit et compare des cas analogues ou plus ou moins semblables dans leurs caractères extérieurs, mais indéterminées dans leurs causes prochaines.

Cette médecine *conjecturale* doit nécessairement précéder la médecine *certaine*, que j'appelle la médecine expérimentale parce qu'elle est fondée sur le *déterminisme* expérimental de la cause de la maladie. En attendant, il faut bien se résigner à faire de la médecine conjecturale ou empirique, mais je le répète encore, quoique je l'aie déjà dit bien souvent, il faut savoir que la médecine ne doit pas en rester là et qu'elle est destinée à devenir expérimentale et scientifique. Sans doute nous sommes loin de cette époque où l'ensemble de la médecine sera devenue scientifique, mais cela ne nous empêche pas d'en concevoir la possibilité et de faire tous nos efforts pour y tendre en cherchant dès aujourd'hui à introduire dans la médecine la méthode qui doit nous y conduire.

La médecine deviendra nécessairement expérimentale d'abord dans les maladies les plus facilement accessibles à l'expérimentation. Je choisirai parmi celles-ci un exemple qui me servira à faire comprendre comment je conçois que la médecine empirique puisse devenir scientifique. La gale est une maladie dont le déterminisme est aujourd'hui à peu près scientifiquement établi; mais il n'en a pas toujours été ainsi. Autrefois, on ne connaissait la gale et son traitement que d'une manière empirique. On pouvait alors faire des suppositions sur les rétrocessions ou les dépôts de gale et établir des statistiques sur la valeur de telle ou telle pommade pour obtenir la guérison de la maladie. Aujourd'hui que la cause de la gale est connue et déterminée expérimentalement, tout est devenu scientifique, et l'empirisme à disparu. On connaît l'acare et on explique par lui la contagion de la gale, les altérations de la peau et la guérison qui n'est que la mort et l'acare par des agents toxiques convenablement appliqués. Aujourd'hui il n'y a plus d'hypothèse à faire sur les métastases de la gale, plus de statistique à établir sur son traitement. On guérit *toujours* et sans exception quand on se place dans les conditions expérimentales connues pour atteindre ce but[a].

Voilà donc une maladie qui est arrivée à la période expérimentale et le médecin en est maître tout aussi bien qu'un physicien ou un chimiste sont maîtres d'un phénomène de la nature minérale. Le médecin expérimentateur exercera successivement son influence sur les maladies dès qu'il en connaîtra expérimentalement le *déterminisme* exact, c'est-à-dire la cause prochaine. Le médecin empirique, même le plus instruit, n'a jamais la sûreté de l'expérimentateur. Un des cas les plus clairs de la médication empirique est la guérison de la fièvre par la quinine. Cependant cette guérison est loin d'avoir la certitude de la guérison de la gale. Les maladies qui ont leur siège dans le milieu organique extérieur, telles que les maladies épiphytiques et épizoaires seront plus faciles à étudier et à analyser expérimentalement;

---

a. Hardy, *Bulletin de l'Académie de médecine*, Paris, 1862-64, t. XXIX, p. 546.

elles arriveront plus vite à devenir des maladies dont le déterminisme sera obtenu et dont le traitement sera scientifique. Mais, plus tard, et à mesure que la physiologie fera des progrès, on pourra pénétrer dans le milieu intérieur, c'est-à-dire dans le sang, y découvrir les altérations parasitiques ou autres qui seront les causes des maladies et déterminer les actions médicamenteuses physico-chimiques ou spécifiques capables d'agir dans ce milieu intérieur pour modifier les mécanismes pathologiques qui y ont leur siège et qui de là retentissent sur l'organisme tout entier.

Dans ce qui précède se trouve résumée la manière dont je conçois la médecine expérimentale. Elle n'est rien d'autre chose, ainsi que je l'ai répété bien souvent, que la conséquence de l'évolution toute naturelle de la médecine scientifique. En cela, la médecine ne diffère pas des autres sciences qui toutes ont traversé l'empirisme avant d'arriver à leur période expérimentale définitive. En chimie et en physique on a connu empiriquement l'extraction des métaux, la fabrication des verres grossissants, etc., avant d'en avoir la théorie scientifique.

L'empirisme a donc aussi servi de guide à ces sciences pendant leurs temps nébuleux ; mais ce n'est que depuis l'avènement des théories expérimentales que les sciences physiques et chimiques ont pris leur essor si brillant comme sciences appliquées, car il faut se garder de confondre l'empirisme avec la science appliquée. La science appliquée suppose toujours la science pure comme point d'appui. Sans doute la médecine traversera l'empirisme beaucoup plus lentement et beaucoup plus difficilement que les sciences physico-chimiques, parce que les phénomènes organiques dont elle s'occupe sont beaucoup plus complexes mais aussi parce que les exigences de la pratique médicale, que je n'ai pas à examiner ici, contribuent à retenir la médecine dans le domaine des systèmes personnels et s'opposent ainsi à l'avènement de la médecine expérimentale. Je n'ai pas à revenir, ici, sur ce que j'ai si amplement développé ailleurs, à savoir, que la spontanéité des êtres vivants ne s'oppose pas à l'application de la méthode expérimentale, et que la connaissance du déterminisme simple ou complexe des phénomènes vitaux est la seule base de la médecine scientifique.

Le but d'un médecin expérimentateur est de découvrir et de saisir le déterminisme initial d'une série de phénomènes morbides obscurs et complexes; il dominera ainsi tous les phénomènes secondaires; c'est ainsi que nous avons vu qu'en se rendant maître de l'acare qui est la cause de la gale, on maîtrise naturellement tous les phénomènes qui en dérivent. En connaissant le déterminisme initial de l'empoisonnement par le curare, on explique parfaitement tous les déterminismes secondaires de cet empoisonnement, et pour guérir, c'est toujours finalement au déterminisme initial des phénomènes qu'il faut remonter.

La médecine est donc destinée à sortir peu à peu de l'empirisme, et elle en sortira de même que toutes les autres sciences par la méthode expérimentale. Cette conviction profonde soutient et dirige ma vie scientifique. Je suis sourd à la voix des médecins qui demandent qu'on leur explique expérimentalement la rougeole et la scarlatine et qui croient tirer de là un argument contre l'emploi de la méthode expérimentale en médecine. Ces objections décourageantes et négatives dérivent en général d'esprits systématiques ou paresseux qui préfèrent se reposer sur leurs systèmes ou s'endormir dans les ténèbres au lieu de travailler et de faire un effort pour en sortir. Les sciences physico-chimiques ne se sont élucidées que successivement dans leurs diverses branches par la méthode expérimentale, et aujourd'hui elles ont encore des parties obscures que l'on étudie à l'aide de la même méthode. Malgré tous les obstacles qu'elle rencontre, la médecine suivra la même marche; elle la suivra fatalement. En préconisant l'introduction de la méthode expérimentale dans la médecine, je ne fais donc que chercher à diriger les esprits vers un but que la science poursuit instinctivement et à son insu, mais qu'elle atteindra plus rapidement et plus sûrement si elle peut parvenir à l'entrevoir clairement. Le temps fera ensuite le reste. Sans doute nous ne verrons pas de nos jours cet épanouissement de la médecine scientifique; mais c'est là le sort de l'humanité; ceux qui sèment et qui cultivent péniblement le champ de la science ne sont pas ceux qui sont destinés à recueillir la moisson.

En résumé, la médecine expérimentale telle que nous la concevons, comprend le problème médical dans son ensemble, et elle renferme la médecine théorique et la médecine pratique. Mais en disant que chacun doit être médecin expérimentateur, je n'ai pas voulu établir que chaque médecin devait cultiver toute l'étendue de la médecine expérimentale. Il y aura toujours nécessairement des médecins qui se livreront plus spécialement aux expériences physiologiques, d'autres aux investigations anatomiques normales ou pathologiques, d'autres à la pratique chirurgicale ou médicale, etc. Ce fractionnement n'est pas mauvais pour l'avancement de la science; au contraire. Les spécialités pratiques sont une excellente chose pour la science proprement dite, mais à la condition que ceux qui se livrent à l'investigation d'une partie spéciale de la médecine, aient été instruits de manière à posséder la médecine expérimentale dans son ensemble, et à savoir la place que doit occuper dans cet ensemble la science spéciale qu'ils cultivent. De cette manière, tout en se spécialisant, ils dirigeront leurs études de façon à contribuer aux progrès de la médecine scientifique ou expérimentale. Les études pratiques et les études théoriques concourront ainsi au même but; c'est tout ce que l'on peut demander dans une science qui, comme la médecine, est forcée d'être sans cesse agissante avant d'être constituée scientifiquement.

LUDWIG FLECK

COMMENT LE CONCEPT ACTUEL DE SYPHILIS S'EST-IL DÉVELOPPÉ ?[*]

Il est difficile, voire impossible, de décrire de manière juste l'histoire d'un domaine du savoir. Elle est composée de nombreuses lignes de développement de pensée qui se croisent les unes les autres et qui s'influencent mutuellement. Ces lignes devraient être décrites premièrement en tant que lignes de développement continues et deuxièmement dans chacun des liens qu'elles entretiennent les unes avec les autres. Troisièmement, on devrait dans le même temps montrer séparément la direction principale du développement, qui est une ligne moyenne idéalisée. C'est comme si nous voulions retranscrire fidèlement par écrit le cours naturel d'une discussion agitée, dans laquelle plusieurs personnes parleraient en même temps les unes avec les autres, chacune d'entre elles cherchant à se faire entendre, et dont il résulterait cependant une pensée commune. Nous serions en permanence obligés d'interrompre la continuité temporelle des

[*] L. Fleck, *Genèse et développement d'un fait scientifique* (1935), trad. fr. N. Jas, préface I. Löwy, postface B. Latour, Paris, Flammarion, 2008, chap. 1, p. 33-41.

lignes de pensée décrites afin d'introduire d'autres lignes de développement, de faire une pause dans le développement afin d'expliquer les liens, de laisser de côté un grand nombre d'éléments afin de conserver la ligne directrice idéalisée. Au lieu d'une description d'interactions vivantes, nous obtenons un schéma plus ou moins artificiel.

Si je voulais retracer comment, de l'idée d'un esprit de la maladie mythique et symbolique et de celle de l'helminthiase, en passant par celle de poison de la maladie et celle du concept de *contagium vivum*, à celle contemporaine de la bactérie, s'est cristallisée la conception de l'agent [de cette maladie], je devrais remonter très loin dans le passé. Je devrais montrer comment la pensée de l'agent s'est heurtée à celle de la syphilis, comment elle s'en est éloignée pendant un temps, comment, sous une nouvelle forme, elle s'est de nouveau heurtée à cette idée et comment finalement elle s'est associée de manière permanente à cette dernière.

Une description précise de ces échanges est cependant inutile, parce qu'ils sont semblables à ceux qui eurent lieu lors du développement de la pensée du sang syphilitique, que nous avons déjà évoqués, et parce qu'ils n'apportent pas grand-chose de nouveau à la théorie de la connaissance. Il est cependant nécessaire d'évoquer une différence importante : étant donné la nature contagieuse de la maladie qui se manifestait dans l'observation comme dans l'expérimentation, on possédait une preuve indirecte de l'existence d'un agent spécifique avant que l'on en ait eu la preuve directe. On fit des analogies avec d'autres domaines de la pathologie dans lesquels la pensée de l'agent avait déjà eu, à l'époque où la bactérie était à la mode, des effets bénéfiques. L'agent de la syphilis dut d'abord sa découverte à la science des bactéries qui étaient déjà efficace dans d'autres domaines ; réciproquement la réaction de Wassermann trouva son origine dans la syphiligraphie et fut par la suite développée en une science particulière, la sérologie.

La découverte de la *spirochaete pallida* est le résultat du travail appliqué et logique de fonctionnaires. Après plusieurs tentatives malchanceuses, effectuées par d'autres, pour découvrir l'agent de la syphilis, « J. Siegel décrivit en 1904 et 1905 pour diverses maladies contagieuses – variole, fièvre aphteuse, scarlatine et syphilis – des structures qu'il interpréta comme étant les agents, alors encore inconnus, de ces maladies, et dont il pensait qu'elles étaient des protozoaires. Considérant l'importance que les découvertes de Siegel pourraient prendre – si elles venaient à être confirmées – il apparut opportun au chef du *Reichgesundheitsamt*[da]* de l'époque, le président Dr. Koehler, d'établir les bases nécessaires à leur évaluation, à partir de vérifications indépendantes conduites au sein du *Gesundheitsamt* »[a]. « Après une réunion, qui eut lieu le 15 février 1905 et qui fut présidée par le Dr. Koelher, le *Regierungsrat* Dr. Schaudinn, membre officiel du *Gesundheitsamt*, accompagnée du Dr. Neufled, alors assistant en charge, se rendit, sur ordre du Dr. Koehler, auprès du directeur de la *Kgl. Universitätklinik für Haut-und Geschelchtskrankenheiten*[ea]**, le professeur Dr. Lesser, pour lui demander, au nom du président, s'il serait prêt à fournir au *Gesundheitsamt* le matériel nécessaire aux recherches sur l'agent de la syphilis. Le professeur Lesser donna son accord et recommanda d'inclure dans les recherches son premier assistant, le médecin chef Hoffmann ». Dès le 3 mars 1905, Schaudinn réussit à isoler dans un suc

a. Schubert und SchloBberger, *Klin. Woch.*, 1930, p. 582.

* da : Service impérial de santé.

** ea : Clinique universitaire royale pour les maladies de la peau et les maladies génitales.

tissulaire frais d'un papule syphilitique des « spirochètes très frêles, se mouvant vigoureusement, que l'on ne pouvait distinguer qu'au moyen des meilleurs appareils optiques » et qu'il appela *spiroch. pallida* pour les distinguer des formes plus grossières, « comme celles que l'on trouve assez souvent sur les muqueuses buccales et génitales ». Très vite on réalisa des expériences de transmission de matériel contenant des spirochètes aux singes qui donnèrent un résultat positif. Néanmoins, bien que la *spirochaeta pallida* ait déjà été trouvée « dans les produits de la syphilis les plus divers par plus de cent auteurs », le *Gesundheitsamt*, c'est-à-dire le véritable découvreur, se prononça de manière très réservée : « Dans un rapport du *Gesundheitsamt* au secrétaire d'État du ministèrede l'intérieur daté du 12 août 1905, rapport qui fut ébauché par von Provazek, révisé et co-signé par Schaudinn en tant que co-rapporteur, … il est expliqué que la conclusion selon laquelle on pourrait découvrir dans la *spiroch. pallida* l'agent de la syphilis ne serait pas injustifiée ». C'est d'une manière si prudente, si raisonnable, si fidèle au devoir que le collège de fonctionnaires, à qui revient véritablement le titre de découvreur de l'agent, travailla et jugea son propre travail. C'est de la même manière si prudente, si raisonnable, si fidèle au devoir que leurs descendants intellectuels font état de ce qui vient d'être relaté.

Grâce à des cultures pures de *spiroch. pallida* et à des inoculations réalisées sur des lapins et sur des singes, on posa plus tard la clef de voûte de l'édifice de la pensée de l'agent.

C'est ainsi que fut établi le concept contemporain de la syphilis. Les découvertes, réalisées auparavant, des agents de la blennorragie et de la chancrelle avaient eu pour conséquence le retrait de ces deux maladies de la représentation de la syphilis. La *spiroch. pallida*, associée à la réaction de Wassermann, a contribué à classer définitivement le *tabes dorsalis* et la *paralysis progressiva* avec la syphilis. Comme on trouva ce spirochète dans les glandes lymphatiques très peu de temps après l'infection, on ne considéra alors plus le premier stade de la maladie comme une maladie locale.

Les quatre lignes de pensée qui se nouèrent pour constituer le concept contemporain de la syphilis continuèrent de se développer de la manière suivante : la maladie vénérienne, « la maladie contagieuse d'origine sexuelle » en tant que telle, devint un terme générique. Le lien avec l'acte sexuel a été traduit d'une dimension mythique-éthique en une dimension purement physiologique. Récemment une nouvelle unité nosologique a été dégagée de la syphilis, en tout cas elle a été délimitée de manière plus claire : c'est la lymphogranulomatose vénérienne. Selon Frei, le rôle de la réaction de Wassermann est joué dans ce cas par le test dit cutané issu de la compréhension de la tuberculose. Des recherches sont conduites actuellement pour déterminer l'agent de cette maladie. Il est fort vraisemblable que plusieurs autres unités nosologiques vénériennes seront encore découvertes, dans la mesure où nous parlons toujours d'ulcérations des organes génitaux qui seraient non spécifiques, et que, dans de nombreux cas particuliers, il est extrêmement difficile d'effectuer un diagnostic. On utilise encore des diagnostics imprécis comme ceux de pseudo-chancrelle ou pseudo-syphiloma. On pense que certaines maladies tropicales peuvent être transmises par voie vénérienne. Une théorie générale de la chimiothérapie, qui porte des fruits merveilleux, comme, entre autres, le salvarsan, s'est développée à partir de la pensée du mercure. Bien qu'elle ait été transmise à de nombreux autres domaines, c'est pour la syphilis et les protozooses qui lui sont apparentées qu'elle est le plus efficace.

Nous reparlerons par la suite en détail de la pensée du sang syphilitique et de sa destinée.

Pour ce qui concerne la pensée de l'agent, il est nécessaire d'ajouter encore quelques faits très importants. Plusieurs phénomènes de la maladie sont liés à la biologie de la *spirochaeta pallida* : on suppose que certains virus neurotropes et dermotropes sont des variantes de la *spirochaeta pallida*, liés au développement de la maladie[b]. On a essayé d'expliquer le stade syphilitique et les récidives comme une sorte de changement de génération de l'agent. Cependant d'autres phénomènes importants issus des domaines de la pathogenèse et de l'épidémiologie, de même que de la bactériologie en tant que science indépendante, montrent une divergence certaine entre le développement du concept d'une maladie et celui du micro-organisme qui lui est associé.

Un bon exemple de ce dernier point est l'infection inapparente (Nicole) qui se développe sans signe clinique et qui, dans le cas d'autres maladies, comme le typhus exanthématique par exemple, prend une grande importance. Un autre exemple, probablement apparenté au précédent, est le fait que, pour de nombreux micro-organismes (par exemple pour les bacilles de la diphtérie, les méningocoques), il y ait plus de porteurs de bacilles totalement inoffensifs que de cas mêmes de maladie.

Il n'y a donc pas d'identité entre le fait d'être malade et la présence de micro-organismes ; c'est ainsi que la pensée de l'agent a perdu la domination qu'elle exerçait à l'époque classique de la bactériologie. C'est pourquoi on assiste à une renaissance d'anciennes théories comme la pensée de Pettenkoffer. On peut aujourd'hui, pratiquement en toute impunité, affirmer que l'« agent » n'est qu'un symptôme parmi d'autres de la maladie, qui conditionne la maladie et qui, dans tous les cas, n'est certainement pas le plus important ; sa présence seule ne suffit pas et,

---

b. À vrai dire, le virus neurotrope de Levaditi est souvent pris pour la *spiroch. cuniculi.*

à cause de l'ubiquité de nombreux microbes, il apparaît de lui-même quand d'autres conditions se présentent.

À cela s'ajoutent encore quelques inquiétudes développées par la bactériologie théorique. La biologie de la *spiroch. pallida* montre une grande parenté ou une similitude avec les *spiroch. cuniculi, spiroch. pallidula, spiroch. denttium* et d'autres encore. On ne peut les différencier qu'en effectuant des expériences sur des animaux[c]. La syphilis ne devrait pas être définie par la *spiroch. pallida*; par contre, la *spirochaeta pallida* ne devrait être définie qu'au travers de la syphilis. Comme pour la plupart des bactéries, il est impossible de réaliser une classification bota-nique des spirochètes. Lorsque, en bactériologie, il est possible de définir des espèces, il n'existe très souvent aucune convergence entre la pathologie et la bactériologie, ainsi que le montre par exemple la théorie des vibrions[d].

À cela s'ajoute encore l'extrême variabilité des bactéries qui, dans certaines familles, est si forte (les bacilles du groupe des diphtéries et pseudo-diphtéries par exemple) qu'il est pour l'instant hors de question d'envisager une quelconque classification.

Des variations de virulence imprévisibles, telles que les transformations de saprophytes en parasites, et vice versa, détruisent complètement la relation, qui au départ semblait si

---

c. En pratique, cela ne fonctionne pas toujours, à cause des échecs rencontrés dans les cultures et les inoculations.

d. D'après Ermoljewa, les vibrions inoffensifs que l'on trouve dans l'eau ne peuvent pas être différenciés de manière certaine de ceux du choléra. Dans Lehmann et Neumann, *Bakteriologischen Diagnostik*, nous pouvons lire (p. 540) : « Lorsqu'on a découvert le vibrion du choléra, ses caractéristiques semblaient si particulières que l'on pensait qu'il serait facile de le différencier des autres bacté-ries. Depuis lors, on a d'abord trouvé quelques vibrions, puis de plus en plus de vibrions, et enfin un si grand nombre de vibrions dans l'environnement humain que l'on ne cherche plus depuis longtemps à les désigner par des noms particuliers ».

simple, entre une bactérie et une maladie. Uhlenhut et Zülzer sont récemment parvenus à transformer des spirochètes inoffensifs présents dans l'eau en spirochètes virulents en les faisant passer dans des cochons d'Inde.

C'est pourquoi il est aussi hors de question d'affirmer que la syphilis pourrait, au niveau de la théorie de la connaissance, être seulement définie par la *spiroch. pallida*. La pensée de l'agent de la syphilis conduit aux incertitudes présentes dans le concept bactériologique d'espèce ; cette pensée est donc dépendante du destin futur de ce concept.

Le développement du concept de syphilis comme maladie spécifique n'est donc pas encore terminé, et ne peut pas l'être, dans la mesure où ce concept participe de toutes les découvertes et nouveautés de la pathologie, de la microbiologie et de l'épidémiologie[e]. De mythique son caractère est devenu empirique et pathogénique puis essentiellement étiologique ; ce qui n'a pas seulement engendré un gain important en nouvelles particularités, mais a aussi entraîné la perte de nombreux détails appartenant aux anciennes théories. C'est ainsi que nous apprenons aujourd'hui très peu de choses, si ce n'est rien, sur la manière dont la syphilis dépend du climat, des époques de l'année et de la constitution générale du malade, alors que nous pouvons trouver dans les traités anciens de nombreuses observations sur ces questions. De nouveaux problèmes, de nouveaux domaines du savoir sont apparus avec la transformation du concept de syphilis, de telle sorte que rien n'a été véritablement achevé.

---

e. Par exemple, les relations que la syphilis entretient avec la *frambosia tropica* et le spirochète dit du lapin sont encore très discutées.

AUSTIN BRADFORD HILL

LA PHILOSOPHIE DE L'ESSAI CLINIQUE*

Si l'on prend l'expression « essai clinique » dans son sens le plus large – c'est-à-dire, l'essai d'une procédure thérapeutique appliquée à une personne malade – il est évident que l'essai clinique doit être aussi vieux que la médecine elle-même. Même le shaman essayant pour la première fois une nouvelle mixture nauséabonde doit sûrement, tout comme Alice goûtant le champignon au pays des merveilles, avoir murmuré en lui-même « Où vais-je ? » – bien qu'il ait sans aucun doute caché son anxiété à son patient comme il est de coutume au chevet du malade. De telles observations personnelles sur un petit nombre de patients, faites avec perspicacité et enregistrées avec précision par les maîtres de la médecine clinique ont été et continueront d'être fondamentales pour le progrès de la médecine. À cet égard, si orientée vers la statistique que soit ou que devienne l'époque présente, il ne peut y avoir le moindre doute. Ce qui *peut* arriver, ce qui *existe*, sans tenir compte de la *fréquence* à laquelle cela se produit et

* A.B. Hill, « The Philosophy of the Clinical Trial », dans *Statistical Methods in Clinical and Preventive Medicine*, trad. fr. J.-P. Amann, Edinburgh-London, E. & S. Livingstone, 1962, p. 3-14.

indépendamment de la causation ou de l'association [*causation or association*], cela peut être observé même sur un seul et unique exemple. Par exemple, comme je l'ai souligné ailleurs, si

> nous devions utiliser un nouveau médicament sur un cas avéré de leucémie aiguë et que le patient guérisse de façon immédiate et indiscutable, n'aurions-nous pas un résultat de la plus grande importance ? La raison d'accepter qu'un seul patient illustre un événement remarquable – pas nécessairement en terme de cause et d'effet – est qu'une longue et considérable expérience a montré qu'à l'égard de la leucémie aiguë, les êtres humains ne sont pas variables. Tous autant qu'ils sont, échouent à guérir immédiatement et indiscutablement. Tous autant qu'ils sont meurent. Donc, bien qu'il soit particulièrement imprudent de passer du particulier au général à partir d'un seul cas, ce serait pure folie de ne pas accepter la preuve [*evidence*] fournie par celui-ci. (Hill, 1952)

Par conséquent il n'y a pas, de mon point de vue, le fossé infranchissable entre l'approche statistique et l'approche clinique que certains semblent observer ou voudraient créer.

D'un autre côté, on doit se souvenir que sous bien des aspects, les réactions des êtres humains à la plupart des maladies sont, en toutes circonstances, extrêmement variables. Elles ne se produisent pas du tout de façon uniforme et déterminée. Elles varient, et c'est là que la difficulté commence. « Ce que le médecin a vu » chez un, deux ou trois patients peut être noté avec perspicacité et décrit avec précision ; mais ce qu'il a vu n'est pas nécessairement lié à ce qu'il a fait. Présumer ce lien, à partir d'un petit nombre de patients qui sont peut-être pour la plupart en voie de guérison ou peut-être pour la plupart mourants, donne probablement trop souvent du crédit quand aucun crédit n'est justifié, ou discrédite alors que le discrédit est injustifiée.

Le champ de l'observation médicale, il est nécessaire de le rappeler, est souvent restreint, dans le sens où aucun docteur ne traitera de nombreux cas dans un court laps de temps ; il est large dans le sens où un grand nombre de médecins pourraient chacun traiter un petit nombre de cas. Ainsi, avec l'hypothèse toute prête de cause et d'effet, et en négligeant les lois du hasard, la littérature se remplit de slogans contradictoires, d'affirmations, d'assertions et de contre-assertions. C'est ainsi que dans le passé, faute d'essais contrôlés de façon adéquate, différentes formes de traitements sont devenues d'usage courant dans la pratique médicale de façon injustifiable et même parfois dangereuse. Pour donner un exemple spécifique, dans quelle mesure les salicylates profitent-ils au patient atteint de fièvre rhumatismale ? Ils furent introduits dans ce but il y a très longtemps, pourtant aujourd'hui encore le doute prévaut.

C'est cette croyance, ou peut-être cet état d'incroyance, qui a mené ces toutes dernières années à un développement plus large d'une approche plus délibérément expérimentale dans la thérapeutique. Ce développement a été, bien sûr, extraordinairement renforcé par une succession ininterrompue de nouveaux traitements – tels que les antibiotiques et les médicaments modernes. Avec tant d'aspirants au trône et sans doute plus d'un jeune prétendant parmi eux, souvent il n'y a pas d'autre solution qu'un essai d'efficacité [*trial of strength*] planifié [*designed*] et enregistré avec précision [*accurately recorded*].

UN ESSAI AU DIX-HUITIÈME SIÈCLE

De tels essais contrôlés ne sont pourtant en aucune façon entièrement nouveaux, comme va le montrer la citation suivante tirée des écrits de James Lind (1753).

Le 20 mai 1747, je pris 12 patients atteints de scorbut à bord du Salisbury en mer. Leurs cas étaient aussi semblables qu'il était possible. Ils avaient tous les gencives putréfiées, des boutons et de la fatigue, accompagnée de faiblesse des genoux. Ils étaient couchés ensemble à la même place, un compartiment approprié aux malades dans l'avant-cale; ils avaient un régime commun, c'est-à-dire du gruau à l'eau adouci avec du sucre le matin; du bouillon de mouton frais la plupart du temps pour dîner; d'autres fois du pouding, du biscuit bouilli avec du sucre etc. Et pour le souper, orge et raisins secs, riz et groseilles, sagou et vin, ou l'équivalent. On a prescrit à deux d'entre eux un litre de cidre par jour chacun. Deux autres ont pris vingt cinq gouttes d'élixir de vitriol trois fois par jour, à jeun; avec cela, on usa d'un gargarisme fortement acidulé pour leurs bouches. Deux autres ont pris deux cuillerées de vinaigre trois fois par jour, à jeun; ayant bien acidulé leurs gruaux et le reste de leur alimentation avec cela, également un gargarisme pour leurs bouches. Deux des patients les plus malades, dont les tendons de la cuisse étaient rigides (un symptôme qu'aucun autre n'avait) ont été mis au traitement à l'eau de mer. Ils en ont bu la moitié d'une pinte chaque jour et parfois plus ou moins selon l'effet, en guise de traitement doux. Deux autres avaient chacun deux oranges et un citron par jour. Ils les mangeaient avec avidité à différents moments, à jeun. Ils ont continué, mais six jours seulement à ce traitement, ayant consommé la quantité qui pouvait être épargnée. Les deux patients restants, ont pris la valeur d'une muscade trois fois par jour d'une préparation recommandée par un chirurgien d'hôpital, faite d'ail, de moutarde, de *rad. raphan*, de baume du Pérou et de gomme de myrrhe; usant comme eau de boisson commune, d'orge bien acidulée avec des tamarins; ils ont été purgés vigoureusement trois ou quatre fois pendant le traitement par une décoction de tout cela, avec un complément de *cremor tartar*.

La conséquence fut que les bons effets les plus soudains et les plus visibles furent observés dans l'utilisation des oranges et des citrons; un de ceux qui les avaient pris, étant à la fin des six jours prêt pour le travail. Les boutons n'étaient pas en effet à ce moment-là tout à fait partis de son corps, ni ses gencives saines; mais sans autre médecine qu'un gargarisme d'élixir de vitriol, il devint tout à fait sain avant que nous ne soyons entrés à Plymouth, le 16 juin. L'autre des deux était celui qui avait le mieux récupéré parmi ceux de sa condition; et étant maintenant considéré comme presque rétabli, il fut nommé infirmier du reste des malades.

L'essence de tout essai, comme le montre clairement cette expérience classique de Lind dans le traitement du scorbut, c'est la comparaison.

LES ÉVÉNEMENTS PASSÉS COMME STANDARD DE COMPARAISON

Parfois il est possible de concevoir un essai en utilisant des évènements et des observations passés comme standard de référence. Pour ce faire, on doit nécessairement présumer que tout – excepté le nouveau traitement à l'essai – est resté constant dans le temps. En d'autres termes, on présume que le type de cas inclus dans l'essai, la gravité de la maladie, le traitement auxiliaire donné, et ainsi de suite, sont en tout point les mêmes que dans le ou les groupes passés pour lesquels il y a des mesures similaires. En pratique cela n'est pas souvent le cas, bien que l'on puisse occasionnellement trouver un exemple de ce type. On en trouve un dans les premiers essais de l'efficacité de la streptomycine dans le traitement de la méningite tuberculeuse. Avant la streptomycine, en ce qui concerne cette maladie, une issue fatale était inévitable. Prenant le rétablissement comme critère de succès, il suffisait alors simplement de réunir un groupe raisonnablement grand de cas avérés et de les traiter. Si une guérison avait lieu, c'est-à-dire si le taux d'accidents mortels tombait au-dessous de son taux passé et invariable de 100%, on avait la preuve claire [*clear evidence*] de la valeur de l'antibiotique dans cette situation.

Il est rare, toutefois, que se produise une situation aussi spectaculaire et si prisée par le cinéma. Le plus souvent la question posée est beaucoup plus prosaïque – pouvons-nous réduire le taux de mortalité par exemple de 10%? pouvons-nous accélérer le temps normal de rétablissement des patients d'une semaine environ? pouvons-nous réduire l'incidence des complications dans une maladie? Cela peut paraître anodin, et pourtant c'est d'une importance considérable pour les patients et pour les médecins. À cet effet les impressions du passé sont rarement fiables, de même que les observations passées sont habituellement insuffisantes – si toutefois il y en a. On constate invariablement que les comptes rendus passés ne contiennent pas toute l'information qu'on pense nécessaire de collecter pour l'essai d'un nouveau traitement, ou que l'information a été enregistrée sous une forme différente, ou à des intervalles de temps différents, et ainsi de suite. Il est rare aussi que l'on puisse s'estimer complètement sûr que ces observations passées concernent bien un groupe semblable de patients. C'est la chose la plus difficile à prouver [*to prove*] de façon satisfaisante à soi-même comme à un critique. Pourtant c'est une condition *sine qua non*, si la comparaison doit avoir une validité quelconque.

LES « CONTRÔLES » SIMULTANÉS

La condition fondamentale de la plupart des essais cliniques est donc l'existence de « contrôles » simultanés – un groupe de patients correspondant par leurs caractéristiques au groupe traité de façon spéciale, mais ne recevant pas le traitement spécial. Là, cependant, gît une difficulté qui est unique, ou presque unique, dans le champ de l'expérimentation scientifique. L'expérimentateur en puissance doit affronter un problème éthique. Est-il convenable de refuser à un patient un traitement qui pourrait vraisemblablement lui procurer un bénéfice ? Il est vrai que le traitement n'est pas éprouvé [*unproven*] – sinon il n'y aurait nul besoin de l'essayer. Mais d'un autre côté, il doit posséder quelque fondement – soit *in vitro*, soit sur l'animal, soit sur un petit nombre de patients. Il doit toujours y avoir quelque fondement pour justifier un essai. Le devoir du médecin vis-à-vis de son patient et les exigences de la sciences peuvent alors entrer en conflit. Il est clair que le problème dépendra en partie – une partie souvent très considérable – de ce qui en jeu. S'il s'agit par exemple de traiter un simple coryza et de voir si on peut en hâter la fin, alors l'éthique d'un essai contrôlé de façon stricte ne doit peut-être nous préoccuper exagérément. D'un autre côté, pour parler d'un problème actuel, doit-on refuser dans les cas sérieux de tuberculose du jeune adulte l'actuel traitement établi – streptomycine et PAS, streptomycine et isoniazide, ou quel qu'il puisse être – pour obtenir une mesure véritable de l'efficacité d'un nouveau médicament que le chimiste pourra produire demain ? Tout essai proposé doit, en tenant compte de ses propres circonstances, être pesé à cette balance, et on doit accepter un essai scientifiquement imparfait plutôt que de courir un risque. (Il faudra se souvenir toutefois que les risques ne sont pas dans un seul plateau de la balance. Ce qui est nouveau n'est pas toujours ce qui est meilleur, comme l'histoire récente l'a montré, et n'est donc pas toujours dénué de danger).

Il y a un second point qui découle de cette situation particulière, c'est qu'il peut être tout à fait impossible de répéter un essai. Supposons qu'on fasse une expérimentation au laboratoire, sur des animaux ou dans des tubes à essais, sur des terrains agricoles expérimentaux, ou encore dans l'industrie. Et supposons que cette expérimentation donne une réponse suggestive mais non décisive. Si l'affaire est importante, on voudra répéter l'expérimentation – l'expérimentation initiale en effet est souvent conçue seulement pour donner une piste et avec l'intention de la répéter ou de l'étendre. Mais supposons que l'on fasse un essai clinique; que dans le groupe traité de façon spéciale 10% meure, et que dans celui qui est traité de façon orthodoxe 25% meure. Il se peut que cette différence de 15% se situe bien en dessous du niveau technique de signification adopté par les statisticiens; mais « non significatif » n'est pas l'équivalent de « il n'y a pas de différence ». Cela signifie simplement « non prouvé » – c'est-à-dire que le matériel est insuffisant pour permettre d'écarter le hasard comme explication alternative. Autrement dit, l'essai n'a pas clairement prouvé que le nouveau traitement va probablement être valable; mais il n'a pas prouvé non plus qu'il n'est pas valable. Dans une telle situation, savoir s'il est éthique de répéter l'essai pour emporter une victoire plus assurée exige beaucoup de réflexion. Il se peut que cela soit hors de question, et un traitement dont l'efficacité n'a pas été prouvée sera inévitablement accepté.

Il s'ensuit que la conception d'un essai clinique doit, autant que possible, comprendre une échelle d'événements dont on estime qu'elle donnera une réponse décisive, dans un sens ou dans l'autre, à une question fondamentale – aussi décisive qu'une réponse puisse être ou qu'une approche statistique pourra jamais le permettre. Dans bien des cas également, il sera sage d'avoir un plan relativement simple. Trop souvent, tenter de répondre à plusieurs questions en une seule fois mène à des réponses incomplètes ou sans clarté. De plus, en tant que statisticien, on doit se souvenir que les personnes qui mettent en œuvre les essais cliniques ne sont habituellement ni statisticiens, ni biométriciens. Ce sont des cliniciens qui, justement, aiment savoir ce qu'ils sont en train de faire, pourquoi ils le font, et ce que la réponse signifie. Ils ne connaissent pas toujours sur le bout des doigts les dernières méthodes de planification et d'analyse statistique ; une expérimentation et une analyse des résultats facilement compréhensibles sont plus probablement de nature à garantir leur coopération et leur intérêt. Cela ne signifie pas nécessairement qu'on a réduit ses ambitions. Il a été dit à juste raison que, tandis qu'il ne faut pas un grand esprit pour rendre compliqué ce qui est simple, il faut un très grand esprit pour rendre simple ce qui est compliqué.

LES PATIENTS À ADMETTRE

C'est pour ces raisons que tous les essais cliniques mis en œuvre par le *Medical Research Council* au Royaume-Uni ont été jusqu'ici tout à fait simples dans leur conception. Le premier objectif a été de définir avec précision le type de patients qui doivent être inclus dans l'essai. Cela ne concerne pas seulement des points élémentaires tels que l'âge et le sexe – qui sont relativement faciles à déterminer – mais également ce dont souffre en réalité le patient, ce qui bien souvent n'est pas aussi simple. Par exemple, pour tester les effets relatifs de la cortisone et de l'ACTH sur des patients atteints de fièvre rhumatismale, il est important dans un premier temps d'être sûr qu'ils souffrent tous de fièvre rhumatismale. L'actuel essai anglo-américain dans ce domaine a donc entrepris d'établir les critères exacts pour déterminer le type de cas qui doivent être inclus dans cet essai. Ils doivent avoir tels et tels signes, présenter tels et tels symptômes.

Il faut observer qu'il est malheureusement parfois possible que ces critères nécessaires mènent à l'exclusion de cas importants. Par exemple, un cas très précoce avec des signes imprécis pourrait, selon ces critères, être exclu jusqu'à ce que les signes se précisent – c'est-à-dire, quand ce n'est plus dans les périodes précoces souhaitables. C'est un dilemme qui peut nécessiter une considération attentive dans la mise en œuvre d'un essai.

D'un autre côté, les groupes inclus peuvent être faits aussi petits ou aussi grands qu'on le désire. Il n'y a pas de limites. Le point crucial est que chaque groupe soit clairement défini et autant que possible ne soit pas ouvert à des erreurs d'inclusion ou d'exclusion par différents cliniciens, telles qu'elles conduisent à des incomparabilités. Si le groupe est trop petit, il est clair que la généralité de la réponse qu'il permettra d'atteindre devra être sévèrement limitée ; nous ne pouvons pas passer nécessairement du particulier au général – par exemple du cas avancé de tuberculose en progrès rapide traité d'une façon particulière, au patient atteint d'une lésion précoce. Si d'un autre côté le groupe est trop grand, il peut y avoir trop de variables en jeu, toutes pouvant influencer le cours de la maladie ; par exemple, le degré de la maladie (lésion avancée ou minime), l'âge du patient et ainsi de suite. En décidant d'un juste milieu entre ces extrêmes, l'expérimentateur avisé décidera avant tout exactement ce qu'il espère apprendre de son expérimentation. Il y a des chances que la précision dans la question mène à la précision dans la recherche de la réponse.

LA DIVISION EN GROUPES

Les cas appropriés ayant été acceptés, ils sont affectés *au hasard* [*at random*] à l'un ou à l'autre des traitements à l'étude – habituellement au moyen de suites de nombres aléatoires. Lorsque l'ensemble des patients de l'étude est pratiquement homogène – par exemple la tuberculose pulmonaire bilatérale foudroyante du jeune adulte qui a été utilisée en Grande Bretagne dans de nombreux essais – alors les patients peuvent être affectés selon un ordre aléatoire prédéterminé à un traitement spécifique (par exemple, streptomycine + PAS ; streptomycine + isoniazide ; PAS + isoniazide). Avec un matériel plus hétérogène, par exemple des cas de fièvre rhumatismale, il peut être préférable de « stratifier » les patients, en d'autres termes, de les mettre d'abord dans des sous-groupes plus homogènes (par exemple par âge et durée de maladie). À l'intérieur de chacun de ces sous-groupes ils seront alors affectés au hasard à un traitement, par exemple à la cortisone, à l'ACTH, ou aux salicylates. Dans certains essais il peut être opportun durant la randomisation de s'assurer que le nombre de patients pour chaque traitement sera égal à certains moments spécifiés, par exemple qu'il y aura quatre d'entre eux pour chacun des trois traitements lorsque le douzième patient sera admis.

Dans ce but, nous pouvons d'abord numéroter ces trois traitements, A, B, et C, en leur associant les nombres de 1 à 12, comme suit : 1A, 2A, 3A, 4A, 5B, 6B, 7B, 8B, 9C, 10C, 11C, 12C. Ces nombres de 1 à 12 peuvent alors être placés dans un nouvel ordre, choisi au hasard, en prenant celui dans lequel ils apparaîtraient en suivant les colonnes d'une page, ou les pages d'un livre de séries numériques aléatoires. Ainsi, en utilisant le livre de Kendall et Babington-Smith, en commençant (au hasard) à la page 33 et en considérant les deux derniers chiffres de chaque colonne, l'ordre dans lequel les nombres de 01 à 12 apparaissent est le suivant : 5, 2, 6, 8, 11, 12, 4, 9, 3, 7, 1 et 10. L'ordre des traitements à utiliser est alors B, A, B, B, C, C, A, C, A, B, A, C, traitements originellement associés aux nombres de 1 à 12.

C'est seulement un procédé pour être sûr d'obtenir un ordre aléatoire, et il y en bien d'autres. Ce qui compte c'est la philosophie sur laquelle reposent ces procédés – en d'autres termes sur laquelle repose cette affectation aléatoire des patients dans les groupes de traitement. Elle peut être résumée ainsi :

> Adhérer strictement à cette méthode – et je dois dire avec force que c'est une condition *sine qua non* – garantit trois choses : que ni nos idiosyncrasies personnelles (nos préférences et nos réticences conscientes ou inconscientes) ni notre manque de jugement n'entrent dans la constitution des différents groupes de traitement – l'affectation a été soustraite à notre contrôle et les groupes ne sont donc pas biaisés ; cela écarte le danger, inhérent à une affectation basée sur le jugement personnel, lorsque, croyant que nous pouvons être biaisés dans nos jugements, nous essayons de prévenir ces biais pour les exclure et, ce faisant, nous sur-compensons en « tordant le bâton dans l'autre sens », introduisant un déséquilibre contraire ; enfin, si nous avons utilisé une affectation aléatoire, quand vient le moment de la publication, le critique le plus sévère ne peut pas dire qu'il est fort probable que les groupes soient biaisés de différentes façons à cause de nos prédilections ou de notre stupidité. Une fois qu'il a été décidé qu'un patient a le bon type pour être inclus dans l'essai, la méthode d'affectation par randomisation enlève toute responsabilité au clinicien. (Hill, 1952)

Afin également que le clinicien ne soit pas influencé dans sa décision d'inclure ou non un patient dans l'essai – ou dans sa décision quant à l'ordre dans lequel deux patients devraient être inclus – il est parfois sage de lui refuser toute connaissance préalable du traitement que le patient recevrait s'il était accepté. Dans ce but, la consigne de traitement peut être donnée dans des enveloppes numérotées et scellées, à ouvrir au moment opportun après qu'un patient a été inclus dans l'essai ; ou encore, la consigne peut être délivrée par une tierce partie et divulguée au fur et à mesure que chaque patient est inclus.

LE PLAN D'ESSAI

Dans presque tous les essais coopératifs à grande échelle entrepris par le *Medical Research Council*, un plan [*schedule*] de traitement spécifique avait été mis en place à l'avance (ou des plans [*schedules*] tenant compte des variations de l'âge, du poids, etc., des patients), et cela devait être respecté strictement par les cliniciens concernés.

Dans un article précédent (Hill, 1951), j'ai écrit que « si les cliniciens prenant part à un essai sont libres de faire varier le traitement comme il le veulent, alors il doit être clair qu'aucune question précise n'a été posée et donc qu'aucune réponse précise ne peut être attendue ». Peut-être cette déclaration est-elle un peu trop catégorique et un peu trop générale. Il est certain qu'il est souvent préférable de concevoir un plan fixe et, hormis des circonstances exceptionnelles, par exemple éthiques, il est préférable que ce plan soit suivi par tous ceux qui prennent part à l'essai. Souvent on sait très peu de chose des possibilités d'un nouveau médicament – pour le meilleur et pour le pire – et dans un essai coopératif engageant de nombreuses personnes, il vaudra habituellement mieux poser des questions précises – par exemple, quels sont les effets de l'isoniazide et de la streptomycine données à une certaine dose pour une certaine durée de traitement. Si une douzaine de personnes sont libres de varier le dosage à leur gré, il peut être très difficile d'extraire une réponse claire de l'expérimentation.

D'un autre côté, il peut très bien y avoir des occasions dans lesquelles le clinicien devra être autorisé à ajuster le dosage selon les progrès et les réponses du patient – pour « individualiser » le traitement. Cela peut être clairement le cas lorsque l'on traite par exemple l'arthrite rhumatoïde à la cortisone. Ce qui nourrit un homme est pour un autre un poison. S'agissant de cette maladie, différents essais sont en cours dans lesquels le médecin peut sélectionner son traitement selon un large choix de dosages et de moments. Cela n'interdit pas nécessairement d'utiliser les mesures habituelles de progression – fièvre, vitesse de sédimentation, etc. – même si le médecin peut, bien entendu, baser le choix de son traitement sur leurs niveaux et leurs variations dans le temps. La question posée par l'essai a simplement été changée. Quelles sont après x mois les états cliniques, la température, les chiffres de la vitesse de sédimentation, les images radiologiques *de deux groupes* de patients, à savoir (a) un groupe traité avec, par exemple, la cortisone, et (b) un groupe traité avec, par exemple, des salicylates, le traitement ayant varié pour chaque groupe au gré du clinicien? Sont-ils différents? Il faut insister sur les *deux groupes* car là est le point fondamental. Il n'y a pas d'erreur aussi longtemps que la comparaison est limitée à ces deux groupes entiers. Nous pouvons ainsi prouver [*prove*] si ce que les médecins ont choisi de faire avec la cortisone a donné un meilleur résultat moyen après x mois que ce qu'ils ont choisi de faire avec l'aspirine.

On peut soutenir que ce qu'ils ont voulu faire était stupide, mais c'est une tout autre question, en dépit du fait qu'un tel argument puisse fort bien favoriser l'adoption d'un plan d'essai rigide. On doit soutenir qu'aucune nouvelle division des deux groupes ne peut être faite pour voir comment les patients se comportent selon les différents régimes de traitement. Les médecins ont délibérément varié ces régimes en fonction des réponses des patients; il n'est alors pas raisonnable de se retourner à la fin de l'essai et d'observer les réponses en fonction des régimes. Pour mesurer l'effet de différents régimes, il n'y a pas d'autre moyen que la mise en œuvre d'un essai à cette fin, comme indiqué précédemment, en randomisant les patients selon les différents régimes.

LES RÉSULTATS DE L'ESSAI

Pour ce qui est des résultats de l'essai clinique, dans ceux où je fus concerné, nous avons cherché autant que possible à les baser sur des mesures objectives. Ainsi nous avons noté le niveau et la durée de la fièvre, le niveau du taux de sédimentation, la présence ou l'absence d'agents infectieux, le changement de poids, et ainsi de suite. Des mesures moins objectives, mais hautement significatives, doivent être trouvées dans le dépistage par les cliniciens par exemple d'un souffle au cœur et dans les images radiologiques. Dans ces dernières nous avons tenté d'éliminer tout biais possible, ou toute accusation de biais, en faisant lire et interpréter toute la série par un ou des experts ignorant le traitement alloué à chaque patient.

D'un autre côté, il peut être argumenté, et il a effectivement été argumenté, que toutes ces mesures objectives sont autant de « pièces détachées » et que l'addition de « pièces détachées » ne fait pas nécessairement un tout. Par exemple, la vitesse de sédimentation du patient devient normale, sa fièvre baisse, son hémoglobine et sa numération globulaire ne donnent aucune raison de se plaindre et sa pression sanguine est irréprochable. Tout est parfait – sauf que le patient meurt. Par conséquent, dit-on, ce dont on a besoin c'est de l'évaluation complète de l'état du patient à tout moment et de son évolution – c'est-à-dire du jugement du clinicien. Il se pourrait bien que cela soit vrai car il n'y a pas de preuve [*evidence*] certaine que des « pièces détachées » sont toujours suffisantes. Parfois il est possible de mettre en œuvre un essai de telle façon que le jugement du clinicien soit donné sans qu'il ait aucune connaissance du traitement reçu. De cette façon tout biais possible peut être écarté. Parfois cette technique est tout à fait hors de question. À chaque fois, par conséquent, on doit se demander si l'intuition et le jugement clinique peuvent effectivement être ajoutés au tableau, et quand c'est le cas, s'ils peuvent être exercés « à l'aveugle » et si un traitement « factice » est nécessaire. Cette forme d'essai soulève clairement davantage de questions éthiques – quand est-il approprié de donner au patient un traitement « factice » ? quand est-il approprié pour le clinicien chargé du patient de connaître le traitement ? Les réponses dépendront clairement des circonstances de chaque essai ; il n'y a pas de règle absolue.

Quelle que soit la procédure selon laquelle les résultats sont mesurés, il est important de se souvenir qu'ils montrent les réactions comparatives des groupes. L'approche statistique n'est pas concernée par les individus. À titre d'exemple spécifique, on peut prendre les premiers essais du *Medical Research Council* dans le traitement des cas aiguës de tuberculose chez les jeunes adultes. Sur 52 patients traités par l'alitement (à l'époque où les stocks de streptomycine étaient sévèrement limités) seuls 8% montrèrent une amélioration radiologique notable après six mois. Pour 59 patients traités avec le PAS seulement (20 g. par jour), le résultat correspondant fut 22%. Pour 53 patients traités avec streptomycine et PAS (1 g. et 20 g. par jour), il était de 51% (Daniels et Hill, 1952). La position relative des groupes est claire. En moyenne il y a un grand avantage à une procédure particulière ; mais pour l'individu, il est clair que nous ne pouvons pas toujours, ni même souvent, prédire le résultat ou dire que le traitement est nécessaire. Mais aucune approche, sauf peut-être la double vue ou la boule de cristal, ne semble pouvoir résoudre ce problème.

CONCLUSION

En résumé, la philosophie de l'essai clinique repose plutôt sur l'approche expérimentale que sur l'approche observationnelle.

Par conséquent, dans sa forme rigoureuse, elle réclame des comparaisons simultanées avec un traitement orthodoxe. Elle réclame d'être reproduite, c'est-à-dire que l'essai doit inclure un nombre suffisant de patients différents pour mesurer avec une précision raisonnable ce que nous cherchons à mesurer; un tel nombre sera dépendant de la variabilité des réponses et de l'importance des différences observées entre les groupes. Elle réclame un plan expérimental qui assurera, autant que possible, que des groupes ayant des caractéristiques similaires, différents suivant les traitements, soient constitués. À l'intérieur de ce cadre, elle réclame une répartition aléatoire des patients dans l'un ou l'autre groupe afin qu'aucun biais personnel ne puisse affecter la constitution de ces groupes. Enfin, elle réclame dans la mesure du possible des mesures objectives des résultats et qu'on utilise des évaluations subjectives seulement sous un contrôle strict et efficient qui assurera une absence de biais. Parfois ces exigences peuvent être satisfaites; parfois c'est tout à fait impossible. Parfois nous devons accepter cette limitation et nous contenter dans ce domaine particulier de quelque chose d'inférieur à ce qu'il y a de mieux. Mais les idées fondamentales de l'approche statistique-expérimentale de l'essai des nouveaux (ou anciens) traitements sont d'application tout à fait générale. Il se trouve que jusqu'ici la méthode a été presque entièrement confinée aux maladies aiguës de courte durée ou aux phases aiguës des maladies de longue durée. La raison en est que de telles maladies sont plus facilement observées, et donc plus appropriées aux entreprises innovantes, et deuxièmement que les formes modernes de traitement ont été largement dirigées contre elles. Il n'y a pourtant pas de raison de ne pas appliquer cette méthode à une maladie chronique; en fait l'actuel essai de la cortisone et de l'ACTH dans la fièvre rhumatismale regarde bien au delà de la phase aiguë initiale de la maladie. Il prévoit un suivi sur au moins plusieurs années pour observer l'incidence et la nature de la maladie de cœur résiduelle dans des groupes variés. Une organisation efficace et une perspective philosophique et patiente sont les seules caractéristiques supplémentaires requises.

En outre, il n'y a pas de fondement réel à la suggestion selon laquelle cette technique expérimentale devrait être habituellement limitée, « à cause du coût et de l'énergie », aux « traitements qui donnent une promesse raisonnable de résultat important, c'est-à-dire à ceux qui sont applicables ou à une maladie grave ou à un grand nombre de patients » (Medical Research Council, 1952). C'est là une affirmation inconsidérée et il serait lamentable qu'elle soit largement acceptée. L'approche statistique et les idées sur lesquelles elle se fonde sont tout à fait générales. L'application de la méthode ne demande pas nécessairement un essai organisé à grande échelle du type de ceux financés par le Medical Research Council; elle ne demande pas nécessairement des grands nombres; elle ne va pas nécessairement au delà des moyens financiers ou des capacités intellectuelles individuelles. La technique de l'essai contrôlé thérapeutique est applicable à n'importe quelle échelle, dans des maladies rares, aussi bien que dans des maladies très répandues, et dans les petits malheurs de l'humanité aussi bien que dans ceux qui lui sont mortels. C'est déjà visible dans la littérature (Sevitt, Bull, Cruickshank, Jackson et Lowbury, 1952; Fisher et Whitfield, 1952). C'est grâce à l'utilisation plus étendue mais méticuleuse de cette technique que cette même littérature sera, avec le temps, moins encombrée par ces disputes qui semblent interminables concernant les procédures thérapeutiques.

Références

Annual Report, 1951-52, Londres, Medical Research Council, 1952.

DANIELS M. et HILL A.B., *Brit. med. J.*, i, 1952, p. 1162.

FISHER O.D. et WHITFIELD C.R., *Brit med. J.*, ü, 1952, p. 864.

HILL A.B., *Brit. med. Bull.*, 7, 1951, p. 278.

– *New Engl. J. Med.*, 247, 1952, p. 113.

LIND J., *A Treatise of the Scurvey* (1753), Edinburgh University Press, 1953.

SEVITT S., BULL J.P., CRUICKSHANK C.N.D., JACKSON D.M. et LOWBURY B.M., *Brit. med. J.*, ii, 1952, p. 57.

HANS-GEORG GADAMER

APOLOGIE DE L'ART MÉDICAL [*]

Nous possédons un traité de l'époque des sophistes grecs qui présente, en réponse à ses adversaires, une défense de l'art médical. Il est également possible de retrouver à une époque encore antérieure des traces d'une argumentation analogue et ce n'est certainement pas un hasard. L'art pratiqué en médecine est un art à part, un art qui ne correspond pas exactement à ce que les Grecs appelaient *techne*, ni à ce que nous appelons, nous artisanat ou science. Le concept de *techne* est une création spécifique de l'esprit grec, de l'esprit de l'*Histoire (Historie)*, du questionnement libre et réfléchi des choses et du logos qui justifie et fonde tout ce que nous estimons être vrai. Ce concept fut, avec son application à la médecine, un premier pas décisif dans le sens de ce qui caractérise la civilisation occidentale. Le médecin cesse d'être un homme-médecine, cette figure nimbée du mystère des forces magiques qu'il est dans d'autres cultures. Aristote fait d'ailleurs de la médecine l'exemple type de la métamorphose qui a transformé en une science véritable l'association d'ordre

---

[*] H.-G. Gadamer, *Philosophie de la santé* (1993), trad. fr. M. Dautrey, Paris, Grasset, 1998, p. 43-54.

purement empirique d'un savoir et d'un savoir-faire. Même si l'expérience de l'homme-médecine et la sapience propre à la guérisseuse peuvent, dans certains cas, s'avérer plus efficaces, il demeure que le savoir du médecin est d'une nature fondamentalement différente : ce qu'il sait relève du général. Il connaît la raison du succès d'un traitement. Il en comprend l'effet parce qu'il sait recomposer le rapport de cause à effet. Cela semble très moderne, pourtant il ne s'agit pas là de l'application de connaissances scientifiques à la pratique médicale telle que nous l'entendons aujourd'hui. L'opposition entre une science pure et son application, telle que nous la connaissons, a été marquée par les méthodes spécifiques de la science moderne et par l'usage qu'elle fait des mathématiques en les appliquant à la connaissance de la nature. Le concept grec de *techne* ne désigne pas l'application pratique d'un savoir théorique, mais une forme propre au savoir pratique. La *techne* est ce savoir qui, placé dans le contexte d'une fabrication, représente un certain savoir-faire assuré de lui-même. Ce savoir-faire est d'emblée rattaché à un pouvoir de fabriquer et naît de ce lien. Mais ce pouvoir de fabriquer, de son côté, est un pouvoir parfait qui sait et sait également pourquoi il sait. Aussi est-il d'emblée constitutif de ce savoir-faire savant qu'il y ait un *ergon*, une œuvre, qui en ressorte pour être en quelque sorte évincée de l'acte de fabrication. Car le processus de fabrication trouve son accomplissement dans le fait qu'un objet est fabriqué, c'est-à-dire livré à l'usage des autres.

Dans le cadre de ce concept d'« art », situé au seuil de ce que nous appelons « science », l'art médical occupe manifestement une place à part, problématique. Ici, nulle œuvre produite par le biais de l'art, nulle œuvre artificielle. Il est impossible de parler ici d'un matériau qui préexisterait dans la nature, serait ensuite transformé en une forme élaborée avec art pour donner naissance à quelque chose de nouveau. L'art médical, dans son essence, se définit bien plutôt par le fait que son pouvoir de fabriquer est pouvoir de rétablir. Ce que l'on appelle « art » ici, subit de ce fait une transformation et devient, dans le cadre du savoir et de la pratique du médecin, quelque chose qui lui est exclusivement propre. On peut dire, il est vrai, que le médecin fabrique la santé au moyen de son art, mais une telle formulation est encore imprécise. Ce qui est fabriqué alors n'est pas une œuvre, un *ergon*, quelque chose qui viendrait à être et ferait la démonstration d'un savoir-faire. C'est le rétablissement du malade dont il est impossible de dire s'il faut l'attribuer à un succès de la science ou au savoir-faire du médecin. Un homme en bonne santé n'est pas un homme à qui on aurait fabriqué une santé. Par conséquent, il ne faut jamais oublier que la question reste ouverte : on ne peut savoir dans quelle mesure le succès d'une guérison revient au traitement habile du médecin et dans quelle mesure la nature ne s'est pas aidée elle-même.

C'est la raison pour laquelle l'art médical et le prestige dont il jouit ont toujours été d'une nature particulière. L'enjeu littéralement vital de l'art médical confère au médecin ainsi qu'au savoir et au savoir-faire qu'il revendique un prestige singulier, en particulier lorsqu'il y a un danger. Ce prestige, cependant, va toujours de pair avec une mise en doute de la réalité et de l'efficacité de l'art médical, en particulier lorsque le danger a disparu. *Tyche* et *techne* sont ici dans un rapport de tension propre qui les oppose. Ce qui est vrai dans le cas positif d'une guérison, n'est pas moins vrai dans le cas négatif d'un échec. S'agit-il d'une défaillance du savoir-faire du médecin ou d'une fatalité plus puissante qui a entraîné cette issue malheureuse – qui peut prétendre en décider, de surcroît en tant que néophyte ? L'apologie de l'art médical, pourtant, n'est pas seulement le lieu d'un plaidoyer en faveur d'un corps de métier et de son art à l'intention de ceux qui en sont extérieurs, face aux mécréants et aux sceptiques ; c'est, avant toute chose, une mise à l'épreuve de soi, une défense de soi, que le médecin prononce pour lui-même et contre lui-même et qui est inextricablement liée à la nature singulière du savoir-faire médical. Car le médecin est aussi peu en mesure de se prouver son art à lui-même qu'il ne peut en donner la preuve aux autres.

La médecine procède d'un savoir-faire spécifique qui lui confère, dans le cadre de la *techne*, une place à part mais qui, comme toute *techne*, s'inscrit dans le cadre de la nature. Toute la pensée antique a envisagé le domaine de ce qu'il est possible de fabriquer artificiellement en relation avec la nature. Quand on donnait au mot *techne* le sens d'imitation de la nature, on signifiait avant toute chose que la puissance d'artifice de l'homme utilisait et remplissait en quelque sorte l'espace que la nature avait laissé libre à l'intérieur de ses propres formations. Dans ce sens, la médecine n'est, assurément, pas une imitation de la nature. Aucune forme artificielle n'est, en effet, censée en résulter. Ce qui ressortit à l'art médical, c'est la santé, c'est-à-dire le naturel par excellence. Cela donne à l'art médical dans son ensemble son caractère propre. Il n'est ni invention, ni mise en place de quelque chose de nouveau qui n'existerait pas sous cette forme et que quelqu'un aurait eu le pouvoir de fabriquer de manière conforme. Il est d'emblée un mode de faire et d'agir qui ne fait rien en propre et de lui-même. Sa science et son savoir-faire se conforment entièrement au mouvement de la nature de sorte qu'en tentant de rétablir ce dernier dès qu'il est sujet à un trouble, ils se fondent en quelque sorte avec l'équilibre naturel de la santé. Le médecin ne peut se retrancher derrière son œuvre comme peut le faire tout artiste, tout artisan et tout homme de savoir-faire qui, dans le même temps, fait en sorte que cette œuvre reste d'une certaine manière son œuvre. Cela vaut, il est vrai, pour toute *techne* : le produit est livré à l'usage des autres mais reste, cependant, une œuvre personnelle. En revanche, l'œuvre du médecin, précisément parce qu'elle est rétablissement de la santé, n'est plus sienne du tout; elle n'a même jamais été sienne. Le rapport entre l'acte et le produit, entre le faire et le fait, entre l'effort et le succès est ici d'une nature fondamentalement différente, énigmatique et problématique.

C'est un état de fait dont la médecine antique avait conscience, elle qui, entre autres choses, présente comme la plus vieille des tentations devant être impérativement surmontée, celle de n'intervenir que là où l'on entrevoit des chances de succès – tentation à laquelle est exposé tout savoir-faire qui tend à se confirmer lui-même. Le malade incurable, pour lequel on ne peut espérer aucun succès spectaculaire, doit être, lui aussi, l'objet d'un soin médical, si du moins la conscience professionnelle du médecin qui le traite a atteint cette maturité qui va de pair avec l'intelligence du logos philosophique. Comprise dans ce sens plus profond, la *techne* visée ici se fond si bien dans le cycle de la nature qu'elle est en mesure d'agir à la fois sur l'ensemble du cycle naturel et sur chacune de ses phases.

Ce sont là des caractéristiques que l'on retrouve aussi dans la médecine moderne. Pourtant, quelque chose de fondamental a changé. La nature que la science prend pour objet n'est pas la nature dans laquelle s'inscrit le savoir-faire médical où les savoir-faire artisanaux. Les sciences modernes ont cette particularité qu'elles envisagent leur savoir comme un pouvoir-faire. La conception selon laquelle l'événement naturel relève de lois mathématiquement quantifiables tend à isoler les rapports de cause à effet et permet, ce faisant, d'offrir à l'homme la possibilité d'agir et de contrôler précisément ses interventions. Le concept de technique dans la pensée scientifique moderne s'arroge ainsi des possibilités plus grandes, en particulier dans le domaine de la pratique et de l'art médical. Le pouvoir-faire se rend en quelque sorte autonome. Il permet de disposer de cycles partiels et il est application d'un savoir théorique. Mais, en tant que tel, il n'est pas une thérapie, il est une action. Il porte à son paroxysme la division du travail propre à l'organisation du travail de toute société humaine. L'insertion du savoir spécialisé et du savoir-faire, au sein de l'unité d'ordre pratique qu'est l'association d'un traitement et d'une guérison, ne résulte pas d'un équilibre des forces entre l'action d'un savoir et d'un savoir-faire, tel qu'il est pratiqué au nom de la méthode dans la science. L'injonction paradoxale, « médecine, aide-toi toi-même » est déjà, il est vrai, de la sagesse ancienne, devenue, d'abord dans la figure mythologique de Prométhée puis dans celle du *Christus patiens*, un symbole de l'Occident européen. Mais le paradoxe qu'il y a dans la démarche d'une *techne*, qui procède par division du travail, ne s'est cependant affirmé dans toute sa force qu'avec l'avènement de la science moderne. L'impossibilité intrinsèque de s'instaurer soi-même comme son propre objet n'apparaît pleinement qu'avec la méthode d'objectivation de la science moderne.

J'interpréterai cette présente relation à partir du concept d'*équilibre* et à travers l'expérience que l'on fait de l'équilibre. Dans les écrits d'Hippocrate déjà, le concept d'équilibre joue un rôle très important. En réalité, la santé n'est, à l'évidence, pas la seule chose qu'il faille concevoir comme un état d'équilibre. Le concept d'équilibre sert, dans une certaine mesure, à la compréhension de la nature en général. La découverte qu'a faite la Grèce, en développant une pensée de la nature, consistait dans la reconnaissance que le tout est un ordre dans lequel les événements naturels se déroulent et se répètent selon des cycles fixes. La nature est donc ce qui se maintient elle-même et d'elle-même dans sa propre voie. Telle est la pensée fondamentale de la cosmologie ionique, pensée dans laquelle trouvent leur aboutissement toutes les représentations cosmogoniques selon lesquelles, pour finir, un principe d'équilibre régule la variation des événements, générant un ordre global qui, telle une justice naturelle, régit tout*.

Cette conception de la nature suppose que l'on définisse l'intervention médicale comme la tentative de rétablir un équilibre perturbé. C'est en quoi consiste la véritable « œuvre » de l'art médical. Il nous faut, par conséquent, nous demander ce qui distingue un équilibre qui se rétablit de tout autre processus de fabrication. Sans doute est-ce là une expérience singulière que nous connaissons tous. Le rétablissement d'un équilibre se produit, tout comme sa perte, sur le mode du retournement. Celui-ci n'est pas, à proprement parler, un passage d'un état à un autre, tangible et continu, mais l'avènement subi d'une altération ; il diffère entièrement du processus de fabrication qui nous est si familier est dans lequel on réalise pas à pas la modification visée en posant une pierre après l'autre. Cela relève de l'expérience de l'équilibration où « le pure trop peu se mue, sans que l'on comprenne comment, et devient ce trop, vide », du moins est-ce ainsi que Rilke présente l'expérience qu'en fait l'artiste. Le phénomène qu'il décrit est le suivant : la tension et l'effort en vue de la production et du maintien d'un état d'équilibre s'avèrent, au moment où l'équilibre advient, devenir subitement l'inverse de ce qu'ils semblaient être. Ce n'était pas un trop peu de force ou de la mobilisation de la force, mais un trop qui le fit échouer. Cela se produit d'un seul coup, de soi-même, facilement et sans effort.

En réalité, cette expérience est corrélative à toute production d'équilibre. Quiconque travaille à la production d'un équilibre est en quelque sorte repoussé par ce qui se maintient de soi-même et

---

* Sur la justice cosmologique, *cf.* la seule phrase que l'on ait retrouvée d'Anaximandre, VS 12 A9, et mon texte, *Platon et les présocratiques*, O.C. V, 6, p. 58-70.

se suffit à soi. On reconnaît là le principe du succès de toute action médicale : se supprimer soi-même en se rendant superflu. Lors du rétablissement d'un équilibre, toute action médicale trouve son accomplissement dans la suppression de soi, telle est la perspective qui se profile d'emblée à l'horizon de tout soin. Dans l'expérience de l'équilibration, tout effort tend paradoxalement à se relâcher afin de laisser l'équilibre se mettre en place de lui-même ; de la même manière, le soin médical s'inscrit à l'intérieur du processus d'autorégulation propre à la nature. La qualité de l'oscillation propre à l'état d'équilibre diffère de celle de sa perte définitive où tout se dérègle ; cette distinction détermine l'horizon de toute action médicale.

Il s'ensuit qu'il ne s'agit pas là, en vérité, de la fabrication d'un équilibre, c'est-à-dire de l'édification à partir de rien d'une nouvelle situation d'équilibre, mais toujours de la captation d'un équilibre vacillant. Tout trouble de ce dernier, toute maladie est véhiculée par les innombrables facteurs de l'équilibre encore existant. C'est la raison pour laquelle l'intervention du médecin ne doit pas être comprise comme la fabrication ou la création de quelque chose, elle consiste en tout premier lieu à fortifier les facteurs constitutifs de l'équilibre. Son intervention a toujours deux aspects possibles, elle est soit créatrice d'un facteur de perturbation, soit elle introduit dans le jeu des facteurs qui interagissent, un effet curatif spécifique. Envisager le passage de l'excès au déficit, ou mieux encore, du déficit à l'excès et l'anticiper en quelque sorte, est ce qui définit l'art médical.

L'excès du maniement de la scie à bois qu'il y a dans ce texte antique sur l'art médical en est une belle illustration. Un homme tire sur la scie tandis que l'autre suit ; le mouvement, dans son ensemble, reproduit un cercle structurel (*Gestaltkreis*) (Weizsäcker) dans lequel les gestes des deux scieurs, unis dans un flux rythmique, se fondent en un seul et unique mouvement. Une phrase évoque de façon significative ce qu'il y a de miraculeux dans cette expérience de l'équilibre : « Mais s'ils recourent à la force, ils échoueront entièrement ». Assurément, cela ne vaut pas que pour la médecine. Quiconque maîtrise une technique de fabrication le sait. La main légère du maître donne l'impression d'opérer sans peine, quand l'apprenti, lui, emploie la force. Toute réussite a partie liée avec l'expérience de l'équilibre. Mais le propre de la médecine n'en reste pas moins qu'il n'est jamais question de la maîtrise parfaite d'un savoir-faire qu'une œuvre réussie viendrait immédiatement prouver. D'où la prudence toute particulière du médecin obligé de prendre en compte un équilibre susceptible de se maintenir en dépit de toute perturbation et de s'immiscer, à l'instar de l'homme à la scie, à l'intérieur de l'équilibre naturel.

Rattacher cette expérience élémentaire à la situation de la science moderne, permet de faire clairement apparaître combien la problématique se radicalise ici. Les sciences modernes de la nature ne sont pas d'emblée un ensemble cohérent de sciences qui portent sur la nature et s'équilibrent automatiquement. Elles ont pour fondement non l'expérience de la vie, mais celle du faire, non l'expérience de l'équilibre mais celle de la construction planifiée. Les sciences spécialisées, bien au-delà du domaine de validité propre à chacune, relèvent, de par leur nature, de la mécanique, de la *mechané*, c'est-à-dire qu'elles engendrent artificiellement des effets qui ne seraient pas apparus naturellement. À l'origine, la mécanique désignait une inventivité ingénieuse susceptible de plonger tout le monde dans la stupeur. La science moderne, qui permet une application technique, ne se donne pas pour tâche de combler les lacunes de la nature ni de se fondre dans l'événement naturel ; elle se conçoit précisément comme un savoir dans lequel la transformation de la nature en un monde humain, voire l'élimination du naturel au moyen d'une construction rationnellement maîtrisée joue un rôle déterminant. En tant que science, elle fait des événements naturels des données qu'elle peut anticiper et contrôler si bien que finalement elle réussit même à *remplacer* le naturel par l'artificiel. C'est dans sa nature propre. L'application des mathématiques et des méthodes quantitatives aux sciences de la nature n'est possible que parce que son savoir est construction. Or, il apparaît à l'issue de notre réflexion que la médecine est inextricablement liée au concept antique de nature. De toutes les sciences de la nature, la médecine est la seule qui ne puisse être entièrement comprise comme une technique, parce qu'elle n'éprouve jamais son savoir-faire qu'à travers le rétablissement de l'état de nature. Par conséquent, elle représente, au sein des sciences modernes, une unité singulière qui associe une connaissance théorique et un savoir pratique, mais qui ne peut, en aucun cas, être comprise comme l'application pratique d'une science. Elle est une forme particulière de science pratique, concept qui a disparu de la pensée moderne.

À la lumière de ces considérations, un beau passage très commenté du *Phèdre* de Platon acquiert un intérêt particulier car il éclaire la situation de tout médecin détenteur de cette « science ». Platon parle, dans ce texte, de l'éloquence véritable et établit un parallèle entre l'art oratoire et l'art médical. Dans les deux cas, il s'agit de comprendre une nature ; dans l'un celle de l'âme, dans l'autre, celle du corps, si tant est que l'on veuille agir non en fonction de l'expérience et de la tradition seules mais sur la base d'un véritable savoir. S'il s'agit de savoir quels médicaments et quels régimes il convient de prescrire au corps afin de lui apporter santé et vigueur, il faut également savoir quels discours et quelles dispositions morales il convient de transmettre à l'âme afin de faire naître en elle les certitudes justes et le mode d'être qu'il convient (*arete*).

Socrate interroge alors son jeune ami, adepte fervent de la rhétorique : « Crois-tu que l'on puisse connaître la nature de l'âme sans la nature du tout ? ». À quoi celui-ci répond : « Si l'on en croit Hippocrate Asclépiade, on ne peut même rien comprendre au corps sans cette méthode », « la nature du tout » et « cette méthode » (consistant à diviser la nature) sont manifestement liées. La véritable rhétorique dans les règles de l'art exigée, ici, par Socrate sera semblable à l'art médical véritable, elle sera censée connaître les disparités inhérentes aux âmes, auxquelles elle doit trans-mettre des certitudes, elle sera également censée connaître la diversité des discours qui conviennent à la constitution de chaque âme. Telle est l'analogie développée au regard de l'action et du savoir-faire de la médecine. La médecine véritable, qui suppose un savoir et un savoir-faire authentiques, exige donc que l'on connaisse, dans chaque cas, la constitution de l'organisme et ce qui est favorable à cette constitution.

C'est à juste titre que Werner Jaeger récuse, dans l'interprétation qu'il propose de ce passage, l'opinion selon laquelle une médecine particulière relevant d'un choix opéré d'après une philosophie de la nature et d'après une idée générale d'ordre cosmologique serait exigée ici. C'est tout le contraire. La méthode désignée ici procède par la division, par l'observation différentielle ; elle replace les diverses manifestations de la maladie à l'intérieur de l'unité d'une forme spécifique de mala-die, permettant alors un traitement cohérent de cette dernière. On sait que le concept d'*eidos*, que nous connaissons à travers la théorie des idées de Platon, a d'abord été employé dans le cadre de la science médicale. On le rencontre, en effet, chez Thucydide, dans la description d'une maladie ; il s'agit du récit de la fameuse peste qui s'est abattue sur Athènes au début de la guerre du Péloponnèse et à laquelle, finalement, Périclès succomba lui aussi. Dans la recherche qu'elle mène, la science médicale reste,

aujourd'hui encore, mue par la même exigence. La division
méthodologique, visée ici, n'a rien à voir justement avec une
abstraction conceptuelle d'ordre scolastique. La division n'est
pas l'abstraction d'une partie hors d'un ensemble unitaire. Socrate
interdit toute considération qui consisterait à isoler les symptômes et exprime, de cette manière, l'exigence d'une science
véritable. Ce faisant, il va encore au-delà de ce que la science
moderne reconnaît comme sa méthode fondamentale. La nature
du tout dont il est question ici ne désigne pas seulement le tout
cohérent de l'organisme. Nous disposons, il est vrai, de tout un
matériau conceptuel hérité de la médecine grecques expliquant
comment le temps, les saisons, la température, l'eau, l'alimentation, en bref, comme tous les facteurs climatiques possibles et
comment l'environnement contribuent à déterminer la constitution de l'être qu'il s'agit de rétablir. Or, le contexte dans lequel se
situe ce passage autorise encore une autre conclusion. La nature
du tout englobe l'ensemble de la situation existentielle du patient
voire l'ensemble de celle du médecin. La médecine est comparée
à la véritable rhétorique, laquelle doit produire les discours justes
qui agiront convenablement sur l'âme. Ce serait là une manière
extrêmement ironique de représenter les choses. Mais Platon ne
pensait certainement pas que l'art de la direction des âmes dût être
rhétorique, c'est-à-dire que cet art consistât à mobiliser et à
utiliser des discours arbitraires à des fins arbitraires. Il ne parle à
l'évidence que des discours justes et signifie que seul celui qui a
connu la vérité, pourra connaître les discours justes. Seul le vrai
dialecticien, le vrai philosophe sera bon orateur. Cette comparaison replace l'art médical dans une perspective extrêmement
intéressante. Si la tâche apparemment spécifique de la rhétorique
a partie liée avec le tout de l'attitude existentielle philosophique,
il en sera de même de tout médicament et tout traitement prescrit
par la médecine au corps humain dans le but de le rétablir. Le

parallèle entre l'art oratoire et la médecine est également perti-
nent dans la mesure où la constitution du corps a partie liée avec
l'ensemble de la constitution de l'homme. Que la position de
l'homme dans le tout de l'être soit une position d'équilibre, c'est
un constat qui vaut non seulement dans l'optique de la santé mais
aussi dans un sens bien plus général. La maladie, la perte de
l'équilibre ne désigne pas seulement un état de fait biologico-
médical, il désigne également un événement biographique et
social. Le malade n'est plus l'homme qu'il était. Il choit. Il est
évincé hors de son contexte de vie. Mais il reste cependant un
homme qui, par-delà la déficience qui l'affecte, tend à réintégrer
son contexte vital. Si le rétablissement de l'équilibre naturel
réussit, alors l'événement prodigieux qu'est la guérison restitue à
l'homme son équilibre vital dans lequel il était lui-même actif.
Aussi n'est-ce pas un prodige si, inversement, la perte de l'un des
équilibres représente dans le même temps un danger pour l'autre
équilibre également ; en effet, il n'y a au fond qu'un seul équilibre
global : celui dans lequel évolue la vie de l'homme, autour duquel
elle oscille et qui détermine son état.

Dans ce sens, il est juste de dire, comme le suggère Platon, que
le médecin doit, au même titre que le véritable orateur, envisager
la nature dans sa totalité. Si l'orateur est censé par une réelle
intelligence trouver le mot juste qui lui permettra de former
autrui, le médecin, si tant est qu'il veuille être un véritable médecin, doit, lui aussi, voir au-delà de ce qui constitue le strict objet de
son savoir et de son savoir-faire. Sa position est, par conséquent,
un entre-deux difficile à maintenir entre une existence professionnelle désengagée au niveau humain et un engagement humain.
Sa position en tant que médecin se définit par son besoin de
confiance et par la nécessité de devoir pourtant restreindre son
pouvoir en retour. Il doit voir, par-delà le « cas » qu'il traite, la
personne telle qu'elle est, replacée à l'intérieur de l'ensemble de

son contexte existentiel. En effet, il doit même envisager tout à la fois sa propre action et l'effet qu'elle aura sur le patient. Il doit savoir se contrôler lui-même. Car il ne doit ni produire un effet de dépendance, ni prescrire sans nécessité un régime de vie (*Diät*) qui constituerait une entrave à la réinsertion du patient au sein de son équilibre vital.

Ce que l'on sait généralement sur le rapport entre le malade mental et son médecin et ce qui constitue la tâche reconnue du psychothérapeute vaut, en vérité, d'une manière universelle. L'art médical trouve son accomplissement dans le retranchement de soi-même et dans la restitution à autrui de sa liberté. La position marginale de l'art médical par rapport à l'ensemble des autres arts est manifeste là également. Quiconque exerce un art ou un savoir-faire se doit de respecter la contrainte qui consiste à ce que tout objet fabriqué avec art se détache du processus de son engendrement et soit livré au libre usage d'autrui. Mais, pour le médecin, cette contrainte devient une véritable auto-restriction. Car il ne réalise pas simplement une œuvre mais la vie elle-même; cette vie qui lui avait été confiée, il la dégage de sa responsabilité. La situation spécifique du patient fait écho à cela. Toute personne qui a recouvré la santé ou à qui on a rendu la santé commence par oublier la maladie quand bien même cette personne continue d'être d'une certaine manière (qui, le plus souvent, reste non formulée) liée à son médecin.

LA MÉDECINE COMME RELATION DE SOIN
ET PRATIQUE SOCIALE

INTRODUCTION

La présente section privilégie une nouvelle facette de l'approche philosophique de la médecine : celle qui l'envisage sous l'angle de la relation de soin et comme pratique sociale. Les deux aspects sont important. La médecine s'appréhende souvent dans « le colloque singulier » entre le médecin et le patient, mais on peut aussi la considérer comme une pratique sociale à part entière, en lien avec une politique de santé publique, un mode spécifique de prise en charge collective des problèmes de santé rencontrés par ses membres, une organisation hospitalière, un appareil législatif et le plus souvent aujourd'hui des instances éthiques. Cette pratique sociale elle-même ne peut être analysée si l'on néglige des conceptions sociales diffuses ou explicites, consensuelles ou conflictuelles, au sujet des droits et des devoirs du médecin et du patient et des prérogatives de l'État sur les choix de vie effectués par les personnes. C'est toujours dans cet ensemble aux ramifications multiples et complexes que s'applique le savoir médical précédemment envisagé, que s'exercent l'art et le jugement du médecin, et que s'organise la recherche biomédicale. Il convient de ce point de vue d'aborder la médecine comme un « fait social total » au sens que Marcel Mauss a donné à ce terme, sans privilégier un aspect que l'on serait tenté de considérer à l'exclusion des autres[1].

Fr. Dagognet, élève de Georges Canguilhem, formé à la philosophie et à la médecine, a ainsi abordé les savoirs médicaux et biologiques en les réinscrivant dans l'espace institutionnel, juridique, technique et artistique qui est le leur, et il a su mettre en valeur cette dimension dans plusieurs de ses ouvrages. Le texte choisi ici, sur la cure d'air, montre en ce sens que la médecine, jusque dans ses procédés thérapeutiques les plus spécifiques, gagne à être pensée en résonance avec toutes les dimensions d'une société, y compris sa culture, sa littérature et son esthétique. Cette vision de la médecine, sur laquelle L. Fleck a également insisté dans le domaine spécifique de la théorie de la connaissance, engage la philosophie à nourrir son approche des apports de l'anthropologie médicale.

Considéré en lui-même, le colloque singulier entre le médecin et le patient ne s'interprète pas facilement[2]. De nombreuses traditions contribuent à l'élucider, au rang desquelles l'existentialisme et la phénoménologie jouent un rôle majeur. Le texte de Karl Jaspers illustre ici ce rôle, tout en marquant l'importance de son œuvre pour une réflexion sur la philosophie de la médecine, réflexion mûrie à travers une formation en médecine, en psychologie et en philosophie et grâce à l'exercice de la psychiatrie clinique dans l'Allemagne d'avant guerre. *L'idée médicale* fait état de la complexité de ce colloque singulier entre médecin et patient, et de ses multiples enjeux.

---

1. M. Mauss, *Essai sur le don*, Paris, PUF, 2007.
2. Voir sur ce point Cl. Crignon De Oliveira et M. Gaille (dir.), *Qu'est-ce qu'un bon patient ? Qu'est-ce qu'un bon médecin ?*, Paris, Séli Arslan, 2010.

On dira sur le ton de l'évidence que la finalité de ce colloque réside dans la guérison du patient. Mais comment interpréter ce terme ? Outre le fait que la guérison, comme l'a souligné G. Canguilhem, ne doit pas s'entendre comme un retour à l'état antérieur de la personne, mais plutôt comme un nouvel état, qui intègre l'expérience de la maladie à l'existence de la personne soignée[1], il faut sans doute commencer par reconnaître qu'elle n'est pas toujours l'objectif visé par le médecin. Dans certains cas, en effet, la guérison n'est pas envisageable. L'intervention du médecin se justifie alors au nom de l'apaisement des souffrances, de l'amélioration du confort de vie du malade, par exemple dans le cas des malades en fin de vie, ou encore la mise en place d'un traitement à vie (ainsi en va-t-il pour les maladies chroniques). Le médecin n'agit pas dans le sens de la guérison, non en raison de son impossibilité, mais parce qu'il intervient guidé par une autre finalité : lorsqu'il donne naissance à un enfant, lorsqu'il participe à l'avènement d'une grossesse dans le cadre d'une procréation assistée, lorsqu'il réalise un diagnostic pré-natal, voire pré-implantatoire afin de déceler d'éventuelles anomalies, lorsqu'il opère un corps en vue de répondre à une demande « esthétique », le médecin ne guérit pas son patient, mais il met à son service ses compétences techniques, son savoir-faire et ses connaissances. Par ailleurs, il arrive parfois que le médecin s'occupe de son patient de façon paradoxale : en renonçant à tel ou tel traitement qui le maintiendrait en vie, en ne le réanimant pas lorsqu'il a été décidé préalablement avec lui ou ses proches que son décès était plus souhaitable que la poursuite de son existence.

L'intervention médicale poursuit donc en réalité des ambitions multiples et ne se réduit pas à la finalité de la guérison,

---

1. G. Canguilhem, *Le normal et le pathologique*, *op. cit.*

même si celle-ci reste primordiale. Ce constat de fait a d'autant plus de raison d'être qu'aujourd'hui, l'une des définitions courantes de la santé en Occident est celle qui a été proposée par l'organisation mondiale de la santé en 1946, à savoir la santé comme « état de complet bien-être physique, mental et social » : une telle conception confère au médecin un rôle extrêmement riche et diversifié, tout comme celle que l'on rencontre dans d'autres cultures, ainsi que le montre, parmi d'autres, l'étude de l'anthropologue Fr. Viesner. Selon lui, chez les Aborigènes du désert australien, « la santé correspond à un comportement en harmonie avec l'environnement et en accord avec les principes de fonctionnement de la vie tels qu'il les conçoit », de telle sorte qu'une bonne constitution, un état physique sain et non altéré ne suffisent pas « pour s'estimer en bonne santé » chez les Aborigènes : cette dernière implique bien-être et force vitale [1]. Cette multiplicité de facettes de l'acte médical est appelé à s'enrichir encore aujourd'hui avec le possible avènement d'une médecine de l'amélioration (*enhancement*) et le développement d'une médecine qui soigne moins qu'elle ne répond à une demande (dans le domaine esthétique, déjà connu, mais aussi et peut-être surtout dans le domaine de la génétique et de la procréation) [2].

Comme nous l'avons indiqué dans la préface générale, le fil directeur commun de nombreuses approches philosophiques

---

1. Fr. Viesner, *La médecine des aborigènes d'Australie, Soin des corps et rétablissement des âmes*, Barcelona, Indigène éditions, 2006, p. 28-29.

2. A.M. Buyx, « Be Careful What You Wish For ? Theoretical and Ethical Aspects of Wish-Fulfilling Medicine », *Medical Health Care and Philosophy*, 2008, 11, p. 133-143 ; sur la médecine de l'amélioration, voir J.-N. Missa (dir.), « *Enhancement », éthique et philosophie de la médecine d'amélioration*, Paris, Vrin, 2009 ; J. Savulescu et N. Bostrom, *Human enhancement*, Oxford, Oxford University Press, 2009.

de la relation entre médecin et patient réside dans l'injonction adressée au corps médical de ne pas oublier le malade en soignant la maladie. Nous avons vu que certains ont développé cette perspective parce qu'ils cherchaient à tenir ensemble l'exigence de connaissance scientifique et l'attention au patient, convaincus que renoncer à celle-ci était dommageable à celle-là. Insistant sur le « sens existentiel »[1] de la santé, G. Canguilhem met ainsi en garde les médecins contre l'illusion qu'ils pourraient aborder l'état de l'organisme de leurs patients comme de simples « objets ». Le médecin entend identifier et soigner la maladie, mais ce double processus passe par une reconnaissance et une attention soutenue à l'égard du malade et de la manière même dont il rend compte de sa pathologie[2]. Cependant, d'autres analyses mettent l'accent sur le malade en tant que tel, indépendamment de l'exigence de connaissance scientifique, estimant que l'expérience de la maladie et l'effet de son annonce devraient être mieux explorées afin d'améliorer la relation entre médecin et patient. Il convient dans cette perspective de réfléchir aux termes choisis pour l'annonce et à la temporalité de cette dernière, en refusant une opposition tranchée entre vérité due au patient et secret. J. Porée analyse en ce sens l'annonce d'un diagnostic fatal, celui de la maladie de Huntington et insiste sur la nécessité de ne pas annoncer une mort prochaine, qui réduit radicalement la possibilité d'être dans le temps qui reste à vivre[3].

Dans la perspective d'une meilleure appréhension de l'expérience personnelle de la maladie et du parcours de soin,

1. G. Canguilhem, « La santé : concept vulgaire et question philosophique », art. cit., p. 127.

2. *Ibid.*, p. 130.

3. J. Porée « Prédire la mort. L'exemple de la maladie de Huntington », *Esprit*, n° 243, 1998, p. 17-26.

certaines écritures philosophiques ont aussi fait le choix d'explorer le vécu intime de la maladie. Parmi d'autres, on peut citer S. Kay Toobs qui a évoqué son parcours de malade de la sclérose en plaque, J.-L. Nancy qui a relaté sa greffe d'organes, ou encore Cl. Marin dont le récit *Hors-de-moi* forme un diptyque avec sa réflexion philosophique sur la médecine et la maladie[1]. Dans la position du proche de la personne malade, S. de Beauvoir a livré un récit exemplaire des derniers jours de sa mère et de sa confrontation difficile avec les médecins à propos des souffrances de celle-ci au cours de son agonie[2]. Différentes postures et écritures sont donc inventées pour rendre compte, du point de vue philosophique, de l'expérience de la maladie par le sujet et de l'intérêt qu'il y a, pour le médecin, à prendre en compte cette dimension.

Enfin, l'intérêt que les philosophes ont pu porter au sujet malade a conduit certains d'entre eux à s'immiscer dans la relation entre médecin et patient et à y intervenir de façon à aider ce dernier à rester sujet en dépit de sa pathologie. Une forme d'*agir* philosophique est donc en jeu ici, rare mais très intéressante. Pour des raisons sociologiques et historiques qui tiennent au développement de la bioéthique, elle a été rendue possible à partir des années 1970 lorsque des philosophes ont été appelés par les équipes médicales à entendre les discussions relatives au projet thérapeutique de tel ou tel patient, puis invités à entrer en contact direct avec les patients, non pour se substituer au médecin, mais pour offrir au patient qui le désire une autre parole, un autre

1. S. Kay Toobs, « The Body in Multiple Sclerosis : A Patient's Perspective », dans D. Leder (ed.), *The Body in Medical Thought and Practice*, Dordrecht-Boston-London, Kluwer, 1992, p. 127-138 ; J.-L. Nancy, *L'Intrus*, Paris, Galilé, 2000 ; Cl. Marin, *Hors de moi*, Paris, Allia, 2008 ; voir aussi J. Lagrée, *Le médecin, le malade et le philosophe*, Paris, Bayard, 2002.

2. S. de Beauvoir, *Une mort très douce*, Paris, Gallimard, 1964.

échange que celui engendré par la parole médicale rivée à l'objectif de soin.

L'extrait présenté ici de *Conversations at the edge*, du philosophe américain R. Zaner, phénoménologue et spécialiste d'Alfred Schutz, offre un témoignage frappant de cette posture très particulière. Selon lui, l'aide apporté par le philosophe s'apparente à un acte de sorcellerie bien que ses apparences soient très modestes car elle est avant tout de l'ordre de l'écoute. Cependant, comme telle, elle permet à la personne de formuler ce qu'elle avait à dire, et plus encore d'être et de tenir face à l'événement de la maladie, en bref de retrouver une place dans le monde. Le texte témoigne aussi des apports d'une démarche philosophique qui se place en position d'écoute – du patient – et de description – des propos de ce dernier, de son cadre de vie, des interrogations existentielles que la maladie suscite, et des interactions qu'il entretient avec le corps soignant et ses proches.

En dépit de son importance, la relation médecin-patient n'est pas la seule expression d'un rapport médical au corps et à la santé. En effet, celui-ci n'a pas toujours été et n'est pas nécessairement médiatisé par l'intervention d'un médecin. Phénomène remarquable : cet aspect a été pensé et théorisé au sein même, et non en dehors, de la pensée médicale. En effet, l'idée d'une médecine de soi traverse l'histoire de la pensée médicale depuis son avènement, notamment à travers la préoccupation de l'hygiène et la perspective d'un «régime». Le *corpus* hippocratique abonde en propos sur la question du régime à suivre par les personnes qui veulent rester bien portantes : ce que consomme le corps, en qualité comme en quantité, détermine sa santé. L'exercice physique, la sexualité, la consommation alimentaire sont combinés à des facteurs tels que l'âge, le lieu de résidence, le climat pour établir les conditions du meilleur équilibre diététique possible, la maladie étant alors vue comme une altération de cet équilibre. La pensée médicale de l'Antiquité tardive diffuse une nomenclature structurée des éléments qui favorisent ou détériorent la santé : air/milieu, exercice/repos, aliments/boisson, sommeil/veille, évacuation/réplétion et passions. Les préoccupations hygiéniques et diététiques, parfois différenciées selon les âges de la vie, ont perduré bien au-delà cette époque, jusqu'aux campagnes de santé publique : des traités issus du *corpus* hippocratique et de Galien jusqu'aux recommandations contemporaines, en passant par les *regimina sanitatis* médiévaux, on perd sans doute au fil du temps l'ambition philosophico-religieuse d'atteindre une sorte de pureté rituelle à travers le régime, mais on observe une remarquable constance des normes de cette médecine de soi [1]. Celle-ci côtoie donc, avec ses lettres de noblesse et sa tradition propre, l'art médical qui s'exerce dans le cadre du colloque singulier entre médecin et patient. C'est pourquoi nous avons tenu à lui donner une place à travers l'extrait choisi des *Essais* de Montaigne.

Par ailleurs, lorsqu'il existe, le colloque singulier entre médecin et patient peut n'être pas seulement envisagé en lui-même, mais aussi dans son inscription sociale ainsi que ses implications politiques, économiques, éthiques et juridiques. Une série nombreuse et complexe d'enjeux est soumise à la philosophie politique et morale ainsi qu'à la philosophie du droit : quelle politique d'accès aux soins une société devrait-elle faire prévaloir ? Si

---

1. Voir P.G. Sotres, « Les régimes de santé », dans *Histoire de la pensée médicale en Occident*, *op. cit.*, p. 257-281 ; Cl. Crignon, « La santé se gouverne-t-elle ? Les enjeux de la critique de la médecine préventive à l'époque moderne », *Corpus, revue de philosophie*, n° 54, premier semestre 2008, dossier « Médecine et anthropologie », p. 67-91.

elle retient le principe d'un accès «juste» ou «égal» aux soins, jusqu'où cette «égalité» devrait-elle aller et quelle conception de la justice devrait étayer cette politique[1]? Une prise en charge collective des soins est-elle envisageable? Est-elle souhaitable? L'est-elle aussi lorsqu'il ne s'agit pas de soigner une pathologie, d'éradiquer une maladie, mais aussi de «corriger nos gènes» ou d'«améliorer» le corps et les performances physiques ou intellectuelles des personnes ou d'utiliser le savoir-faire médical pour donner satisfaction à un désir individuel qui ne peut être rapporté à une pathologie[2]? Comment «distribuer» des ressources rares en matière de santé? Quelle place donner aux soins coûteux?

Dans un contexte de plus en plus international et de contraste très marqué entre le «nord» et le «sud» du point de vue de l'accès aux soins et de la protection des sujets de la recherche biomédicale, le principe de justice ne devrait-il pas être aussi respecté dans le domaine de l'exploitation commerciale des savoirs médicaux et de la possibilité d'élaborer des systèmes de soin équitables? Ne devrait-il pas être complété par des formes de protection spécifiques et accrues pour certaines populations?

Ces interrogations font émerger des débats cruciaux, d'autant qu'elles se doublent systématiquement d'une question sur les formes que doivent prendre les réponses qu'on leur donne:

---

1. Par exemple, les analyses de J. Rawls exposées dans *Théorie de la justice* (1971) ont été utilisées par N. Daniels (*Just Health Care*, Cambridge, Cambridge UP, 1985) pour répondre à ce type de questionnement. Voir aussi le collectif *Accès aux soins et justice sociale, 6ᵉ Journée d'éthique médicale Maurice Rapin* (1996), Paris, Flammarion, 1997.

2. Sur la question de la correction et de l'amélioration du capital génétique des individus, voir A. Buchanan, D.W. Brock, N. Daniels et D. Wickler, *From Chance to Choice, Genetics and Justice*, Cambridge, Cambridge University Press, 2000 et les références citées note 2, p. 266 à propos de la médecine de l'amélioration.

doivent-elle se traduire en droit, faire l'objet d'une loi ou plutôt déboucher sur une recommandation éthique? Le cas échéant, de quelle instance une telle recommandation doit-elle émaner? Qu'est-ce qui devrait être laissé à la libre et secrète appréciation du patient et du médecin au sein de leur colloque singulier, sans qu'une loi ne vienne réguler le dispositif de leur relation?

C'est l'attention à ce questionnement et à ses multiples dimensions qui fait toute la valeur de la transcription inédite d'un entretien radiophonique, *Le droit à la mort*, que G. Canguilhem eut avec H. Péquignot à propos de la fin de vie et de la problématique de l'«euthanasie». Cet entretien constitue un espace de parole dans lequel G. Canguilhem s'engage hors du terrain de l'épistémologie et de l'histoire des sciences. Cet engagement explicite et assumé sur des problématiques éthiques, politiques et juridiques, n'est pas si fréquent dans son œuvre (on le retrouve cependant çà et là, par exemple dans la préface qu'il a consacrée aux Actes du colloque international «*Biologie et devenir de l'homme*», contre la discrimination faite à l'égard de certaines formes de vie humaines)[1]. Or, cet engagement s'avère ici particulièrement subtil et intéressant. Croisant le fer avec le médecin Henri Péquignot sur la difficile question de «l'euthanasie», il prend position sans verser dans la facilité des opinions tranchées, s'efforce de maintenir vive la complexité de cet enjeu et la nécessaire distinction entre les différents niveaux de réflexion que constituent l'éthique, la politique et le droit. Il est, en ce sens, exemplaire.

À ce jour, la philosophie a donné de multiples réponses à ces questions, notamment dans le champ bioéthique. Cependant,

1. G. Canguilhem, *Actes du colloque mondial Biologie et devenir de l'homme* (1974), Paris, Université de Paris, 1976.

elles partagent un trait commun, qui est d'être très marquées par l'empreinte d'une culture politique et morale propre à un État. La sociologue américaine Renée Fox a d'ailleurs mis en évidence cette dimension pour la bioéthique américaine dès le début des années 1980. Sous couvert d'universalisme, celle-ci promeut pour l'essentiel à ce moment les valeurs et les croyances de la société américaine : l'individualisme en est la valeur clé et c'est de celui-ci que découle les principes d'autonomie, de respect de la *privacy* et de vérité due au patient, ainsi que le modèle du contrat pour déterminer la relation entre le médecin et le patient[1]. Un tel primat de l'individu a conduit la bioéthique américaine à privilégier certaines questions, comme celle de l'allocation des ressources rares, et à envisager la relation entre individu et communauté comme une relation d'opposition et non de possible complémentarité. Du point de vue philosophique, cette origine américaine de la bioéthique a aussi eu des implications sur le mode de réflexion adopté : R. Fox indique que la bioéthique américaine repose en grande partie sur un raisonnement de type analytique en philosophie morale, la philosophie analytique dominant le champ de la réflexion éthique dans les années 1970. Selon elle, cet aspect a conduit les « bioéthiciens » à privilégier les « expériences de pensée » sur les données issues du terrain et à faire d'un raisonnement sans défaut logique le critère premier de la réflexion, au risque, selon elle, d'un appauvrissement certain de la vision de la réalité jugée et d'un questionnement éthique trop abstrait.

---

1. R. Fox et J.P. Swazey, « Medical Morality is not Bioethics – Medical Ethics in China and the United-States », *Perspectives in Biology and Medicine*, 27, 3, Spring 1984, p. 337-338.

On peut faire la même observation que R. Fox à propos de la bioéthique européenne qui, d'ailleurs, assume, voire revendique son ancrage culturel dans le vieux continent. Les *Basic Ethical Principles in European Bioethics and Biolaw* publiés en 2000 exposent ainsi une pensée qui se développe comme une prise de position par rapport à la bioéthique américaine[1]. Le désir de distinction à l'égard de la bioéthique américaine s'y traduit dans une série d'éléments, dont le point commun est de proposer une conception de la personne distincte de celle issue de la philosophie libérale, voire libérale utilitariste. Le premier élément est la critique du primat accordé au principe d'autonomie dans la bioéthique américaine et de la compréhension libérale et utilitariste, jugée « minimaliste », de la notion d'autonomie. L'autonomie à l'européenne renvoie d'après les auteurs à l'idée d'une existence fondée sur une conception de la vie bonne et menée dans le respect d'institutions justes[2]. Au-delà du fait que l'autonomie comprise en un sens libéral apparaît à leurs yeux incapable d'appréhender correctement la situation de certains sujets (les mineurs, les patients dans le coma, les personnes considérées comme incompétentes, etc.), elle est rejetée parce qu'elle ne permet pas de rendre compte de la conception intersubjective de la personne qu'ils veulent mettre au centre de la bioéthique européenne. Trois notions sont mobilisées pour étayer cette perspective : celle de dignité présentée comme un « concept intersubjectif », expression de la position spéciale de l'homme dans l'univers, de l'inviolabilité de la vie humaine et de l'identité

---

1. P. Kemp et J.D. Rendtorff, *Basic Ethical Principles in European Bioethics and Biolaw*, I et II, Barcelona-Copenhagen, Institut Borjà di bioètica-Centre for Ethics and Law, 2000.

2. *Ibid.*, p. 236.

moralement responsable de la personne humaine; celle d'intégrité, qui renvoie à l'idée d'auto-détermination et à celle d'une cohérence narrative de la personne[1]; et enfin celle de vulnérabilité, qui exprime la fragilité et la finitude de tout homme et appelle à l'avènement d'une politique de protection réciproque.

Quoi qu'on pense de ces réponses et de leur ancrage dans une tradition culturelle et politique, elles témoignent toutes d'un vaste effort de compréhension, d'analyse et de réflexion normatives sur les formes, le contenu et les limites du colloque singulier entre médecin et patient ainsi que sur le développement d'une politique de santé publique. Parallèlement à ce mouvement, s'est également développé un questionnement beaucoup plus critique sur les formes de pouvoir à l'œuvre dans le champ médical. Il s'agit d'une mise en cause du paternalisme médical, mais surtout d'un examen destiné à mettre en évidence la manière dont le soin des corps est devenu un objet de gouvernement.

On peut prendre pour exemple, pour illustrer cette pensée critique, le travail de Michel Foucault. Il s'est donné pour tâche de penser un certain discours médical appréhendé et utilisé comme un « savoir-pouvoir », en s'intéressant notamment à deux objets de la théorie médicale: la sexualité et la folie. M. Foucault a repéré la formation d'un discours sur la sexualité à partir du XVIIe siècle, d'abord au sein de la pastorale chrétienne puis, à partir de la deuxième moitié du XVIIIe siècle, dans une « police des sexes » destinée à régler les comportements d'une population, et non plus seulement d'un individu[2]. Selon lui, émerge au XIXe siècle une

1. P. Kemp et J.D. Rendtorff, *Basic Ethical Principles in European Bioethics and Biolaw*, *op. cit.*, p. 237.

2. M. Foucault, *Histoire de la sexualité, La volonté de savoir*, I, Paris, Gallimard, 1976.

science du sexe, associée à une analyse et à une taxinomie médicales du sexe, qui est en fait une norme morale des pratiques sexuelles. Cette science du sexe peut être décrite comme un savoir-pouvoir, un savoir qui est une forme de pouvoir. Elle propose des portraits (ceux de l'homosexuel, de l'inverti) qui sont autant de monstres ou d'anomalies médicales et politiques. Ce sont des figures que le pouvoir politique peut définir comme des anomalies au nom de la vérité scientifique du discours médical. Plus largement, se met en place selon M. Foucault un « bio-pouvoir », c'est-à-dire, un ensemble de mécanismes par lesquels l'espèce humaine, du moins les populations humaines deviennent objet de stratégies de pouvoir à partir du XVIIIe siècle :

> Ce qu'on pourrait appeler le « seuil de modernité biologique » d'une société se situe au moment où l'espèce entre comme enjeu dans ses propres stratégies politiques. L'homme, pendant des millénaires, est resté ce qu'il était pour Aristote : un animal vivant et, de plus, capable d'une existence politique ; l'homme moderne est un animal dans la politique duquel sa vie d'être vivant est en question [1].

La population est désormais envisagée comme main d'œuvre et richesse d'un État (puissance démographique). Partant, l'existence, depuis la naissance jusqu'à la mort, la durée de vie et l'état de santé des habitants deviennent un objet de préoccupation pour le gouvernement. L'analyse de la sexualité mentionnée ci-dessus se complète dès lors par celle des politiques hygiénistes qui, en Europe constituent à partir du XIXe siècle les premières politiques de santé publique et entreprennent de combattre tant les épidémies que la « saleté », les taudis ou l'habitat insalubre, puis – à la suite des travaux de Pasteur – interviennent sur les maladies

---

1. M. Foucault, *Histoire de la sexualité, La volonté de savoir*, I, *op. cit.*, p. 188.

infectieuses à travers des mesures d'immunisation et d'assainissement. Le corps ici considéré est celui de l'espèce, le corps vivant, support des processus biologiques. Le pouvoir intervient sur ce corps, à travers la mise en place d'une hygiène urbaine, l'instauration de statistiques donnant une image de la population, le contrôle et la surveillance des corps dans les écoles, les casernes et les prisons, etc.[1].

L'apparition d'un « gouvernement des corps » dans l'histoire des sociétés n'est pas sans incidence sur le colloque singulier entre médecin et patient. Que l'on s'accorde ou non entièrement avec les thèses de M. Foucault, force est de constater d'une part qu'aux côtés des choix ou des préférences exprimés par les personnes singulières, un point de vue a acquis une place prépondérante dans les décisions collectives : celui de la santé publique, dont les objectifs ne recoupent pas nécessairement ces choix et préférences singulières. D'autre part, comme G. Canguilhem l'a souligné avant M. Foucault lui-même, cette dimension est susceptible de modifier le sens même de la relation du médecin à son patient et de gommer le « sens existentiel » de sa pathologie :

> À partir du moment où santé a été dit de l'homme en tant que participant d'une communauté sociale ou professionnelle, son sens existentiel a été occulté par les exigences d'une comptabilité. Tissot n'en était pas encore là quand il publiait, en 1761, son *Avis au peuple sur la santé*, et en 1768 *De la santé des gens de Lettres*. Mais santé commençait à perdre sa signification de vérité pour

---

1. Les hypothèses de M. Foucault connaissent actuellement une certaine fortune en sciences humaines et sociales. Voir par exemple, D. Fassin et D. Memmi, *Le gouvernement des corps*, Paris, EHESS, 2004 ; D. Memmi, *Faire vivre et laisser mourir : le gouvernement contemporain de la naissance et de la mort*, Paris, La Découverte, 2003 ; G. Chamayou, *Les corps vils, expérimenter sur les êtres humains aux XVIIIᵉ et XIXᵉ siècles*, op. cit.

recevoir une signification de facticité. Elle devenait l'objet d'un calcul. Nous connaissons depuis le bilan de santé [1].

Eu égard à cet aspect, la philosophie qui envisage la médecine comme relation de soin et comme pratique sociale devrait chercher à intégrer plus qu'elle ne le fait aujourd'hui les analyses normatives, éthiques, politiques ou juridiques, et un questionnement critique sur le «gouvernement des corps». Cela lui permettrait notamment de mieux élucider la portée du discours de la santé publique qui tend à dominer aujourd'hui la détermination des normes dans le champ bioéthique sans être toujours discuté. Cette intégration constitue sans doute l'un des enjeux majeurs de la réflexion philosophique sur la médecine, présente et à venir, aux côtés de celui qui porte sur la nature de l'évaluation normative des pratiques de soin, délicate à mener en raison de la diversité des situations, des ressources en matière de santé, et du pluralisme moral, politique et juridique qui semble caractériser l'état du monde contemporain.

Bibliographie indicative

Accès aux soins et justice sociale, 6ᵉ Journée d'éthique médicale Maurice Rapin (1996), Paris, Flammarion, 1997.

BUCHANAN A., BROCK D.W., DANIELS N. et WICKLER D., *From Chance to Choice, Genetics and Justice*, Cambridge, Cambridge University Press, 2000.

CANGUILHEM G., *Le normal et le pathologique*, Paris, PUF, 1966.

– *Écrits sur la médecine*, Paris, Seuil, 2002.

---

1. G. Canguilhem, « La santé : concept vulgaire et question philosophique », art. cit., p. 128.

CHAMAYOU G., *Les corps vils : expérimenter sur les êtres humains aux XVIIIᵉ et XIXᵉ siècles*, Paris, La Découverte, 2008.

CRIGNON DE OLIVEIRA Cl. et GAILLE M. (dir.), *Qu'est-ce qu'un bon patient ? Qu'est-ce qu'un bon médecin ?*, Paris, Séli Arslan, 2010.

DANIELS N., *Just Health Care*, Cambridge, Cambridge University Press, 1985.

FAGOT-LARGEAULT A., *L'homme bioéthique. Pour une déontologie de la recherche sur le vivant*, Paris, Maloine, 1985.

FOUCAULT M., *Histoire de la sexualité*, I. *La volonté de savoir*, Paris, Gallimard, 1976.

GATEAU V., *Pour une philosophie du don d'organes*, Paris, Vrin, 2009.

JONAS H., *Le principe de responsabilité : une éthique pour la civilisation technologique* (1980), trad. fr. J. Greisch, Paris, Flammarion, 2008.

KEMP P. et RENDTORFF J.D., *Basic Ethical Principles in European Bioethics and Biolaw*, I et II, Barcelona-Copenhagen, Institut Borjà di bioètica et Centre for Ethics and Law, 2000.

LECOURT D., *Humain posthumain*, Paris, PUF, 2003.

MISSA J.-N. (dir.), *« Enhancement ». Éthique et philosophie de la médecine d'amélioration*, Paris, Vrin, 2009.

O'NEILL O., *Autonomy and Trust in Bioethics*, Cambridge, Cambridge University Press, 2002.

WYNBERG R., SCHROEDER D., CHENNELLS R. (dir.), *Indigenous Peoples, Consent and Benefit Sharing. Lessons from the San-Hoodia Case*, Dordrecht-Heidleberg-New York-Londres, Springer, 2009.

MICHEL DE MONTAIGNE

DE L'EXPÉRIENCE *

Les arts qui promettent de nous tenir le corps en santé, et l'âme en santé, nous promettent beaucoup : mais aussi n'en est-il point, qui tiennent moins ce qu'elles promettent. Et en notre temps, ceux qui font profession de ces arts entre nous, en montrent moins les effets que tous autres hommes. On peut dire d'eux, pour le plus, qu'ils vendent les drogues médicinales : mais qu'ils soient médecins, cela ne peut-on dire. J'ai assez vécu, pour mettre en compte l'usage, qui m'a conduit si loin. Pour qui en voudra goûter : j'en ai fait l'essai, son échanson. En voici quelques articles comme la souvenance me les fournira. Je n'ai point de façon, qui ne soit allée variant selon les accidents : Mais j'enregistre celles que j'ai plus souvent vues en train : qui ont eu plus de possession en moi jusqu'à cette heure. Ma forme de vie, est pareille en maladie comme en santé : même lit, mêmes heures, mêmes viandes me servent, et même breuvage. Je n'y ajoute du tout rien, que la modération du plus ou du moins, selon ma force et appétit. Ma santé, c'est maintenir sans détourbier mon état

---

* M. de Montaigne, *Les Essais*, III, 13 (1595), Paris, Charpentier, 1882, T. 4, p. 273-292 (accessible sur Gallica).

accoutumé. Je vois que la maladie m'en déloge d'un côté : si je
crois les médecins, ils m'en détournent de l'autre : et par fortune,
et par art, me voilà hors de ma route. Je ne crois rien plus certainement que ceci : que je ne saurais être offensé par l'usage des
choses que j'ai si longtemps accoutumées. C'est à la coutume de
donner forme à notre vie, telle qu'il lui plaît, elle peut tout en cela.
C'est le breuvage de Circé, qui diversifie notre nature, comme
bon lui semble. Combien de nations, et à trois pas de nous, estiment ridicule la crainte du serein, qui nous blesse si apparemment : et nos bateliers et nos paysans s'en moquent. Vous faites
malade un Allemand, de le coucher sur un matelas : comme
un Italien sur la plume, et un Français sans rideau et sans feu.
L'estomac d'un Espagnol ne dure pas à notre forme de manger,
ni le nôtre à boire à la Suisse. Un Allemand me fit plaisir, à
Auguste, de combattre l'incommodité de nos foyers, par ce même
argument, de quoi nous nous servons ordinairement à condamner
leurs poêles. Car à la vérité, cette chaleur croupie, et puis la
senteur de cette matière réchauffée, de quoi ils sont composés,
entête la plupart de ceux qui n'y sont expérimentés, à moi non.
Mais au demeurant, étant cette chaleur égale, constante et universelle, sans lueur, sans fumée, sans le vent que l'ouverture de nos
cheminées, nous apporte, elle a bien par ailleurs, de quoi se
comparer à la nôtre. Que n'imitons-nous l'architecture Romaine ?
Car on dit, que anciennement, le feu ne se faisait en leurs maisons,
que par le dehors, et au pied d'icelles : d'où s'inspirait la chaleur à
tout le logis, par les tuyaux pratiqués dans l'épais du mur, lesquels
allaient embrassant les lieux qui en devaient être échauffés. Ce
que j'ai vu clairement signifié, je ne sais où, en Sénèque. Celui-ci,
m'oyant louer les commodités, et beautés de sa ville : qui le mérite
certes : commença à me plaindre, de quoi j'avais à m'éloigner. Et
des premiers inconvénients qu'il m'allégua, ce fut la pesanteur de
tête, que m'apporteraient les cheminées ailleurs. Il avait ouï faire

cette plainte à quelqu'un, et nous l'attachait, étant privé par l'usage de l'apercevoir chez lui. Toute chaleur qui vient du feu, m'affaiblit et m'appesantit. Si disait Evenus, que le meilleur condiment de la vie, était le feu. Je prends plutôt toute autre façon d'échapper au froid. Nous craignons les vins au bas : en Portugal, cette fumée est en délices, et est le breuvage des princes. En somme, chaque nation a plusieurs coutumes et usances, qui sont non seulement inconnues, mais farouches et miraculeuses à quelque autre nation. Que ferons-nous à ce peuple, qui ne fait recette que de témoignages imprimés, qui ne croit les hommes s'ils ne sont en livres, ni la vérité, si elle n'est d'âge compétent ? Nous mettons en dignité nos sottises, quand nous les mettons en moule. Il y a bien pour lui, autre poids, de dire : je l'ai lu : que si vous dites : je l'ai ouï dire. Mais moi, qui ne mécrois non plus la bouche, que la main des hommes : et qui sais qu'on écrit autant indiscrètement qu'on parle : et qui estime ce siècle, comme un autre passé, j'allègue aussi volontiers un mien ami, que Aulu-Gelle, et que Macrobe : et ce que j'ai vu, que ce qu'ils ont écrit. Et comme ils tiennent de la vertu, qu'elle n'est pas plus grande, pour être plus vieille, elle n'est pas plus sage. Je dis souvent que c'est pure sottise, qui nous fait courir après les exemples étrangers et scolastiques : Leur fertilité est pareille à cette heure à celle du temps d'Homère et de Platon. Mais n'est-ce pas, que nous cherchons plus l'honneur de l'allégation, que la vérité du discours ? Comme si c'était plus d'emprunter, de la boutique de Vascosan, ou de Plantin, nos preuves, que de ce qui se voit en notre village. Ou bien certes, que nous n'avons pas l'esprit d'éplucher, et faire valoir, ce qui se passe devant nous, et le juger assez vivement, pour le tirer en exemple. Car si nous disons, que l'autorité nous manque, pour donner foi à notre témoignage, nous le disons hors de propos. D'autant qu'à mon avis, des plus ordinaires choses, et plus communes, et connues, si nous savions trouver leur jour, se peuvent former les plus grands miracles de la nature, et les plus merveilleux exemples, notamment sur le sujet des actions humaines. Or sur mon sujet, laissant les exemples que je sais par les livres : Et ce que dit Aristote d'Andron Argien, qu'il traversait sans boire les arides sablons de la Libye. Un gentilhomme qui s'est acquitté dignement de plusieurs charges, disait où j'étais, qu'il était allé de Madrid à Lisbonne, en plein été, sans boire. Il se porte vigoureusement pour son âge, et n'a rien d'extraordinaire en l'usage de sa vie, que ceci, d'être deux ou trois mois, voire un an, ce m'a-t-il dit, sans boire. Il sent de l'altération, mais il la laisse passer : et tient que c'est un appétit qui s'alanguit aisément de soi-même : et boit plus par caprice, que pour le besoin, ou pour le plaisir. En voici d'un autre. Il n'y a pas longtemps, que je rencontrai l'un des plus savants hommes de France, entre ceux de non médiocre fortune, étudiant au coin d'une salle, qu'on lui avait rembarré de tapisserie : et autour de lui, un tabut de ses valets, plein de licence. Il me dit, et Sénèque quasi autant de soi, qu'il faisait son profit de ce tintamarre : comme si battu de ce bruit, il se ramenât et resserrât plus en soi, pour la contemplation, et que cette tempête de voix répercutât ses pensées au-dedans. Étant écolier à Padoue, il eut son étude si longtemps logé à la batterie des coches, et du tumulte de la place, qu'il se forma non seulement au mépris, mais à l'usage du bruit, pour le service de ses études. Socrates répondit à Alicibiades, s'étonnant comme il pouvait porter le continuel tintamarre de la tête de sa femme : Comme ceux, qui sont accoutumés à l'ordinaire bruit des roues à puiser de l'eau. Je suis bien au contraire : j'ai l'esprit tendre et facile à prendre l'essort : Quand il est empêché à part soi, le moindre bourdonnement de mouche l'assassine. Sénèque en sa jeunesse, ayant mordu chaudement, à l'exemple de Sextius, de ne manger chose, qui eût pris mort : s'en passait dans un an, avec plaisir, comme il dit. Et s'en déporta seulement, pour n'être soupçonné, d'emprunter cette règle d'aucunes religions nouvelles, qui la semaient. Il prit quand et quand des préceptes d'Attalus, de ne se coucher plus sur des loudiers, qui enfondrent : et employa jusqu'à la vieillesse ceux qui ne cèdent point au corps. Ce que l'usage de son temps lui fait compter à rudesse, le nôtre, nous le fait tenir à mollesse. Regardez la différence du vivre de mes valets à bras, à la mienne : les Scythes et les Indes n'ont rien plus éloigné de ma force, et de ma forme. Je sais avoir retiré de l'aumône des enfants pour m'en servir, qui bientôt après m'ont quitté et ma cuisine, et leur livrée : seulement, pour se rendre à leur première vie. Et en trouvai un, amassant depuis, des moules, emmi la voirie, pour son dîner, que par prière, ni par menace, je ne sus distraire de la saveur et douceur, qu'il trouvait en l'indigence. Les gueux ont leur magnificences, et leur voluptés, comme les riches : et, dit-on, leurs dignités et ordres politiques. Ce sont effets de l'accoutumance : Elle nous peut duire, non seulement à telle forme qu'il lui plaît (pourtant, disent les sages, nous faut-il planter à la meilleure, qu'elle nous facilitera incontinent), mais aussi au changement et à la variation : qui est le plus noble, et le plus utiles de ses apprentissages. La meilleure de mes complexions corporelles, c'est d'être flexible et peu opiniâtre. J'ai des inclinations plus propres et ordinaires, et plus agréables, que d'autres. Mais avec bien peu d'effort, je m'en détourne, et me coule aisément à la façon contraire. Un jeune homme doit troubler ses règles, pour éveiller sa vigueur : la garder de moisir et de s'apoltronir : Et n'est train de vie, si sot et si débile, que celui qui se conduit par ordonnance et discipline :

> *Ad primum lapidem vectari cum placet, hora*
> *Sumitur ex libro, si prurit frictus ocelli*
> *Angulus, inspecta genesi collyria quaerit.*

[Quand il souhaite se déplacer d'un kilomètre, l'heure est choisie dans son livre, si le coin de son œil le brûle, pour l'avoir frotté, il demande des collyres après avoir consulté son horoscope.]

Il se rejettera souvent aux excès même, s'il m'en croit : autrement, la moindre débauche le ruine : Il se rend incommode et désagréable en conversation. La plus contraire qualité à un honnête homme, c'est la délicatesse et obligation à certaine façon particulière. Et elle est particulière, si elle n'est ployable, et souple. Il y a de la honte, de laisser à faire par impuissance, ou de n'oser ce qu'on voit faire à ses compagnons. Que telles gens gardent leur cuisine. Partout ailleurs, il est indécent : mais à un homme de guerre, il est vicieux et insupportable. Lequel, comme disait Philipoemen, se doit accoutumer à toute diversité et inégalité de vie. Quoique j'aie été dressé autant qu'on a pu, à la liberté et l'indifférence, si est-ce que par nonchalance, m'étant en vieillissant, plus arrêté sur certaines formes (mon âge est hors d'institution, et n'a désormais de quoi regarder ailleurs qu'à se maintenir) la coutume a déjà, sans y penser, imprimé si bien en moi son caractère, en certaines choses, que j'appelle excès de m'en départir. Et sans m'essayer, ne puis, ni dormir sur jour, ni faire collation entre les repas, ni déjeuner, ni m'aller coucher sans grand intervalle : comme de trois heures, après le souper, ni faire des enfants, qu'avant le sommeil : ni les faire debout : ni porter ma sueur : ni m'abreuver d'eau pure ou de vin pur : ni me tenir nu-tête longtemps : ni me faire tondre après dîner. Et me passerais autant malaisément de mes gants que de ma chemise : et de me laver à l'issue de table, et à mon lever : et de ciel et rideaux à mon lit, comme de choses bien nécessaires : Je dînerais sans nappe : mais à l'Allemande sans serviette blanche, très incommodément. Je les souille plus qu'eux et les Italiens ne font : et m'aide peu de cuiller, et de fourchette. Je plains qu'on n'ait suivi un train, que j'ai vu commencer à l'exemple des Rois : Qu'on nous changeât de serviette, selon les services, comme d'assiette. Nous tenons de ce laborieux soldat Marius, que vieillissant, il devint délicat en son boire : et ne le prenait qu'en une sienne coupe particulière. Moi je me laisse aller aussi à certaine forme de verres, et ne bois pas volontiers en verre commun : Non plus que d'une main commune : Tout métal m'y déplaît au prix d'une matière claire et transparente : Que mes yeux y tâtent aussi selon leur capacité. Je dois plusieurs telles mollesses à l'usage. Nature m'a aussi d'autre part apporté les siennes : Comme de ne soutenir plus deux pleins repas en un jour, sans surcharger mon estomac : Ni l'abstinence pure de l'un des repas : sans me remplir de vents, assécher ma bouche, étonner mon appétit : De m'offenser d'un long serein. Car depuis quelques années, aux corvées de guerre, quand toute la nuit y court, comme il advient communément, après cinq ou six heures, l'estomac me commence à troubler, avec véhémente douleur de tête : et n'arrive point au jour, sans vomir. Comme les autres s'en vont déjeuner, je m'en vais dormir : et au partir de là, aussi gai qu'auparavant. J'avais toujours appris que le serein ne s'épandait qu'à la naissance de la nuit : mais hantant ces années passées familièrement, et longtemps, un seigneur imbu de cette créance, que le serein est plus âpre et dangereux sur l'inclination du Soleil, une heure ou deux avant son coucher : lequel évite soigneusement et méprise celui de la nuit : il a cuidé m'imprimer, non tant son discours, que son sentiment. Quoi, que le doute même, et l'inquisition frappe notre imagination, et nous change ? Ceux qui cèdent à tout coup à ces pentes, attirent l'entière ruine sur eux. Et plains plusieurs gentilshommes, qui par la sottise de leurs médecins, se sont mis en chartre tout jeunes et entiers. Encore vaudrait-il mieux souffrir un rhume, que de perdre pour jamais, par désaccoutumance, le commerce de la vie commune, en action de si grand usage. Fâcheuse science : qui nous décrie, les plus douces heures du jour. Étendons notre possession jusqu'aux derniers moyens. Le plus souvent on s'y durcit, en s'opiniâtrant, et corrige l'on sa complexion : comme fit César le haut mal, à force de le mépriser et corrompre. On se doit adonner aux meilleures règles, mais non pas s'y asservir : Si ce n'est à celles, s'il y en a quelqu'une, auxquelles l'obligation et servitude soit utile. Et les Rois et les philosophes fientent, et les dames aussi : les vies publiques se doivent à la cérémonie : la mienne obscure et privée, jouit de toute dispense naturelle : Soldat et Gascon, sont qualités aussi, un peu sujettes à l'indiscrétion. Par quoi, je dirai ceci de cette action : qu'il est besoin de la renvoyer à certaines heures, prescrites et nocturnes, et s'y forcer par coutume, et assujettir, comme j'ai fait : Mais non s'assujettir, comme j'ai fait en vieillissant, au soin de particulière commodité de lieu, et de siège, pour ce service : et le rendre empêchant par longueur et mollesse : Toutefois aux plus sales offices, est-il pas aucunement excusable, de requérir plus de soin et de netteté ? *Natura homo mundum et elegans animal est* [« L'homme est par nature un animal raffiné et élégant »]. De toutes les actions naturelles, c'est celle, que je souffre plus mal volontiers m'être interrompue. J'ai vu beaucoup de gens de guerre, incommodés du déréglement de leur ventre : Tandis que le mien et moi, ne faillons jamais au point de notre assignation : qui est au saut du lit, si quelque violente occupation, ou maladie ne nous trouble. Je ne juge donc point, comme je disais, où les malades se puissent mettre mieux en sûreté, qu'en se tenant cois, dans le train de vie, où ils se sont élevés et nourris. Le changement, quel qu'il soit, étonne et blesse. Allez croire que les châtaignes nuisent à un Périgourdin, ou à un Lucquois : et le lait et le fromage aux gens de la montagne. On leur va ordonnant, une non seulement nouvelle, mais contraire forme de vie : Mutation qu'un sain ne pourrait souffrir. Ordonnez de l'eau à un Breton de soixante-dix ans : enfermez dans une étuve

un homme de marine : défendez le promener à un laquais Basque :
ils les privent de mouvement, et enfin d'air et de lumière.

> *An vivere tanti est ?*
> *Cogimur a suetis animum suspendere rebus,*
> *Atque, ut viuamus viuere desinimus :*
> *Hos superesse reor, quibus et spirabilis aer,*
> *Et lux qua regimur redditur ipsa gravis ?*

> [La vie est-elle si précieuse ? … On nous oblige à nous priver de
> choses auxquelles nous sommes accoutumés, et, pour prolonger
> notre vie, nous cessons de vivre … En effet mettrais-je au nombre
> des vivants ceux à qui l'on incommode l'air qu'ils respirent et la
> lumière qui les éclaire ?] PSEUDO-GALL., *Eleg*, I, 155, 247.

S'ils ne font autre bien, ils font au moins ceci, qu'ils préparent
de bonne heure les patients à la mort, leur sapant peu à peu et
retranchant l'usage de la vie. Et sain et malade, je me suis volontiers laissé aller aux appétits qui me pressaient. Je donne grande
autorité à mes désirs et propensions. Je n'aime point à guérir le
mal par le mal. Je hais les remèdes qui importunent plus que la
maladie. D'être sujet à la colique, et sujet à m'abstenir du plaisir
de manger des huîtres, ce sont deux maux pour un. Le mal nous
pince d'un côté, la règle de l'autre. Puisqu'on est au hasard de se
mécompter, hasardons-nous plutôt à la suite du plaisir. Le monde
fait au rebours, et ne pense rien utile, qui ne soit pénible : la facilité
lui est suspecte. Mon appétit en plusieurs choses, s'est assez
heureusement accommodé par soi-même, et rangé à la santé de
mon estomac. L'acrimonie et la pointe des sauces m'agréèrent
étant jeune : mon estomac s'en ennuyant depuis, le goût l'a incontinent suivi. Le vin nuit aux malades : c'est la première chose, de
quoi ma bouche se dégoûte, et d'un dégoût invincible. Quoi que je
reçoive désagréablement, me nuit ; et rien ne me nuit, que je fasse
avec faim, et allégresse : Je n'ai jamais reçu nuisance d'action, qui

m'eût été bien plaisante. Et si ai fait céder à mon plaisir, bien largement, toute conclusion médicinale. Et me suis jeune,

> *Quem circumcursans huc atque huc saepe Cupido*
> *Fulgebat, crocina splendidus in tunica,*

[Lorsque l'amour, voltigeant çà et là autour de moi, brillait dans une tunique éclatante,] CATULLE, *Carm.* LXVI, 133.

prêté autant licencieusement et inconsidérément, qu'autre, au désir qui me tenait saisi :

> *Et militaui non sine gloria.*

[Et j'ai combattu avec quelque gloire.] HORACE, *Od.*, III, 26, 2.

Plus toutefois en continuation et en durée, qu'en saillie.

> *Sex me vix memini sustinuisse vices.*

[Je me souviens d'avoir à peine remporté six victoires.] OVIDE, *Amor.*, III, 7, 26.

Il y a du malheur certes, et du miracle, à confesser, en quelle faiblesse d'ans, je me rencontrai premièrement en sa sujétion. Ce fut bien rencontre : car ce fut longtemps avant l'âge de choix et de connaissance. Il ne me souvient point de moi de si loin. Et peut-on marier ma fortune à celle de Quartilla, qui n'avait point mémoire de son fillage.

> *Inde tragus celresque pili, mirandaque matri*
> *Barba meae.*

[Aussi eus-je bientôt du poil sous l'aisselle, et ma barbe précoce étonna ma mère.] MARTIAL, XI, 22, 7.

Les médecins ploient ordinairement avec utilité, leurs règles, à la violence des envies âpres, qui surviennent aux malades. Ce grand désir ne se peut imaginer, si étranger et vicieux, que nature

ne s'y applique. Et puis, combien est-ce de contenter la fantaisie ?
À mon opinion cette pièce-là importe de tout : au moins, au-delà
de toute autre. Les plus griefs et ordinaires maux, sont ceux que la
fantaisie nous charge. Ce mot Espagnol me plaît à plusieurs
visage : *Defienda me Dios de my* [« Que Dieu me garde de moi »].
Je plains étant malade, de quoi je n'ai quelque désir qui me donne
ce contentement de l'assouvir : à peine m'en détournerait la
médecine. Autant en fais-je sain : je ne vois guère plus qu'espérer
et vouloir. C'est pitié d'être alangui et affaibli, jusques au souhaiter.
L'art de médecine n'est pas si résolue, que nous soyons sans
autorité, quoi que nous fassions. Elle change selon les climats, et
selon les Lunes : selon Fernel et selon l'Escale. Si votre médecin
ne trouve bon que vous dormez, que vous usez de vin, ou de telle
viande : Ne vous chaille : je vous en trouverai un autre qui ne sera
pas de son avis. La diversité des arguments et opinions médicinales, embrasse toute sorte de formes. Je vis un misérable malade,
crever et se pâmer d'altération, pour se guérir : et être moqué
depuis par un autre médecin : condamnant ce conseil comme
nuisible. Avait-il pas bien employé sa peine ? Il est mort fraîche-
ment de la pierre, un homme de ce métier, qui s'était servi
d'extrême abstinence à combattre son mal : ses compagnons
disent, qu'au rebours, ce jeûne l'avait asséché, et lui avait cuit
le sable dans les rognons. J'ai aperçu qu'aux blessures, et aux
maladies, le parler m'émeut et me nuit, autant que désordre que je
fasse. La voix me coûte, et me lasse : car je l'ai haute et efforcée :
Si que, quand je suis venu à entretenir l'oreille des grands,
d'affaires de poids, je les ai mis souvent en soin de modérer ma
voix. Ce conte mérite de me divertir. Quelqu'un, en certaine école
Grecque, parlait haut comme moi : le maître des cérémonies lui
manda qu'il parlât plus bas : Qu'il m'envoie, fit-il, le ton auquel il
veut que je parle. L'autre lui répliqua, qu'il prît son ton des
oreilles de celui à qui il parlait. C'était bien dit, pourvu qu'il

s'entende : Parlez selon ce que vous avez affaire à votre auditeur.
Car si c'est-à-dire, suffise-vous qu'il vous oye : ou, réglez-vous
par lui : je ne trouve pas que ce fût raison. Le ton et mouvement de
la voix a quelque expression, et signification de mon sens : c'est
à moi à le conduire, pour le représenter. Il y a voix pour instruire,
voix pour flatter, ou pour tancer. Je veux que ma voix non seulement arrive à lui, mais à l'aventure qu'elle le frappe, et qu'elle le
perce. Quand je mâtine mon laquais, d'un ton aigre et poignant :
il ferait bon qu'il vînt à me dire : *Mon maître parlez plus doux,
je vous ois bien, Est quaedam vox ad auditum accomodata, non
magnitudine, sed proprietate* [« Il y a une sorte de voix qui est
faite pour l'oreille, non pas tant par son étendue que par sa
propriété. »] QUINTILIEN, XI, 3. La parole est moitié à celui qui
parle, moitié à celui qui l'écoute. Cettui-ci se doit préparer à la
recevoir, selon le branle qu'elle prend. Comme entre ceux qui
jouent à la paume, celui qui soutient, se démarche et s'apprête,
selon qu'il voit remuer celui qui lui jette le coup, et selon la forme
du coup. L'expérience m'a encore appris ceci, que nous nous
perdons d'impatience. Les maux ont leur vie, et leurs bornes,
leurs maladies et leur santé : La constitution des maladies est
formée au patron de la constitution des animaux. Elles ont leur
fortune limitée dès leur naissance : et leurs jours. Qui essaie de les
abréger impérieusement, par force, au travers de leur course, il les
allonge et multiplie : et les harcèle, au lieu de les apaiser. Je suis
de l'avis de Crantor, « qu'il ne faut ni obstinément s'opposer aux
maux, et à l'étourdie : ni leur succomber de mollesse : mais qu'il
leur faut céder naturellement, selon leur condition et la nôtre ».
On doit donner passage aux maladies : et je trouve qu'elles
arrêtent moins chez moi, qui les laisse faire. Et en ai perdu de
celles qu'on estime plus opiniâtres et tenaces, de leur propre
décadence : sans aide et sans art, et contre ses règles. Laissons
faire un peu à nature : elle entend mieux ses affaires que nous.

Mais un tel en mourut. Si ferez-vous : sinon de ce mal-là, d'un autre. Et combien n'ont pas laissé d'en mourir, ayant trois médecins à leur cul ? L'exemple est un miroir vague, universel et à tout sens. Si c'est une médecine voluptueuse, acceptez-la ; c'est toujours autant de bien présent. Je ne m'arrêterai ni au nom, ni à la couleur, si elle est délicieuse et appétissante : Le plaisir est des principales espèces du profit. J'ai laissé envieillir et mourir en moi, de mort naturelle, des rhumes ; défluxions goutteuses ; relaxation ; battement de cœur ; migraines ; et autres accidents, que j'ai perdu, quand je m'étais à demi formé à les nourrir. On les conjure mieux par courtoisie, que par braverie. Il faut souffrir doucement les lois de notre condition : Nous sommes pour vieillir, pour affaiblir, pour être malades, en dépit de toute médecine. C'est la première leçon que les Mexicains font à leurs enfants ; quand au partir du ventre des mères, ils les vont saluant, ainsi : « Enfant, tu es venu au monde pour endurer : endure, souffre, et tais-toi ». C'est injustice de se douloir qu'il soit advenu à quelqu'un, ce qui peut advenir à chacun. *Indignare si quid in te inique proprie constitutum est* [« Plains-toi si l'on a pris contre toi seul des mesures injustes »] SÉNÈQUE, *Epist.*, 91. Voyez un vieillard, qui demande à Dieu qu'il lui maintienne sa santé entière et vigoureuse ; c'est-à-dire qu'il le remette en jeunesse :

> *Stulte quid hoc frustra votis puerilibus optas ?*

> [Insensé, pourquoi dans tes désirs d'enfant, souhaiter ce que tu ne peux obtenir.] OVIDE, *Trist.*, III, 8, 11.

N'est-ce pas folie ? Sa condition ne le porte pas. La goutte, la gravelle, l'indigestion, sont symptômes des longues années ; comme des longs voyages, la chaleur, les pluies, et les vents. Platon ne croit pas, qu'Æsculape se mît en peine, de pourvoir par régimes, à faire durer la vie, en un corps gâté et imbécile : inutile à son pays, inutile à sa vacation ; et à produire des enfants sains et robustes : et ne trouve pas ce soin convenable à la justice et prudence divine, qui doit conduire toutes choses à utilité. Mon bonhomme, c'est fait : on ne vous saurait redresser : on vous plâtrera pour le plus, et étançonnera un peu, et allongera l'on de quelque heure votre misère.

> *Non secus instantem cupiens falcire ruinam,*
> *Diversis contra nititur obicibus,*
> *Donec certa dies, omni compage soluta,*
> *Ipsum cum rebus subruat auxilium.*

[Tout ainsi que celui qui veut contrebuter une ruine oppose et gonde contre elle divers étais : jusqu'à ce que certain jour arrivant, toute la liaison se découd, et le bâtiment avec son secours, fond par terre.] PSEUDO-GALLUS, I, 171, traduit par Mademoiselle de Gournay.

Il faut apprendre à souffrir ce qu'on ne peut éviter. Notre vie est composée, comme l'harmonie du monde, de choses contraires, aussi de divers tons, doux et âpres, aigus et plats, mols et graves : Le Musicien qui n'en aimerait que les uns, que voudrait-il dire ? Il faut qu'il s'en sache servir en commun, et les mêler. Et nous aussi, les biens et les maux, qui sont consubstantiels à notre vie. Notre être ne peut sans ce mélange ; et y est l'une bande non moins nécessaire que l'autre. D'essayer à regimber contre la nécessité naturelle, c'est représenter la folie de Ctésiphon, qui entreprenait de faire à coups de pieds avec sa mule. Je consulte peu, des altérations, que je sens ; Car des gens ici sont avantageux, quand ils vous tiennent à leur miséricorde. Ils vous gourmandent les oreilles de leurs pronostics ; et me surprenant autrefois affaibli du mal, m'ont injurieusement traité de leurs dogmes, et trogne magistrale : me menaçant tantôt de grandes douleurs, tantôt de mort prochaine : Je n'en était abattu, ni délogé de ma place, mais j'en étais heurté et poussé : Si mon jugement n'en est ni changé, ni troublé : au moins il en était empêché. C'est toujours agitation et combat. Or je traite mon imagination le plus doucement que je puis ; et la déchargerais si je pouvais, de toute peine et contestation. Il la faut secourir, et flatter, et piper qui peut. Mon esprit est propre à cet office. Il n'a point faute d'apparence partout. S'il persuadait, comme il prêche, il me secourrait heureusement. Vous en plaît-il un exemple ? Il dit, que c'est pour mon mieux, que j'ai la grabelle. Que les bâtiments de mon âge, ont naturellement à souffrir quelque gouttière. Il est temps qu'ils commencent à se lâcher et démentir : C'est une commune nécessité : Et n'eût-on pas fait pour moi, un nouveau miracle. Je paie par là le loyer dû à la vieillesse ; et ne saurais en avoir meilleur compte. Que la compagnie me doit consoler ; étant tombé en l'accident le plus ordinaire des hommes de mon temps. J'en vois partout d'affligés de même nature de mal. Et m'en est la société honorable, d'autant qu'il se prend plus volontiers aux grands : son essence a de la noblesse et de la dignité. Que des hommes qui en sont frappés, il en est peu de quittes à meilleure raison : et si, il leur coûte la peine d'un fâcheux régime, et la prise ennuyeuse, et quotidienne, des drogues médicinales : Là où, je me dois purement à ma bonne fortune. Car quelques bouillons communs de l'eringium, et herbe du Turc, que deux ou trois fois j'ai avalé, en faveur des dames, qui plus gracieusement que mon mal n'est aigre, m'en offraient la moitié du leur : m'ont semblé également faciles à prendre, et inutiles en opération. Ils ont à payer mille vœux à Æsculape, et autant d'écus à leur médecin, de la profluvion de sable aisée et abondante, que je reçois souvent par bénéfice de nature.

KARL JASPERS

L'IDÉE MÉDICALE *

À l'origine de la médecine, le médecin est un prêtre ; dans la pensée d'Hippocrate, c'est un homme qui étudie objectivement son semblable sous tous ses aspects, ainsi que sa situation, afin de les traiter rationnellement ; plus tard, le médecin médiéval est chargé d'entretenir une tradition spéculative faisant autorité. Toutes ces conceptions du médecin ont fait place, depuis des siècles déjà, à une conception moderne, dictée par l'apparition de la médecine expérimentale. La fonction du médecin n'est plus sacerdotale, mais humaine. Là où la médecine hippocratique se contentait de décrire la maladie et de prescrire un régime, là où celle du Moyen Âge rendait un arrêt fondé sur la seule théorie, nous avons aujourd'hui une science expérimentale, dont les progrès sont illimités et les succès à peine croyables. Pourtant, toutes les conceptions périmées réapparaissent de nos jours, et se présentent soit comme précieuses, soit comme insensées.

Au cours des derniers siècles, la médecine reposait essentiellement sur l'idée suivante : la maladie est un phénomène

* K. Jaspers, *Essais philosophiques, philosophie et problèmes de notre temps* (1953), trad. fr. L. Jospin, Paris, Payot, 1970, p. 140-154.

naturel qui affecte le corps; il faut que le malade en vienne à bout. Le médecin est là pour l'assister contre ce phénomène fâcheux. D'accord avec le patient, il apporte son aide, qui repose sur un certain savoir-faire et des connaissances scientifiques. Il instruit le patient, qui sait désormais de quoi il s'agit, et qui contribue à l'application judicieuse du traitement. Le malade peut souscrire à ce traitement, douter puis se laisser convaincre, ou enfin refuser l'intervention que le médecin ne fait que lui proposer.

Cette conception de l'activité médicale repose sur deux piliers : d'une part la connaissance scientifique et le savoir-faire, la technique médicale, d'autre part la morale humaniste. Le médecin est un homme qui n'oublie jamais la dignité du patient (celui-ci prend librement ses décisions), ni la valeur irremplaçable de chaque vie humaine.

La connaissance scientifique se transmet par l'enseignement, en termes clairs et sur une large échelle. L'humanisme médical, en revanche, se transmet insensiblement, de façon permanente, par la personnalité du médecin, son ton, ses gestes, par l'esprit d'une clinique, par cette atmosphère de présence silencieuse qui caractérise le corps médical. L'enseignement peut et doit être planifié. Il devient toujours plus précis et plus didactique. La recherche scientifique augmente le savoir et affine la technique, elle devient sans cesse plus critique et plus méthodique. L'humanisme, lui, ne planifie pas. Sans lien avec les progrès de la connaissance, il réapparaît dans chaque médecin, dans chaque clinique, par la réalité même de l'*homo medicus*. Cet humanisme s'inspire de la règle énoncée au XVIIe siècle par le grand médecin anglais Sydenham : « Je n'ai jamais traité personne autrement que je ne voudrais être soigné si je contractais la même maladie ».

Or cette conception simple et noble est remise en question par l'évolution récente de la médecine. On ne peut plus revenir sur la notion de spécialisation. Plus les connaissances augmentent, plus le spécialiste a tendance à s'en tenir à un certain mode de pensée. Chaque malade est soumis à une longue série d'examens et de traitements spécialisés, qui perdent de leur valeur s'ils ne sont pas englobés par la pensée unificatrice d'un médecin ayant en vue l'être humain tout entier, dans sa situation concrète.

La spécialisation scientifique entraîne une refonte de l'enseignement. Une collection de « spécialités » remplace l'éducation de la pensée biologique? Le temps des étudiants est tellement pris que la dispersion des matières d'examen exclut toute réflexion en profondeur. Les élans intellectuels d'une jeunesse éprise de liberté sont paralysés par la façon dont les études sont conçues : le programme tient chaque étudiant en laisse et tout ce que l'on attend de lui est un gigantesque effort de mémoire. De moins en moins, les examens portent sur le jugement du candidat; dans les cours déjà, cette fonction n'est jamais exercée à proportion de la somme des connaissances requises. Il existe, actuellement, une pensée biologique digne de ce nom et absolument admirable; pourtant, la tendance générale semble y être diamétralement opposée. Dans le monde entier, on instruit des jeunes gens qui savent énormément de choses, deviennent habile dans un domaine particulier, mais qui ne possèdent ni jugement indépendant, ni capacité d'étudier le malade.

Ces tendances à la spécialisation et à l'école-entreprise ne sont que les tendances générales de notre époque. Partout, la gestion des grandes entreprises et la civilisation de masse entraînent un nivellement qui fait de l'homme un simple rouage. La force de jugement, la lucidité, la spontanéité personnelle sont paralysées par cet univers mécanique.

Il en va de même pour les rapports entre le médecin et le malade. Les assurances-maladies étaient devenues une nécessité, ainsi que l'étendue des hôpitaux; tout cela menace néanmoins les rapports traditionnels entre le médecin *individuel* et le malade *individuel*.

S'il est si difficile, aujourd'hui, d'être médecin, ce n'est pas uniquement par suite de cette tendance générale de notre époque, mais en outre à cause des problèmes insolubles qu'a toujours posés l'exercice de la profession médicale ; la seule différence est qu'ils se posent aujourd'hui sous une forme inédite. Disons maintenant un mot de ces problèmes.

Théoriquement, les rapports entre un malade et son médecin se ramènent à des rapports entre deux hommes raisonnables, dont l'un, qui a reçu une formation scientifique, cherche à aider l'autre, qui est atteint dans sa santé.

Cela implique que le malade raisonnable accepte et soit capable de comprendre, puis de se comporter en conséquence, lorsque le spécialiste le renseigne sur son cas.

Cela implique également que le malade raisonnable ne veuille que d'un traitement scientifiquement justifié, donc ne se fasse soigner que lorsqu'un traitement réel est possible. Dans les autres cas, qui sont légion, il ne demandera qu'un diagnostic et une observation, afin de ne pas laisser passer la chance d'une intervention utile. Pour l'homme raisonnable, qu'il soit malade ou médecin, le principe de la médecine est le suivant : intervenir aussi peu que possible et se contenter des moyens justifiables rationnellement.

Cet idéal suppose que l'un et l'autre soient parvenus à la maturité de leur raison et de leur humanité. Parlons tout d'abord du malade.

Bien des malades ne sont pas raisonnables, ce qui fait que l'une des conditions précitées n'est pas remplie. Ils consultent parce qu'ils veulent être soignées à tout prix. Conformément à leur attente, la consultation s'achève toujours par une ordonnance.

Or le désir d'être constamment en traitement, la terreur de ceux qui veulent être guéris de n'importe quoi, et les exigences que tous ces malades présentent à un médecin qui ne peut rien pour eux, tout cela entraîne fatalement l'apparition de méthodes thérapeutiques qui, objectivement, sont inefficaces. Vers 1930, un illustre pharmacologue a pu dire, à l'occasion d'une prise en charge à l'Université de Heidelberg : « Nous connaissons une douzaine de remèdes efficaces ; les autres n'existent qu'à cause de la terreur des malades et de l'intérêt commercial des laboratoires ».

De plus, le malade ne souhaite pas vraiment savoir ; il lui est plus agréable d'obéir. L'autorité du médecin est la bienvenue pour lui, car elle le dispense de réfléchir par lui-même et de prendre ses responsabilités. « Mon médecin a prescrit … », voilà l'excuse la plus commode.

Enfin, lorsque la maladie est mortelle ou que les jours, à vues humaines, sont déjà comptés, le malade refuse de le savoir. Dit-il le contraire, c'est pour qu'on le rassure non pour qu'on lui dise la vérité.

L'homme se montrant ainsi rarement raisonnable, et même tout le contraire, lorsqu'il est malade, il est inévitable que l'attitude idéale du médecin en soit modifiée.

Parlons tout d'abord de la sincérité absolue du médecin. Pour avoir droit à la vérité, le malade doit être capable de supporter la vérité, de se comporter raisonnablement face à elle. Le malade raisonnable assume sa part d'incertitude. Pour cela, il faut avoir la force de ne jamais renoncer à tout espoir devant un pronostic défavorable, au nom de ce qui demeure incertain quand on croit savoir. En 1927, par exemple, le malade qui allait mourir d'anémie pernicieuse fut sauvé contre toute espérance, car c'est cette année-là que nous vint d'Amérique l'hépatothérapie. Même si le pronostic est des plus sombres, le médecin devra donc réserver cette marge de chance en ayant recours à la formule : « à moins qu'il ne se produise un miracle!». Or, seule la raison, liée à la transcendance, donne à l'homme le pouvoir de se sentir ignorant même lorsqu'il croit savoir, et cela non pas de façon purement théorique, mais sur le plan pratique avant tout. C'est la peur qui, déraisonnablement, exige de savoir; voilà pourquoi le médecin ne peut pas toujours communiquer son savoir à tous les malades.

Mais quand le malade fait preuve d'une déraison radicale, il est encore moins possible pour le médecin d'agir comme il devrait le faire idéalement. On s'en rend compte dans les cas de phénomènes particulièrement délicats pour la pensée scientifique. Je veux dire lorsque l'on passe de la sphère mentale à la sphère physique. Nous connaissons en effet des maladies physiques dont la médecine expérimentale ne parvient pas à rendre compte.

Il semble que l'un des facteurs de l'évolution de la maladie soit la façon dont le malade conçoit son mal, ce qu'il redoute, désire ou espère. Le malade comprend à sa façon ce que fait et dit le médecin. Ce dernier n'est pas donc responsable uniquement de la justesse de son diagnostic, mais, en outre, de l'effet exercé par ses paroles sur un malade dont l'esprit troublé se ferme à la raison. Ainsi, le médecin est dans l'impossibilité de dialoguer rationnellement avec son malade.

À l'époque des grandes découvertes scientifiques, qui ont ouvert la voie à tant de traitements précieux, cette situation a été presque oubliée; parfois, certains s'en offusquaient. Ne s'agissait-il pas là de faits contraires à la dignité médicale? On qualifia donc ces maladies de «nerveuses» ou «hystériques». Pour tout dire, ce n'était pas de vraies maladies. On en venait à bout d'une façon quelconque, mais sans que le traitement reposât sur une étude scientifique.

Face à cette assurance des médecins, qui écartaient les troubles névrotiques comme ne relevant pas vraiment de leur science, un autre point de vue se fit jour au début du siècle : à l'époque, Albert Fraenkel parla du « médecin, cause de la maladie ». À propos des névroses accidentelles, on attira l'attention sur un facteur psychique de cette maladie. Dubois et d'autres neurologues instituèrent la psychothérapie des manifestations névrotiques. Les études publiées par Breuer et Freud en 1896 portent également sur cette attitude sensée en face de phénomènes pathologiques qui restaient inexplicables pour la médecine expérimentale. Par l'intuition ou à force de patience, des médecins véritablement désireux d'aider leur patient obtinrent une amélioration dans des cas qui passaient pour désespérés. Pourtant, il en a toujours été ainsi. Dans ce domaine, nous n'avons pas progressé par rapport au début du siècle. Tout ce que l'on peut dire est que nous connaissons ces phénomènes bien plus en détail.

La spécialisation, la dégénérescence de l'enseignement, les tendances générales de notre époque à une « civilisation de masse », l'ignorance des sciences expérimentales devant les phénomènes psychiques, tout cela a contribué à former la mentalité médicale actuelle. La conséquence en a été une insatisfaction très répandue parmi les médecins autant que parmi les malades.

Il est frappant que, malgré les résultats extraordinaires obtenus par la médecine moderne, on note fréquemment des manifestations de découragement. Les découvertes de la biologie et de la médecine ont abouti à un savoir-faire sans précédent. Il semble pourtant que la majorité des malades ait de plus en plus de peine à trouver le médecin convenant à chaque individu. On serait tenté de dire que les bons médecins se sont faits rares à mesure que la science et ses pouvoirs augmentaient sans mesure.

Reste-t-il autre chose à faire qu'à constater qu'il en va ainsi, peut-être avec frayeur tout d'abord, puis avec résignation ?

Les partisans de la psychothérapie sont ceux qui demandent le plus énergiquement un renouvellement radical, voire une métamorphose de la pratique médicale. Avec Freud a commencé un mouvement qui, sous le nom de psychanalyse, a renouvelé fondamentalement le sens même de la psychothérapie.

D'une part, la psychanalyse a étendu la place qu'elle prétendait occuper dans l'ensemble de la médecine. Sous le nom de médecine psychosomatique, elle prend pour objet non seulement les névroses, non seulement les phénomènes considérés jadis comme extra-médicaux, mais bien toutes les maladies. Ce qu'elle ambitionne actuellement, ce n'est rien d'autre qu'une révolution de la médecine.

D'autre part elle a débordé largement le cadre des tâches médicales. Elle se propose en effet non seulement aux malades, mais également à tous les hommes. Par définition, dit-elle, l'homme est malade. Chacun a donc le plus grand intérêt à se faire psychanalyser.

Aujourd'hui, des médecins éminents affirment qu'ils désirent aider le malade à trouver le sens de sa vie. Derrière toute maladie, en effet, qu'il s'agisse d'une névrose, d'une infection ou d'un carcinome, ils voient un symbole. Selon eux, le rôle du médecin consiste à comprendre ce symbole et à résoudre les problèmes de l'âme malade, que ce symbole trahit. Dans son discours d'accession au rectorat de l'Université de Hambourg, Jores déclara : « La maladie est le fruit du péché ; elle apparaît pour le salut de l'âme, elle joue un rôle dans la maturation de la personnalité » ; c'est ainsi, précisait-il, que le médecin doit la concevoir.

Or, bien que Freud ait à son actif de nombreuses observations justes (et ses successeurs après lui), cette attitude demande fondamentalement à être jugée non pas en fonction des vérités qu'elle a mises en lumière, mais d'après la signification du système dans son ensemble. On me permettra de résumer ce que de nombreux médecins ont soutenu, et que j'ai moi-même défendu ailleurs.

Le traitement médical ne consiste pas à apporter au malade le salut de l'âme. Si l'on cherche à combiner en une seule personne le médecin et le directeur de conscience, on finit inévitablement par créer une confusion entre leurs deux ministères. De nos jours, les foules ressentent un grand vide intérieur et aspirent vainement à un salut que la médecine psychosomatique leur a fait espérer. De la sorte, ce qui eût été possible sur le plan médical n'est pas réalisé, sans que le besoin spirituel ait été comblé pour autant.

Les grandes révolutions se font dans le silence. Peut-être le renouveau possible de l'idée médicale a-t-il aujourd'hui un maximum de chances en la personne du praticien qui, sans incarner l'autorité de la clinique ou de la chaire professorale rencontre le malade sur le plan de la vie réelle. Sur ce plan-là, le médecin rencontre un homme, et il a la possibilité d'ordonner en connaissance de cause les mesures accessibles aux spécialistes et exigeant les installations d'un hôpital. S'il les ordonne dans ces conditions, il garde en main la direction de l'ensemble du traitement. Le médecin qui voit les choses ainsi a le sens des situations ; il a le souci de la vie naturelle de l'homme dans son milieu propre. Il ne permet pas que l'examen du malade se ramène à la somme des résultats d'analyse, car il sait évaluer, utiliser et ordonner tout cela. Il ne se prive pas de ces méthodes de diagnostic, dans la mesure où elles sont valables, mais ne se départit pas de son sens critique devant elles. Il connaît les traitements impressionnants dont dispose la médecine moderne, mais il établit une hiérarchie entre eux selon leur efficacité. Il reprend à son compte un certain trait de l'attitude hippocratique, qui consistait à embrasser d'un coup d'œil tout le passé du malade et à lui apprendre à vivre avec sa maladie. Ce médecin sait également combien les prescriptions d'ordre hygiénique et diététique conservent leur importance.

À mesure que le traitement se déroule, il sait établir avec son patient le genre de rapports personnels dans la clarté desquels il est plus facile de quitter cette vie.

On peut prétendre qu'il est utopique de vouloir maintenir l'ancienne conception du médecin, telle qu'elle était incarnée dans la personne du médecin de famille. Si elle s'estompe, c'est parce que l'homme en général a changé, donc en particulier le médecin et le malade également. Ces hommes sont de moins en moins capables d'être malades et médecins au sens où on l'entendait autrefois.

Mais cela est-il vraiment et définitivement exact? Ne reste-t-il pas vrai que certains malades, à notre époque comme à toutes les autres, cherchent et trouvent le médecin dont ils ont besoin en la personne du praticien? Ne peut-on pas espérer que les générations suivantes verront réapparaître inlassablement la figure modeste, chaleureuse et pourtant savante du médecin personnaliste?

La réponse à une question de ce genre demeure la même, qu'il s'agisse du médecin, du professeur, du directeur de conscience, de la vie politique ou du monde du travail. Si quelqu'un tient pour inéluctable les risques les plus déprimants concernant l'avenir, on peut et on doit lui répondre : nul ne peut être certain de cet avenir, mais ce qui est certain, c'est qu'avec votre état d'esprit, vous facilitez l'avènement de vos sombres prédictions. Sur le plan authentiquement humain, les arguments contraires sont légion. C'est pourquoi une réalité surpuissante, contre laquelle toute résistance paraît momentanément vaine, n'en est pas pour autant nécessairement une réalité définitive. L'intelligence prévoit toujours les issues malheureuses; les issues heureuses doivent être réalisées à force de travail, elles ne sauraient donc être prédites. Pourtant, comme rien ne vient de soi-même, chacun a le droit de se demander quel sera le sens de son activité professionnelle et de son existence tout entière. Nul ne sait en quoi il réussira en fin de compte.

Face à la déraison, à l'égoïsme insondable, à la paresse et à l'insincérité de tant de malades, le médecin doit bien faire un choix quant à son attitude intérieure.

Ou bien il se détourne avec agacement. Il ne veut plus avoir affaire à des patients raisonnables. Il est prêt à participer à la tendance générale de notre époque, qui renonce à manifester la moindre estime pour l'homme. Il entend guérir ses semblables comme un vétérinaire soigne les animaux. Les questions des malades lui sont à charge. Ou bien le médecin veut malgré tout s'adresser à la raison qui habite le malade et tenir compte de sa présence en lui.

C'est alors que se place une seconde décision : ou bien il profite de l'imprécision de la situation et se pose en auteur du salut de l'âme ; sans que cela soit perceptible, il méprise les chances offertes par la science, puis il finit par les laisser passer. Ou bien il s'inspire de la conception traditionnelle de la médecine, qui repose à la fois sur la science et sur l'humanisme. Comme la science, cette conception est une idée éternelle ; toutefois, elle n'existe pas par elle-même, et il importe de la renouveler constamment. Il faut qu'elle prenne forme dans le contexte nouveau qui est celui d'une civilisation technocratique de masse. En tous lieux, elle peut être incarnée par le médecin qui sait être lui-même.

Pour conclure, tentons d'esquisser la personnalité du médecin, telle qu'elle répond à cette conception moderne de la médecine.

Qui oserait dire ce que doit être le médecin ? Quoi qu'il en soit, cet idéal n'est pas aussi simple à définir que la communauté raisonnable avec le malade, dont nous parlions en commençant ; il repose sur l'expérience de tous les échecs, ceux des malades et ceux du médecin.

En exerçant, le médecin s'instruit. Il découvre les limites de l'homme, son impuissance, ses souffrances infinies. Il constate les malades mentales, cette réalité terrible qui fait partie de notre sort d'hommes. Chaque jour, il se retrouve face à la mort. On attend tout de lui : ce qui est en son pouvoir et ce qui n'est pas en son pouvoir. De lui, le monde attend toutes les sortes de secours, et davantage encore. Le monde voudrait oublier, jeter un voile bienfaisant sur le mal ; il aspire aux illusions qui sont l'opium de la créature tourmentée. Et le médecin comprend bien que le malade ne veuille pas savoir. Malgré lui, il faut qu'il taise certaines choses, dans ses discours de sympathie, qu'il laisse au malade ses illusions, qu'il adopte même parfois une attitude revenant à nier le danger, à écarter la mort d'un geste négligent.

Il ne se fait aucune illusion sur la réalité du risque redoutable, mais il croit devoir faire, dans l'exercice raisonnable de sa profession, ce qui est en son pouvoir pour soutenir les malades et les mourants, même si cet effort paraît dérisoire face au courant irrésistible du mal. Il panse une plaie infime au moment où d'autres hommes, sur toute la terre, en ouvrent de bien plus graves. Il s'ingénie à entretenir une vie, alors que ses semblables en anéantissent par millions.

Le médecin le plus sensible est précisément celui qui doit adopter une attitude d'indifférence apparente. Il saura ainsi rester de sang-froid, même face à un danger qui le menacerait lui-même. Nombreux sont les grands médecins qui ont donné la mesure de leur valeur en constatant et en connaissant leur propre mal, et en restant paisibles jusqu'à la mort. C'est de ce calme que procède la vue qui pénètre sans que les larmes viennent troubler le regard ; c'est lui qui permet l'opération durant laquelle la main du chirurgien ne tremble pas. Mais c'est beaucoup demander à un homme que de lui demander que, malgré son sang-froid, son cœur demeure ouvert.

Le médecin connaît les limites de son pouvoir. Il ne peut écarter la mort, bien qu'il sache aujourd'hui prolonger la vie dans des proportions extraordinaires. Il ne peut non plus supprimer les maladies mentales, bien qu'il sache les soulager dans certains cas. Il n'a pas eu raison de la souffrance, bien qu'il sache désormais la soulager au-delà de tout ce qu'on eût osé espérer autrefois. Malgré tous ces succès, le médecin est plus sensible à ce qui lui est interdit qu'à ce qu'il est en son pouvoir.

Sa fonction implique qu'il intervienne avec sympathie, même lorsqu'il ne peut plus rien, qu'il assiste même le malade irrémédiablement condamné. À l'égard du malade mental, le médecin adopte une attitude qui lui ordonne de faire le maximum pour donner une vie relativement normale au malheureux qu'il ne peut guérir, et surtout de continuer à respecter en lui l'être humain.

La profession médicale a ceci de particulier qu'elle dévoile le caractère de celui qui l'exerce. Le médecin devrait être différent du reste des hommes. Mais face au spectacle de la maladie et de la mort il est en butte à toutes sortes de tentations.

Il peut tomber dans le scepticisme, par dégoût de tous les malheurs et de toutes les faiblesses dont il est le témoin.

Il peut se laisser aller à une attitude de « naturaliste » et ne voir que l'enchaînement des causes et des effets, l'aspect impitoyable de la nature et les miracles inespérés, bref, un enchaînement permanent de la vie et de la mort, à l'intérieur duquel chaque existence est absolument indifférente.

Il peut aussi perdre toute foi, et affirmer qu'il n'existe rien d'autre que ce cycle éternel de la misère. À constater tous les faits qui s'opposent à une philosophie de l'harmonie universelle, il peut perdre le sens de la divinité.

Le scepticisme, le naturalisme et la perte de la foi sont les dangers intérieurs contre lesquels il est probable que tout médecin a dû lutter. Comment les a-t-il surmontés ? C'est de cela que dépendent la profondeur de son regard humain, l'énergie de son espérance, et cette passion du « malgré tout », dont on peut dire qu'un tel homme refuse de désespérer, fût-ce au bord d'une tombe.

Ce médecin-là demeure également ferme à la souffrance et confiance dans un fondement absolu, à partir duquel tout secours d'homme à homme, tout acte d'amour ou même de simple sympathie, sont d'un prix infini.

Dans ces conditions, le médecin peut supporter que le scepticisme demeure son élément : il ne détruit rien, mais nous préserve contre les illusions, contre le naturalisme, dans la mesure où il nous apprend à voir les réalités, et contre l'incrédulité, dans la mesure où il écarte toute croyance magique et superstitieuse.

Mais il doit trop souvent porter seul sa connaissance de l'humanité, et cela peut l'induire à la mépriser. Pour qu'il échappe également à ce danger d'un sentiment pernicieux de supériorité, il importe qu'il conserve sa bonté originelle et qu'il n'oublie pas que c'est toute l'humanité qui est passée par la chute, afin de garder le sentiment de ses propres imperfections.

Ainsi, pour parvenir à sa pleine maturité, le médecin doit veiller à s'éclairer sans cesse en se distançant à la fois de lui-même et du malade.

On connaît le mot d'Hippocrate : « ἰατρὸσ φιλόσοφος ἰσόθεος », par l'amour de la sagesse, le médecin devient semblable aux dieux. Il ne pensait pas simplement à celui qui se contente d'ajouter à sa science des études philosophiques, mais plutôt au médecin agissant et qui, adjoignant à son action la pensée, est philosophe, selon les normes éternelles au milieu du flot de la vie ; or c'est cela qui est difficile. Face à tout ce dont il doit prendre son parti, il peut assurément jeter sur son âme, sans que cela se remarque, un voile protecteur contre tout cela : son impuissance ultime, malgré son immense désir de porter secours, le silence qui respecte l'illusion (puisque le médecin n'a pas le pouvoir de communiquer la grâce salvatrice de la foi), enfin l'ignorance qui, en dernière analyse, est la sienne, et qui lui interdit d'être le «sauveur» que tant de malades voudraient secrètement trouver en lui.

Le plus qu'il puisse faire, et encore parfois seulement, c'est de jouer pour le malade le rôle de celui qui partage le destin, c'est d'être une raison auprès d'une autre raison, un homme auprès d'un autre homme, au hasard des possibilités imprévisibles d'amitié naissant entre le malade et son médecin.

On peut alors se demander s'il n'existe pas, pour la personnalité du médecin, la possibilité de devenir légitimement une force salutaire, sans qu'il doive nécessairement jouer au sorcier ou au thaumaturge, sans qu'il y ait suggestion ni aucune autre forme de mensonge. La présence d'une personnalité qui, pour un instant, se consacre entièrement au malade, dans sa volonté de le secourir, n'est pas seulement infiniment bienfaisante. Car la présence d'un être raisonnable, doué des forces de l'esprit et du pouvoir de conviction d'une nature fondamentalement bonne, éveille chez l'interlocuteur, fût-il malade, une force inattendue faite de confiance, de volonté de vivre, de sincérité, tout cela sans qu'un seul mot soit prononcé à ce sujet. Un homme peut jouer, pour son prochain, un rôle qui ne s'épuise pas en notions intelligibles.

Le médecin authentique, c'est celui qui a reçu sa vocation comme un don du ciel. Il ne sera jamais possible d'exiger ni de prévoir l'apparition d'une personnalité médicale. Les traitements que la Faculté peut enseigner ne prennent de signification que par elle. Je suis persuadée que chacun d'entre nous connaît des médecins répondant à cette définition, et qu'elle s'applique à tout médecin qui a le sentiment d'avoir été mis au monde en vue de sa profession.

RICHARD M. ZANER

DES VOIX TOURMENTÉES
DANS DES CHAMBRES CALMES*

Il y a des années, peu de temps après que je suis devenu une sorte de présence régulière et sans doute étrange dans notre unité de soins intensifs pour les nouveaux-nés, l'un des médecins de service dans l'unité, le Dr. Peter Shannon, avait demandé à une infirmière, Rebecca Warren, de me prier de rencontrer les parents de jumeaux, qui étaient tous deux nés récemment de façon très prématurée et qui se trouvaient tous deux à ce moment-là dans l'unité.

Rebecca m'a dit que les bébés étaient « préma » et que l'un d'eux, très probablement, ne continuerait pas à vivre, pour autant que l'on puisse avancer quelque chose avec certitude en ce domaine, ce qui n'était pas souvent le cas. L'autre bébé, avait-elle déclaré, pourrait peut-être survivre, mais avec de sérieuses complications. Si c'était le cas, il aurait très probablement des problèmes neurologiques plus ou moins sévères, comme nombre

* R. Zaner, *Conversations on the edge. Narrative of Ethics and Illness*, Washington D.C., Georgetown University Press, 2004, chap. 1, p. 1-15, traduction Marie Gaille.

de ces nourrissons très prématurés. Il était tout simplement impossible de prédire ces choses avec exactitude.

Je ne me souviens pas des problèmes qu'avaient les jumeaux, bien qu'ils aient été sans aucun doute ceux dont souffrent classiquement de nombreux bébés prématurés : hypoxie et asphyxie, résultant en une respiration anormale qui nécessitait une ventilation à des niveaux exceptionnellement élevés susceptibles de causer d'autres problèmes, comme la cécité : trop d'oxygène implique la cécité ; trop peu aboutit à un cerveau abîmé ou au décès. Il était aussi probable que l'hémorragie ait provoqué des dommages au cerveau pour ces bébés, dommages qui pouvaient aboutir à une paralysie cérébrale ou à d'autres séquelles pour le cerveau. En outre, l'hypotension persistait, les fragile tissus des poumons (pneumothorax) étaient abîmés en raison des tubes qui étaient insérés dans la poitrine pour faire s'écouler les fluides accumulés ; d'autres problèmes encore constituaient un défi, même pour le néonatologue le plus compétent et le plus dévoué.

Mais ces problèmes, aussi peu souhaités que communs, ne composent pas l'histoire que Rebecca avait commencé à me relater à propos de ces jumeaux. Ce n'est pas eux qui avait suscité, de la part du médecin de service, la demande que je parle aux parents des bébés, et peut-être par la suite, également aux membres de l'unité de soins intensifs.

« Ce qui nous préoccupe vraiment, ce sont les parents », ajouta Rebecca, « et notamment le père ».

« Oh ? Pourquoi ? ». Ce fut la seule chose que j'ai pu dire à ce moment-là face à l'expression soucieuse de son visage.

Cette situation est survenue au tout début de mon travail dans l'unité, en fait assez tôt dans ma déconcertante métamorphose : de professeur de philosophie, j'en suis venu à pratiquer la clinique, c'est-à-dire à être une personne qui s'efforce avec insistance d'identifier les problèmes, de clarifier les options, de faire parler les gens afin de les aider, ces gens qui doivent de temps à autres prendre des décisions difficiles face à des problèmes éthiques réels ou imaginaires, à des dilemmes et même face à la sorte d'énigme dont on ignore tout sinon qu'elle recèle quelque chose de profondément déstabilisant et qui doit être résolue d'une manière ou d'une autre, alors même que rien n'est écrit à leur sujet et qu'aucune réponse correcte ne figure au dos d'un manuel.

« Eh bien », expliqua-t-elle à mon oreille inexpérimentée, « il ne parle pas … ».

« Que veux-tu dire par "il ne parle pas"? ». Je dois admettre que j'étais un peu impatient.

« Laisse-moi une chance de t'expliquer » dit-elle. Elle indiqua ensuite que lorsque le Dr. Shannon était allé parler aux parents du jumeau qui, probablement, ne survivrait pas, le père était demeuré immobile, raide et dépourvu d'expression, sans hocher de la tête ni faire preuve de la moindre lueur de compréhension. Quand il avait répété ce qu'il avait à dire aux parents et avait ajouté qu'il y avait quelque espoir que le second jumeau s'en sorte, de nouveau, il n'avait obtenu aucun semblant de réponse. « C'est comme s'il n'avait rien entendu », avait relaté le Dr. Shannon.

« Qu'en est-il de la mère »? M'étais-je enquis. « Tu n'en as pas parlé. Est-elle là quand le médecin de service parle à son mari? Le médecin lui parle-t-il également? ».

« Oh, bien sûr » répondit rapidement Rebecca.

« Comment réagit-elle? » ai-je demandé. « Comment prend-t-elle les choses? ».

« Eh bien, pour dire la vérité, elle a l'air anéantie », dit Rebecca. « Elle éclate en larmes au premier mot », poursuivit-elle. « Elle semble complètement en dehors de la chose, comme si elle sait et ne veut pas savoir, ne peut supporter de savoir, mais sait qu'elle doit savoir. Puis elle se tourne vers son mari. Mais bon, il est comme un mur. Et puis, tu sais, ils sont tous les deux si jeunes ».

« Jeunes ? C'est-à-dire ? ».

Elle me dit que les deux parents avaient une vingtaine d'années. Le père avait 25 ans et la mère 23. « C'est leur première grossesse », dit-elle, « et tous deux ont vraiment l'air d'avoir reçu une bonne éducation ; quand leurs bébés ont été amenés, il a dit quelque chose et il paraissait avoir eu une éducation soignée ».

Je songeais alors à voix haute : « amenés, dis-tu. Où étaient nés les jumeaux ? ». Je me demandais si quelque chose de fâcheux avait pu se produire soit dans l'autre hôpital lors de l'accouchement soit durant le transport.

Rebecca souligna que les bébés venaient de l'extérieur et avaient été transportés dans notre unité de réanimation néonatale par Angel II, notre unité mobile de réanimation néonatale pleinement équipée. Selon elle, les problèmes des jumeaux, pour autant que les médecins pouvaient l'affirmer, étaient dus à leur naissance prématurée, et non à des difficultés rencontrées au moment de l'accouchement ou du transport ou à une prise en charge inadaptée dans l'autre hôpital.

« Sais-tu ce que fait le père, où il travaille ? » ai-je demandé après avoir réfléchi un moment à ce qu'elle m'avait dit jusqu'alors. « La mère travaille-t-elle aussi ? ».

« Oui, je pense qu'ils travaillent tous deux. Je pense qu'il a un emploi de cadre dans une grande entreprise locale. Lorsque je le vois, il porte toujours un costume et une cravate. Elle fait, je crois, quelque chose de similaire et s'habille vraiment bien. Je n'en suis pas certaine, mais je pense que tous deux ont reçu une bonne éducation et sont allés à l'université ».

« Que signifie son silence selon toi ? » ai-je demandé en revenant un peu au sujet de la conversation.

Je comprendrais plus tard que son absence de réponse directe à la question recélait un sens, même s'il était alors quelque peu dissimulé. Sur le moment, j'ai simplement relevé qu'elle disait que « ce n'était pas normal », en particulier « lorsque le médecin de service cherche à leur faire prendre une décision au sujet du premier jumeau ». « Les traitements », souligna-t-elle, « ne font aucun effet, et le Dr. Shannon tâche de s'assurer qu'ils comprennent bien que le temps est peut-être venu de reconnaître que rien ne semble avoir d'effet … ».

Elle avait elle-même clairement des difficultés à formuler cela, de sorte que sans y songer plus longtemps, je mettais les pieds dans le plat : « vous voulez dire qu'il est temps d'arrêter les traitements et de laisser le bébé mourir ? ». J'avais déjà été impliqué dans plusieurs situations semblables et, en dépit d'une attitude un peu brusque, j'avais au moins conscience qu'il fallait poser la question. Je le faisais, cependant, avec douceur et calme.

Quoiqu'il en soit, elle reconnut le fait et répétait que ce père était pour elle, le Dr. Shannon et les autres membres de l'équipe un sujet de préoccupation : pourquoi était-il si rigide, si réservé ? « Il se prépare à des temps difficiles, vois-tu ? » fit-elle. Un tel silence n'est pas ce que l'on attendrait. On ne l'observe chez presque aucun parent lorsque les traitements ne font que reporter l'inévitable, que la mort est proche et doit être acceptée.

De nombreux parents, peut-être la plupart, souligna-t-elle, insistaient le plus souvent pour que les médecins continuent à soigner leur bébé, et fassent tout ce qu'il était possible de faire, même lorsque « tout », en vérité, avait déjà été fait. Je devais apprendre rapidement que cette exigence ou cette requête faisaient partie de celles que j'entendrais le plus souvent dans ce genre de situation. Rebecca disait savoir que les parents mettent un certain temps à parvenir à la compréhension et à l'acceptation de l'inévitable, le constat qu'il est inutile de continuer à soigner leur bébé, et un certain temps à prendre à ce sujet une décision avec l'équipe médicale.

Ce père, toutefois, avait déjà été informé à de nombreuses reprises et il s'entêtait systématiquement dans un silence inébranlable. Rebecca ignorait si le père parlait avec sa femme – ou si elle conversait avec lui – à ce sujet, mais lorsqu'ils étaient avec les infirmières ou les médecins, elle se tournait invariablement vers lui pour prendre des décisions. C'est ce qu'il semblait du moins. Mais il demeurait sur sa réserve, muet, enfermé en lui-même et ne paraissait pas même affecté. Il ne semblait pas entendre : pas de larmes, pas de mots, pas de gestes, rien. Et c'est *cela* qui les inquiétait : cette réserve presque tangible et pleine de méfiance.

Aussi me demanda-t-on de parler avec les parents, bien qu'à ce moment, je ne sus guère ce que je devrais dire. Je n'avais pas non plus compris alors qu'il valait mieux écouter que parler, et qu'on aidait ainsi beaucoup plus à clarifier et à formuler leurs pensées ainsi qu'en énonçant les siennes. C'est vraiment l'une des rencontres qui m'a aidée à me faire comprendre cela.

Quand je suis entré dans la pièce qui avait été prévue pour notre rencontre, ils étaient assis exactement comme Rebecca l'avait relaté. Elle pleurait silencieusement; sa réserve à lui était palpable. Le silence, peut-être en raison de la description qu'en avait fait Rebecca, paraissait menaçant. Il me fixa quand j'entrais, comme pour me mettre au défi de dire quelque chose.

Je me sentis comme au bord d'un précipice : un mot de travers et tout serait perdu, les choses s'effondreraient comme de la boue et j'ignorais si je serais ou non à blâmer. Je me suis même demandé si je ne devrais pas dire simplement « bonjour » et m'en aller. Je pouvais dire que je m'étais trompé, que j'étais entré dans la mauvaise pièce et partir.

Mais je ne pouvais faire cela. J'ai au contraire cherché des mots pour consoler, rassurer, témoigner de ma sympathie, sans savoir avec certitude, jusqu'à la dernière seconde, quels étaient les bons mots dans de telles circonstances, et sans être sûr de pouvoir même prendre la parole.

Cependant, j'ai parlé. Je me suis d'abord présenté. Pour des raisons que je ne peux énoncer, les mots que je prononçais sonnaient étrangement dans ma bouche, et je suis sûr qu'ils le furent aussi pour eux. Je ne m'étais jamais introduit de cette manière auparavant. D'abord mon nom, puis je débitais : « Je suis philosophe, les médecins et les infirmières de l'unité de réanimation néonatale m'ont demandé de parler avec vous ».

Toutefois, avant que j'aie pu finir ma phrase, un regard incrédule, complètement ébahi, apparut sur son visage à lui (appelons-le Jim et sa femme Sue). Sue s'arrêta de pleurer, jeta brusquement un œil sur moi, encore humide et d'évidence perplexe. J'ai tout de suite compris que j'avais fait un faux pas.

« Un philosophe ? », demanda Jim, son admirable candeur donnant à sa voix toute l'inflexion requise : « Qu'est-ce qu'un philosophe vient faire ici ? ». Je pensais et je dis que cette question n'était pas sans raison. Je me demandais vraiment ce que je *faisais* ici.

Luttant pour éviter de perdre plus de terrain encore, j'essayais rapidement de dire ce que je faisais dans l'unité de réanimation néonatale et dans l'hôpital. La question me frappa alors de plein fouet : qu'y *faisais*-je ? Plus généralement, qu'est-ce qu'un « philosophe » fait dans un tel endroit ? Mais ce que je dis à Jim et à Sue n'a vraiment aucune importance. Même si cela demeure un véritable sujet pour quiconque s'implique dans des lieux de soin, il devint rapidement clair que ce n'était pas le problème pour eux.

Quand j'y pense maintenant, deux choses m'avaient d'emblée frappée dans la situation. Tout d'abord, ils ne paraissaient pas le moins du monde intéressés par ce que j'essayais maladroitement de dire. En dépit de l'exclamation de Jim – « Bon sang, qu'est-ce que … ? » et de la bouche ouverte de Sue, il était évident qu'ils n'étaient pas préoccupés par cela. Puis, et cela était encore plus frappant, Jim s'animait de plus en plus à mesure que je continuais à parler de ce que je faisais, cherchant chaque mot l'un après l'autre.

Il éclata rapidement : « On s'en fiche de tout cela ». « Pourquoi êtes-vous là maintenant ? » interrogea-t-il brusquement. Et il demanda sèchement, de nouveau avec une franchise exemplaire : « est-ce que quelqu'un s'est mal comporté du point de vue éthique ? ». Ses yeux s'étaient rétrécis, plein de suspicion, avec l'air de savoir de quoi il en retourne.

Ah, le drame de ma vie : dans cet emploi, au cours des premières années, à chaque fois que je me suis présenté, il y avait toujours quelqu'un pour considérer que, puisque j'étais « dans l'éthique », il allait de soi qu'une personne s'était mal comportée du point de vue éthique. Sinon, que ferais-je sur la scène ? Et moi, considéré comme le policier éthique du lieu, je devais l'attraper et l'éloigner ! C'est curieux et très frustrant de constater combien être perçu comme faisant partie de la « police » – fût-elle simplement éthique – étouffe la conversation.

Quoiqu'il en soit, Jim parut un peu embarrassé par son éclat et écouta calmement ce que je lui disais : à ma connaissance, personne n'avait rien fait de mal et je n'étais pas du tout là pour cela. Je poursuivais en expliquant qu'en vérité, un grand nombre de médecins et d'infirmières s'inquiétaient à leur sujet, et en particulier à son sujet, et qu'il aimerait peut-être parler de cela, de ce que les médecins et les infirmières leur avaient dit à propos de leurs bébés.

Avait-il, avait-elle, avaient-ils compris ce qui était en train de se passer ? Avaient-ils, lui et sa femme, écouté et entendu ce qu'on leur avait dit ? Avaient-ils, de façon spécifique, compris ce qu'on leur demandait de reconnaître, d'accepter, ce avec quoi on leur demandait d'être d'accord, qu'il fallait prendre une décision et par la suite vivre avec ?

Et de nouveau, avec une franchise étonnante et avant que je puisse finir de formuler ma pensée, il entra dans le vif du sujet : *bien sûr* qu'il comprenait, ainsi que sa femme Sue. Elle approuva énergiquement. Ses mains étaient agitées et des larmes brillaient encore dans ses yeux, bien qu'elle ait eu un regard amusé lorsque je tâchais maladroitement de leur expliquer ce qu'un « philosophe », ou du moins celui-ci, faisait dans l'hôpital.

Jim disait l'évidence : ils savaient parfaitement que leur premier jumeau allait mourir. Je remarquais qu'il utilisait les horribles mots – mourir, mort – que peu de gens emploient surtout en ces circonstances. En dépit de tous les efforts pour stabiliser, corriger ou simplement améliorer l'état de santé du bébé – en effet, ils avaient reçu une bonne éducation, suffisante en tout cas pour parler de façon élaborée et avec une grammaire remarquablement correcte – le premier jumeau allait sûrement mourir et l'état du second n'était pas du tout de bon augure.

« Oui, je sais », dit Jim, parlant maintenant plus rapidement, « nous savons tous deux tout à fait que nos bébés ne vont pas bien, que Seth – c'était le premier des jumeaux, un garçon – va mourir et que Beth – c'était le second, une fille – ne se rétablira probablement pas. Elle ne souffrira sans doute pas de séquelles neurologiques importantes, mais nous pensons qu'il est injuste de forcer Beth à vivre ce genre de vie. Avec Seth, nous savons que rien de plus ne peut être fait. Il va mourir. C'est seulement une question de temps, sans doute dans quelques jours, sinon avant ». Il se calmait lentement, comme s'il avait été épuisé par tous ces mots qu'il avait prononcés et par le poids de ce qui le tourmentait si clairement et si profondément.

« Comment se fait-il que vous ne l'ayez pas dit au médecin dans ce cas ? » demandais-je. Il était évident que j'étais quelque peu surpris. Pourquoi était-il si bavard *avec moi* ? *Est-ce qu'être philosophe provoque ce genre d'effet chez les gens ?*

Ces méditations mises entre parenthèses, Jim alla droit au but : « Vous pensez que nous *ne* leur *avons pas* dit ? Bien sûr, nous leur *avons* dit ! ». Mais il parut ensuite se rétracter, hésiter et sembla sur le point de s'engager dans un autre torrent de paroles qui ne vit cependant pas le jour. Il s'arrêta de parler. Il se renferma, dans le grand lieu sombre où il s'était retiré depuis de si nombreuses semaines.

Quand je remarquais combien il était apparu réservé, et même parfois hostile, il en sortit de nouveau avec d'évidents efforts. Sa voix avait pris une tournure méditative, profonde. Il n'y avait pas d'issue à sa tristesse.

Il recommença à parler. Il dit qu'ils avaient joyeusement accueilli la nouvelle de la grossesse, bien qu'elle fût imprévue et qu'ils avaient été particulièrement impatients d'avoir des jumeaux. L'idée des jumeaux avaient éveillé leur imagination. Aussi, quand Sue commença à accoucher de façon prématurée (à environ 25 semaines de grossesse), ils n'avaient pas été complètement pris au dépourvu. Ceci dit, ils s'étaient précipités à l'hôpital local, mais le travail n'avait pu être arrêté et soudainement, avant qu'on ait pu faire quoi que ce soit, elle avait donné naissance aux jumeaux. Ils avaient alors été rapidement transférés dans notre unité de réanimation néonatale. Les choses semblèrent aller bien un temps, mais peu à peu, il était devenu clair que les deux bébés souffraient de problèmes terriblement graves. C'était là une certitude angoissante et apparemment incontestable. Puis, bien sûr, les nouvelles vraiment mauvaises étaient arrivées.

Eh bien, continua-t-il, tard le soir dans leur chambre au motel, alors que lui et Sue ne regardaient pas tant la télévision qu'ils la fixaient des yeux, ils s'étaient rendus compte que ce qu'ils regardaient ressemblait beaucoup à ce qu'ils traversaient. C'était cette nuit-là, au milieu des années 1980, que Ted Coppel, dans son programme *Nightline*, avait interviewé les parents de « Bébé Jane Doe » – la petite fille née très prématurément à Long Island, atteinte de microcéphalie et de *spina bifida*. En raison de la tête qui était, pour des raisons pathologiques, minuscule, et de l'élargissement du canal neural, les séquelles neurologiques et un sévère retard mental semblaient certains, de même qu'un handicap physique dû à la lésion de la colonne vertébrale : le bébé allait au devant de nombreuses années d'opération chirurgicales, de soins médicaux, de béquilles, d'attelles : bref, le grand jeu. Ses parents n'avaient pas voulu que l'on referme la lésion de la colonne vertébrale, ils n'avaient pas voulu forcer leur bébé à vivre, ils avaient décidé de ne rien faire. Et bien qu'ils aient été horrifiés par leur propre décision, ils avaient continué à estimer que c'était la seule chose à faire, que c'était « juste » et qu'ils seraient soutenus par leur église. De fait, catholiques, ils étaient non seulement soutenus par leur prêtre mais aussi par l'évêque, aussi bien que par le médecin et l'hôpital. Tout le monde était d'accord. Puis, tout à coup, ils étaient devenus l'objet d'une poursuite judiciaire suscitée par un avocat qui vivait à des centaines de kilomètres de là et qui avait l'intention d'imposer une opération chirurgicale pour fermer la lésion, au nom du fait que tout vie est sacrée, si désespérée et dégradée soit-elle, et que tout doit être fait pour la sauver.

Chaque partie gagnant tour à tour, le cas avait été jugé en appel à tous les niveaux judiciaires de l'État de New York pour terminer à la Cour Suprême de New York, où les jugent rejetèrent la plainte initiale et informèrent l'avocat qui l'avait émise qu'il n'était pas en position de le faire. Le cas fut ensuite jugé par la Cour Suprême des États-Unis, qui confirma le refus des parents de laisser accéder quiconque au dossier médical de leur bébé. Entre-temps, le sujet était devenu pain béni pour la télévision aussi.

Jim avait réagi de façon passionnelle aux images où l'on voyait le père témoigner dans une cour puis une autre, et qu'on avait à un moment montré la tête recouvert d'un sac en papier marron – pour protéger, dit-il à Mr. Koppel à la télévision nationale, le misérable semblant de vie privée qu'il lui restait. Jim se vit, lui, sa femme, leur famille, tous ceux qui lui étaient chers, exposés à la moquerie publique. Il était devenu véhément, dit Sue, et avait juré qu'il ne ferait jamais traverser une telle épreuve à sa famille.

Mais comment pouvait-on empêcher cela de se produire, particulièrement dans une époque de battage médiatique comme la nôtre? L'idée avait vu le jour dans l'esprit de Jim que s'il demeurait silencieux, s'il ne disait rien du tout lorsqu'on lui demandait ce qu'il souhaitait voir accompli, alors, quelle que soit la «décision» prise, elle serait le fait des médecins, et non la sienne! Et si quelqu'un tentait par la suite de rendre l'affaire publique en les poursuivant en justice, il dirait alors que cela n'avait pas été sa décision, qu'il n'y avait pas pris part, que les médecins avaient tout fait! Il pourrait alors protéger sa famille de l'affreuse expérience d'être exposé au regard public et mis à nu par et dans les médias.

Plus qu'un raisonnement, tout cela, reconnaissait-il maintenant, était plutôt l'expression de sa propre inquiétude à l'égard de ses bébés. Il fut alors relativement facile de parvenir à une conclusion. Jim devenait après tout assez bavard et il était d'évidence très désireux d'engager la discussion avec moi sur le sujet et, suivant ma recommandation, avec le personnel médical. Une rencontre fut organisée avec tous ceux qui étaient impliqués, afin de s'excuser, insista Jim, mais aussi de mieux comprendre et de reconnaître ce qui devait l'être et de prendre les décisions nécessaires. On se mit d'accord sur certaines actions. On arrêta les soins entrepris en vue de « faire vivre » : ils étaient désormais considérés comme des soins qui faisaient reculer le moment de la mort. Le décès de Seth fut ainsi rendu possible. En dépit de toute leur souffrance, Jim et Sue furent capables d'accepter que l'état de Beth était également sans espoir. Son décès mit un terme final à tous les terribles problèmes suscités par ce cas, à défaut d'être un fin heureuse pour quiconque avait été directement impliqué dedans.

« Tout problème », avait une fois remarqué Hans Jonas, qui fut, il y a de nombreuses années, l'un de mes professeurs, « est essentiellement un conflit entre une vision générale des choses (que ce soit une hypothèse ou une croyance) et un fait singulier qui ne s'intègre pas à elle ». Aussi, lorsque nous faisons face à un « problème », nous cherchons à identifier clairement le « conflit » afin de pouvoir ensuite le comprendre et savoir ce à quoi on fait face. Au moment où nous faisons de notre mieux pour découvrir une cohérence entre ce fait et notre propre vision générale des choses, plus le problème est sérieux, plus le conflit est le présage d'un désastre atteignant le cœur de nos vies.

Mais savons-nous jamais ce que sont nos véritables croyances, pouvons-nous connaître les lignes directrices de l'existence, qui n'ont pas grand-chose à voir, par leur modestie, avec notre vision générale du monde ? Mon expérience m'a montré que la plupart des gens n'ont pas beaucoup réfléchi à ce sujet et ne souhaitent pas vraiment le faire. C'est l'une des raisons pour lesquelles des situations impliquant une maladie ou une blessure grave suscitent une telle passion et sont habitées par une incertitude combinée au sentiment qu'il faut malgré tout parvenir à une décision. On doit faire des choix alors que nous n'avons pour les fonder que des éléments peu clairs, confus, ambigus et incertains.

Aujourd'hui, il me semble que c'est ce que Jim et Sue tentaient de dire aux médecins, aux infirmières et à moi-même alors que leurs bébés mouraient. En fait, c'est assez proche de ce que j'ai traversé lorsque ma propre mère mourait sous mes yeux. Que *lui* arrivait-il? *Où allait-elle?* Et *pourquoi?* J'étais perplexe et je me demandais maintenant si Rebecca et le Dr. Shannon se posaient les mêmes questions. Jim et Sue se les étaient-ils également posés, non pas une seule fois, mais deux, pour chacun de leurs bébés?

Comme on peut le soupçonner, il semble que cette histoire soit encore riche de sens. Si nous tâchons toujours de raconter notre histoire, alors quelle est la mienne? Ce qui était survenu à Jim et Sue n'apparaît être rien d'autre que le signe avant-coureur d'autre chose.

FRANÇOIS DAGOGNET

LA CURE D'AIR : ESSAI SUR L'HISTOIRE D'UNE IDÉE EN THÉRAPEUTIQUE MÉDICALE *

Il n'est guère de découverte, dans le domaine physique ou chimique, qui n'ait connu une seconde odyssée : elle passe alors du monde théorique à celui de ses applications à la biologie et à la médecine. À titre d'exemple, signalons l'emploi thérapeutique de l'électricité, de la radioactivité ou des divers rayonnements, infra-rouges et ultraviolets. Il en a été de même pour les substances chimiques : c'est pourquoi, on va insensiblement, de Priestley et Lavoisier, à la vogue des gazéifications les plus diverses, aux « Medical Vapors » de Sir Davy (1831), aux inhalations d'éther et jusqu'à une médication adoucie mais semblable : la célèbre cure d'air.

La thérapeutique naturelle, dans ses débuts, conçoit la cure d'air comme une suroxygénation; elle escompte de la respi-ration d'un air pur, que rien n'aura souillé ni empoisonné, une revitalisation, un retour à la santé et une désintoxication. La *Naturphilosophie* romantique pousse à cette médecine de

* Fr. Dagognet, *Savoir et pouvoir en médecine*, Le Plessis-Robinson, Synthélabo, 1997, p. 127-141.

l'altitude, accompagnée de solitude, et surtout susceptible, chez les adeptes de Rousseau, de lutter contre le mal du siècle, l'ennui : « l'exercice en plaine, dira plus tard un médecin célèbre, n'a rien qui puisse lui être comparé, au point de vue de l'utilité qui en résultat pour l'homme bien portant. Dans les localités dont le sol n'est nullement accidenté, la déambulation est monotone et bien souvent l'ennui l'interrompt avant qu'elle ait atteint les limites qui pourraient la rendre salutaire. La gymnastique modérée qui l'accompagne est d'ailleurs trop élémentaire pour qu'elle puisse suffire aux exigences d'un âge naturellement agité et de tempérament robustes qu'une vitalité exubérante rend ennemie du repos. La montagne offre partout au promeneur, au contraire, un but indéfini. Les sites y changent, à chaque pas, de caractère. Le vague horizon des plaines n'est plus là pour laisser en suspens vos pensées désemparées … L'air qui vous entoure est salutaire et pur, vous en baignez amplement votre poitrine animée d'une activité insolite, un sang bien aéré, débarrassé de son carbone court rapidement du centre à la périphérie et anime partout l'organisme qui se sent renaître »[a]. Il s'agit là d'un texte parmi une collection de documents aussi éloquents les uns que les autres. En outre cette médication naturelle et sans violence semble prolonger ses effets toniques jusque dans le psychisme : elle guérit des passions et elle donne la vertu. « Je gravissais, écrira Jean-Jacques, lentement et à pied des sentiers assez rudes, conduit par un homme que j'avais pris pour être mon guide et dans lequel, durant toute la route, j'ai trouvé plutôt un ami qu'un mercenaire … Il semble qu'en s'élevant au-dessus du séjour des hommes, on y laisse tous les sentiments bas et terrestres, et qu'à mesure qu'on approche

a. Jourdanet, *Influence de la pression de l'air sur la vie de l'homme*, Masson, 1875, p. 587.

des régions éthérées, l'âme contracte quelque chose de leur inaltérable pureté. On y est grave sans mélancolie, paisible sans indolence … » [b].

Seulement, l'inquiétude naîtra à l'occasion d'une constatation déconcertante et irrécusable : le mal même des montagnes. On attribuera les malaises de l'ascension non pas à une inconcevable raréfaction du « gaz vital » mais d'abord au seul épuisement musculaire et aux excessives dépenses qu'exige la montée : « Si l'on persiste à faire des efforts, écrit de Saussure, on est saisi par des palpitations et par des battements, si rapides et si forts dans toutes les artères, que l'on tomberait en défaillance si on les augmentait encore en continuant de monter, etc. » [c].

Mais, l'orothérapie et l'aérothérapie en général nous proposent plus qu'une nouvelle variété d'oxygénothérapie, sous sa forme minima et naturelle, plus encore qu'un problème physiothérapique controversé, plus que tout cela, c'est-à-dire une problématique psychologique, un centre d'intérêt anthropologique : en effet, selon nous, nulle part mieux qu'ici l'objectivité scientifique n'a servi d'alibi. Les arguments empruntés à la chimie et à la physique (l'air pur, la polyglobulie, l'absence de toxicité, l'oxygène ou le gaz carbonique, l'air dense ou tonique, etc.) barrent la route à la vraie motivation et forment écran ; leur fragilité les rend d'ailleurs aisément réfutables. Autant en appeler au culte romantique qui, dans sa ferveur, avait réuni des conditions aussi chimériques que touchantes : par exemple, que les habitants des montagnes, à force de vivre dans un milieu aussi salubre, finissent par acquérir une santé morale ainsi que la robustesse et la vigueur physique, l'une et l'autre inséparables à une époque où l'on se

b. *La nouvelle Héloïse*, 1re partie, lettre XXIII.
c. *Voyage dans les Alpes*, t. II, 1786, p. 294.

plaît à remarquer les rapports du physique et du moral. Est-il besoin d'ajouter que la sociopathologie a ouvert les yeux sur ces arguments hallucinants ? Le délire, organisé autour de « l'air vivifiant des montagnes », est tel qu'il transforme les faits les plus apparents et les moins contestables. Quelle qu'en soit la cause – mariage consanguins, hygiène liée à la misère économique de ses habitants, carence iodée, débilité mentale qui déconseille la venue dans les villes, etc. – il n'en demeure pas moins vrai que les chiffre de la mortalité et de la morbidité dépassent ceux des vallées et des villes et que, sur ces sommets, le voyageur est surtout frappé par le nombre des goitreux ou des déficients, à l'encontre de l'image poétique du montagnard préservé, à la taille svelte, à l'air rubicond, à la démarche sûre.

Nous avons donc à rechercher ce qui a poussé l'âme à demander son salut et sa guérison à l'air des montagnes, à l'élévation en général. Lorsqu'on parvient à enlever et à chasser les pseudo-épreuves physiologiques qui faussent le sens de cet élan culturel, on découvre certaines exigences de la psyché, les archétypes imaginaires et les larges bases, par contrecoup, de la psychothérapie. En d'autres termes, le prétexte de l'oxygénation évanoui, nous nous demanderons : qu'est-ce qui pousse l'homme à persévérer dans son culte de l'hygiène et de la valeur des sommets ou des hauteurs ? La religion de la montagne sommeille dans toute l'histoire et se spiritualise dans toutes les mythologies. La chimie des airs et des atmosphères n'a pas créé mais seulement amplifié, voire cautionné, une attitude antérieure. Il nous faudra ensuite nous déplacer à l'autre extrémité de notre problème : quelles bases la physiologie peut-elle donner légitimement à l'ancienne et bénéfique cure d'air ? Il va déjà de soi qu'elle ne se fonde pas sur la composition chimique du gaz inhalé. En somme, notre étude se donne deux directions opposées : d'une part, évoquer le rôle exact actuellement reconnu à l'aération, et d'autre part, rechercher les mobiles qui ont poussé à cette médication naturelle. C'est à la condition de se placer aux deux extrémités, dans les foyers de l'archaïsme et de la modernité, qu'on risque de saisir l'ardeur de vie et d'évolution d'une notion médicale. S'en tenir au simple passé, goûté pour lui-même, revient à pratiquer l'anecdote, à satisfaire une curiosité d'historiographe amusé par l'accumulation rapsodique et pointilleuse des détails les plus futiles. Mais ne rappeler que le présent, comme dans certains traités lapidaires, prive de l'intelligence de la signification des gestes ou des décisions médicales et rabaisse la thérapeutique au rang d'une manipulation ou d'un répertoire de recettes et d'applications.

La pharmacologie, plus que toute autre discipline, est écartelée entre les deux excès que nous venons de signaler : d'une part, la récréation d'un praticien qui s'amuse d'un passé rempli d'étrangetés, d'autre part, son orgueil de contemporain qui se croit préservé de pareilles aliénations dans la magie[d]. Il convient de réunir les deux pôles de l'histoire de la *Materia medicans*, mieux connaître et appréhender le présent à la lueur des tâtonnements du passé, comme mieux saisir la finalité du passé grâce au point de repère d'un présent assuré et provisoirement fixé.

À titre d'exemple, nous voudrions donc dégager autant les principes réels de la médication sanatoriale que les origines de son existence et de sa vogue. Puisque nous nous limitons à la période du XIXe siècle, on sait, en effet, que ce thème d'une

---

d. Dans cette pharmacopée en perpétuelle évolution, le nombre des remèdes abandonnées, relégués dans le musée des aberrations ou des erreurs, s'agrandit à un point tel qu'un contemporain propose de modifier l'aphorisme : « Hâtez-vous de prendre un médicament pendant qu'il guérit » par un aussi caustique : « Hâtez-vous de le prendre pendant qu'il existe » (« L'évolution de la thérapeutique moderne », dans *Actualités de la clinique thérapeutique*, 1951, par R. Charonnat, professeur à la Faculté de Médecine et de Pharmacie de Paris, p. 15-33).

guérison par les agents naturels, expression d'une philosophie de la nature, reflète particulièrement ce siècle travaillé par le Romantisme. L'un des plus grands écrivains mystique de notre littérature a d'ailleurs exprimé tous les songes et les mensonges de la mythologie thérapeutique. Jules Michelet (1798-1874) nous est d'un perpétuel secours pour retrouver les archétypes inconscients ou les images qui entraînent vers les guérisons par les influences océaniques, par les rayons du soleil, les bains de la terre et naturellement la cure d'altitude.

On ne saurait oublier que, dans cette période, la tuberculose et en général la pathologie pulmonaire attiraient les regards des médecins comme des artistes ou des hommes de lettres. Chaque époque et chaque culture se signale ou se caractérise par une maladie d'élection : « À toute époque dominent des maladies déterminées qui la caractérisent et répondent à son style général … Ainsi dominent au Moyen Âge les maladies collectives : la peste, qui apparaît aux VIe et XIVe siècles, aux points critiques de la civilisation européenne et encadre le Moyen Âge ; la lèpre, maladie du prolétariat médiéval, et les névroses collectives. À la Renaissance apparaît la syphilis, maladie essentiellement individualiste, qu'on ne subit pas, mais qu'on contracte … À l'époque trouble du baroque, on trouve au premier plan des maladies par carence : fièvres typheuses, scorbut, ergotisme, etc., et d'autre part, des maladies qu'on pourrait appeler par surabondance : le podagre, l'hydropique … *La tuberculose, la chlorose et autres maladies analogues* sont l'expression pathologique du Romantisme »[e]. Avant Laënnec (1781-1826), la tuberculose est déjà

---

e. Sigerist, *Introduction à la Médecine*, p. 201. Nous avons lu et on lira avec intérêt, à ce propos, plus spécialement sur l'ergotisme ou mal des Ardents, sur la

identifiée à une consomption, un alanguissement et peut-être à un *taedium vitae* : la morphologie apparente du tuberculeux évolutif semble imposer cette pathologie ou pathogénie du manque et de la privation de vitalité, de la dégénérescence et d'un souffle de vie qui s'en va. L'amaigrissement (φθισις = consomption), le cou grêle, les yeux caves, à quoi s'ajoutent les crachements de sang, tenu pour l'essence de la vie, les malaises et la fébrilité d'une vie qui achève de se consumer avaient déjà frappé Arétée de Cappadoce, au premier siècle de notre ère : « l'aspect de ces malades rappelle en tous points celui des cadavres. Les lèvres sont tendues sur les dents comme dans le rire. Les autres parties du corps ont subi la même altération ; les chairs ont disparu, on ne voit plus les muscles du bras, les mamelles atrophiées ne sont plus représentées que par le mamelon ; on peut compter les côtes, voir le lieu où elles finissent, leurs articulations avec les vertèbres et le sternum. L'épigastre vide semble refoulé en haut, etc. … »[f]. Il paraît inévitable que l'inconscient symbolique ou une médecine archaïque propose, contre cette altération générale, une thérapie de réanimation et d'insufflation, et recoure à des substances aussi légères que réconfortantes, à des forces naturelles d'appoint salutaire : et si on peut les nommer drogues énergétiques et surtout héroïques, n'est-ce pas parce qu'elles furent celles que préconisèrent les héros antiques, les surhommes des légendes ?

Avant d'analyser, en effet, les justifications romantiques de l'altitudothérapie, nous aimerions évoquer quelques-unes des motivations inconscientes qui poussent le malade, peut-être

---

lèpre et la danse de Saint-Guy, l'*Étude historique et nosologique sur quelques épidémies du moyen âge* du Dr Marchand (Paris, 1873).

f. Description classique, dont on trouve l'original dans Arétée de Cappadoce, *Medicorum greacorum opera quae exstant*, éd. Kühn, t. 24.

malgré lui, à demander son salut à l'air, à la montagne, à la pureté des atmosphères. On voudra bien excuser cet exercice impie qui vise à exhumer les affects d'une décision ou d'une méthode si aisément rationalisée, si habilement dissimulée sous les formules physiologiques. Nous devons en dévoiler les obscures origines moins pour en contester que pour en affirmer et épurer le principe. Il n'est pas possible d'y voir un doute sacrilège.

C.G. Jung, dans son célèbre *Répertoire de la réalité symbolique*, a souligné déjà l'importance des thèmes de l'ascension, de la montée aux cimes, de l'aspiration salvatrice et de la résurrection aérienne. Fil conducteur de cette cosmologie imaginaire de la libido, celle-ci transpose le bas, c'est-à-dire l'instinct de vivre, en haut et, par conséquent, dans cette symbolique d'inversion, l'énergie sera naturellement captée et sublimée dans les airs, loin des bas-fonds. Parallèlement, la libido centrale et viscérale, celle de l'intimité pulsionnelle, dans les délires de régression, obéit à la même loi de l'inversion et jaillit en symboles phalliques, des extrémités : le chapeau pointu, l'occiput, la main, l'oreille (le Gargantua de Rabelais et le Bouddha mongol sont nés de l'oreille de leurs mères), les plumes, les cheveux, le pied, l'orteil. Le sommet fut au début et en premier lieu la libido elle-même, avant la descente instinctive ou physiologique : elle avait investi la bouche, la main (*cf.* la main érotique du singe, dira Jung, ainsi que de la grenouille), l'orteil également, puisque le jeune enfant n'hésite pas à l'introduire dans sa bouche elle-même. Quoiqu'il en soit, à l'immersion de la libido, qui va de l'oral à l'anal, correspondra, dans le langage symbolique qui inverse le mouvement, la remontée spiritualisée, valorisée et comme revitalisante. Relativement au Cosmos, la rêverie libre et surabondante privilégiera parallèlement les sommets, les pics, les pointes. L'oiseau bénéficiera de cette idolâtrie : « Pourquoi un oiseau ? Parce que l'oiseau symbolise la réascension du soleil, l'aspiration de la libido, la renaissance du Phénix, aussi l'aspiration est-elle souvent allégorisée par des oiseaux qui volent ou qui planent » [g]. De la sorte on peut rendre compte déjà de la poussée humaine vers le soleil et les altitudes, à l'instar des héros prométhéens. De là aussi la curieuse prescription des voyages comme moyen de guérir et notamment le tuberculeux, médication naturelle déjà prônée par Laënnec lui-même : « les héros sont presque toujours voyageurs, symbolisme dont le sens psychologique est clair : le voyage est l'image de l'aspiration, du désir jamais assouvi, qui ne trouve pas son objet, car, sans le savoir, c'est sa mère qu'il a perdue et qu'il cherche. Voilà pourquoi les héros furent de tout temps considérés comme des soleils voyageurs et on est tenté de conclure que le mythe du héros est un mythe solaire » [h]. En 1894, un maître, G. Hayem, écrit : « La tuberculose est plus rare dans la marine que dans l'armée de terre … le voyage auquel on donne habituellement la préférence est le trajet d'Angleterre ou de France en Australie par voilier. Les bâtiments à voile offrent sur les vapeurs d'autres avantages encore que la lenteur de la traversée. Les changements de température sont ménagés, graduels, l'encombrement à bord est moindre, les cabines sont plus commodes et il y a moins de poussière, on n'y est pas incommodé par le grincement d'une machine, la marche du bâtiment est douce et engage au repos … Les malades n'ont plus qu'à dormir, à manger, à se laisser vivre, d'une vie molle, indolente … » [i]. On ne saurait mieux exprimer l'exigence de l'inconscient, ni mêler

g. *Métamorphoses et symboles de la libido*, Aubier, p. 330.

h. C.G. Jung, *ibid.* [*Répertoire de la réalité symbolique*], p. 196.

i. G. Hayem, *Leçons de thérapeutique générale, Les agents physiques et naturels*, Masson, 1894, p. 488.

avec un aussi touchant succès les innocentes rêveries et les précisions thérapeutiques. Certes, il s'agit là de voyage plus que de cure sanatoriale ou de guérison par les airs. En vérité, les deux recommandations, les deux thérapies, se confondent un peu. La montagne appelle la montée, l'escalade, le mouvement vers le haut. Quant au voilier, il conduit, d'une manière douce et continue, vers la haute mer, en des lieux vierges et déserts, semblables aux sommets dénudés, inhabités, seulement ensoleillés. Nous reviendrons d'ailleurs sur l'analogie qu'offrent ces deux situations, qui fortifieraient et répareraient la santé [j].

Mais, pour descendre d'un degré dans le monde obscur des désirs réprimés et des besoins impérieux de l'âme qui vont justement commander les extravagances des médecins ou des pharmacies primitives, comprenons que rien n'équivaut, pour satisfaire la libido au sens général, pour combler son exigence absolue de *résurrection*, à une immobilisation sur un versant de montagne, dans un creux ou un abri naturel et propice [k], baigné par l'air pur, car c'est là que se réalise l'équivalent, *l'analogue* du réenfantement ou de l'acte sexuel naturel. Le besoin de renaître monte à sa source symbolique. En ces lieux, le soleil, avec ses rayons et ses glaives, ses dards et son flamboiement (nous nous gardons de revenir sur les règles élémentaires de la symbolique et de la mythologie qui justifient l'identification entre soleil, Dieu et père

---

j. On sait – constance et permanence probantes – que dans son traité *Des airs, des eaux et des lieux*, Hippocrate conseille déjà le changement de résidence et surtout le voyage en mer.

k. Les climatologues insistent beaucoup sur le fait que « les sommets et les cols sont peu favorables comme emplacements de stations climatiques parce que trop ventés, etc. », dans P. Delore et M. Milhaud, *Précis d'hydrologie et de climatologie*, Doin, 1952, p. 195.

tout-puissant, lumière et feu), ce père et ce dieu[1], touche, effleure sur les hauteurs, et pour la première fois, la terre maternelle, il la féconde de son ardeur énergétique évidente et il enfante l'air pur, les souffles alizéens et le pneuma céleste. Dans la trinité érotique, l'air jungien est moins le fils des parents cosmiques que le symbole même de leur union brûlante. Or, comme y a tant insisté Jung, ce n'est pas la cohabitation que souhaite l'homme, l'inceste, mais la renaissance, le retour au sein maternel et à l'enfantement, la régénération. De là, d'ailleurs, parallèlement l'importance de l'hydrothérapie, le bain de jouvence et l'entrée curative dans les eaux maternelles, où le soleil lui-même plonge et d'où il renaît ; de là aussi la fonction religieuse et sacrée du poisson, symbole de la libido et surtout de sa rénovation. Il est donc probable que l'altitudothérapie native tire son origine de ces poussées ou bouffées inévitables de l'inconscient et que les médecines ont d'abord calqué les diverses légendes propres aux héros, lesquels vivent justement sur les sommets olympiens.

Mais il convient que les malades ne montent dans les airs et l'atmosphère qu'avec ménagement : les bienfaits de l'air natif sont ambivalents, source d'effets heureux et malheureux, comme tout ce qui relève de la libido : « Oui, l'aspiration passionnée, c'est-à-dire la libido, a bien deux tendances, elle est la force qui embellit tout, mais dévaste tout à l'occasion … Être fécond, c'est se détruire, car la naissance de la génération suivante indique que la précédente a dépassé son apogée … la peur est bien compréhensible en face du destin érotique »[m]. Tel est le thème de la cure

---

1. Renan, *Dialogues et fragments philosophiques*, p. 168 : « Avant que la religion fût arrivée à proclamer que Dieu doit être mis dans l'absolu et l'idéal, c'est-à-dire hors du monde, un seul culte fut raisonnable et scientifique, ce fut le culte du Soleil ».

m. Jung, *ibid.* [*Répertoire de la réalité symbolique*, *op. cit.*], p. 103.

d'ascension continue, de la montée réanimante et vitalisante, méthodique et prudente, qui sait user de l'air imaginaire.

Le romantisme de Jules Michelet, partiellement responsable de la religion de la montagne et de son pouvoir dans la guérison, sous-entend cette mythologie aérothérapique, le goût vivifiant de l'élévation, mais il mêle à un empirisme de sage et le cache sous des débordements poétiques. Qui ne savait déjà que la montagne, l'oxygène, rendent des forces, une certaine alacrité ? Michelet, le poète de l'amour, du sang et de la circulation, de la pulsation et de la vie, s'attache à vouloir guérir aussi bien que l'enfant malingre, la jeune chlorotique, les maladies de langueur, l'anémie et l'asthénie, et, en même temps, son époque, son temps de défaillance et de dispersion. Il valorise la montagne et la comble de forces médicatrices imaginaires, la charge d'un potentiel de santé dont, sorcier moderne, il prône l'emploi. Détacher quelques-unes de ces recommandations, proposées en plein XIXe siècle, revient pour nous à continuer l'analyse spectrale des forces qui poussent soit le malade soit même l'homme en bonne santé à auréoler la climatothérapie et, au-delà, la guérison par les airs, la panacée oxygénante, le recours systématique à l'air vital [n].

Chez Michelet, la montagne se métamorphose immédiatement en mère généreuse : le sommet, insensiblement, devient un

---

n. *Essai sur l'histoire de la thalassothérapie*, thèse Paris, 1925. Yvonne Simon y traite un problème du même ordre. « Aller chercher, écrit-elle, la guérison auprès du dieu-océan, image de la force et de la vie, l'océan d'où émerge et où rentre chaque jour le dieu soleil Phébus-Apollon, aller lui redemander la régénération des forces vitales épuisées devrait être un geste aussi naturel que celui de panser une plaie à l'eau de mer et d'attribuer la guérison de cette blessure au génie de la mer » (p. 14). Comme en ce qui concerne la puissante héliothérapie (la station de Berck associe thalasso – et héliothérapie), l'auteur en attribue le succès et l'origine, en partie, aux idées de J.-J. Rousseau (*cf.* p. 21).

immense sein gonflé d'amour et il représente la terre aimante à la recherche du soleil. «Que le soleil soit son père, son amant ou tous les deux, il est sûr que c'est lui qu'elle regarde, qu'elle suit de son grand mouvement et non moins dans tous ses actes de circulation et de fécondation... La sombre terre des ténèbres a incessamment envie de se faire la terre lumineuse, la terre d'amour qu'il féconde»[o]. Mais rapidement Michelet abandonnera la symbolique érotique au profit d'images centrées autour de l'Alma Mater. Dans les replis des montagnes, la terre donne naissance à des eaux chaudes et réparatrices – douceur, abondance, consolation – et c'est pour le poète comme le sang d'une mère qui s'ouvre les veines pour «Les beaux ballons d'Alsace, les mamelons des Vosges ont les plus douces formes qu'offre la création. C'est en porphyre un sein de femme. Ce sein, non en relief, mais rentrant au contraire dans la forme opposée et non moins maternelle, se voit dans ces vallées circulaires, ces anneaux qu'ouvrit aux premiers temps la jeune effusion de la terre, telle sa vallée de Cachemire, son paradis suave dans l'austérité du granit»[p]. Nous ne forçons pas ces textes célèbres : ils sont transparents et comme innocents. Nous ne pouvons d'ailleurs pas manquer de rappeler le plus connu et le plus symptomatique, bien qu'il nous éloigne quelque peu de notre sujet : «Chère mère commune! Nous sommes un. Je viens de vous, j'y retourne, mais dites-moi donc votre secret. Que faites-vous, j'y retourne, mais dites-moi donc votre secret. Que faites-vous dans vos profondes ténèbres, d'où vous m'envoyez cette âme chaude, puissante, rajeunissante qui veut me faire vivre encore. Qu'y faites-vous? – Ce que tu vois, ce que je fais sous tes yeux. Elle parlait distinctement,

o. Michelet, *La Montagne*, dans *Œuvres complètes*, t. 33, p. 79.
p. *Ibid.*, p. 86.

un peu bas, mais d'une voix douce, sensiblement maternelle. On exagère ses mystères. Son travail est simple, clair, dans ses lieux où elle fonctionne au soleil. J'étais arrivé le 5 juin, extrêmement faible encore. J'avais eu une défaillance en descendant de voiture ... Dans quelques sources voisines, l'eau rend ivre autant que le vin. Cette ivresse de l'air et des eaux stimule, réveille les sens, bien avant de rendre les forces. On oublie qu'on est malade » [q]. Et désormais la montagne va égrener les preuves de cette maternité et les causes ou les raisons de ce pouvoir régénérateur : tout en est transformé, allégorisé, comme quoi l'exigence du *risorgimento* par les airs et l'élévation traduit une impitoyable et inexorable poussée de la représentation humaine.

Entre autres justifications ou rationalisations, on peut souligner celles-ci :

1. Michelet, par un coup de baguette magique, métamorphose les fleurs des montagnes en pierreries, en diamants et en colliers lumineux, mais, en même temps que se poursuit ce délire poétique d'identification, il destine ces plantes des sommets à guérir : elles portent en leurs arcanes les vertus des simples, balsamiques et doucement tonifiantes, ce qui les oppose aux fleurs ou plantes tropicales, exotiques, qui ont envahi la pharmacopée et donné aux médecins des armes intempestives, dangereuses, disproportionnées et fracassantes. Rien ne vaut, pour le subconscient, la nature familière, le sourire de la mère et ses caresses, à l'encontre des secours lointaines et donc étrangers. Nous n'inventons rien : « Je vois mes chers parfums amers, plus salubres cent fois que les odeurs sucrées, équivoques, des fleurs des tropiques, aussi sains au cerveau que lui sont dangereuses les ivresses de ces étrangères ... La vertu curative de nos plantes indigènes *s'explique*

q. *Ibid.* [Michelet, *La Montagne*], p. 73.

bien. En elles est notre esprit, en elles nos charmants souvenirs. Elles eurent toutes nos confidences. Elles sont bien plus en rapport avec notre sang, notre cœur, bien plus dans la mesure de nos tempéraments... Bien mieux que leurs analogues, leurs brûlantes sœurs. La médecine violente, issue des temps atroces, de l'âge militaire où la chirurgie était tout, *la médecine à mort* qui va par coup d'État, a dû préférer comme énergies brutales, de force expéditive. Elles guérissent des noirs, des jaunes, des hommes de climat différent, de santé différente... Qu'en conclurai-je? Que si elles les sauvent, ici elles me tueront. Leur violence me le garantit. La dangereuse flore des tropiques y a forcé les doses, concentré dans l'atome un infini de force. L'effet est opposé à la vraie médecine qui prétend faire durer les faibles. La nature tropicale, au contraire, les abrège, met sa joie et son triomphe à faire succéder les êtres aux êtres »[r]. Comment ne pas songer ici à la philosophie élémentaire des spagyristes qui prétendait que la nature avait placé le remède à côté du mal? Et l'on peut rappeler, pour illustrer cette pratique, le succès de leur hypothèse captieuse, à savoir que le saule, arbre des lieux humides (le salicylate), doit être tenu pour le remède spécifique du rhumatisme, maladie liée alors au séjour dans les lieux humides?

2. De la montagne toute en agitations, en frémissement et parfois même en convulsions (les volcans), descendent, pour Michelet, sur la terre, les alluvions, les fleuves et les bénédictions : elle nourrit donc la terre et lui donne ses éléments de vie. Elle est à son origine. Dans cette *géographie poétique*, tous les détails convergent vers cet allaitement cosmique, ininterrompu et salvateur. Ainsi, les glaciers, qu'on croit à tort immobiles et

---

r. *Ibid.* [Michelet, *La Montagne*], p. 123. C'est nous qui soulignons, sauf l'expression, « La médecine à mort », que Michelet lui-même distingue.

inertes, avancent, venus également des sommets animés et ils iront jusqu'à déterminer la vie politique et morale des peuples comme des civilisations. L'historien leur attribue la puissance originelle du *primum movens*, et, naturellement, si tout descend, il ne reste à l'homme alangui ou fatigué, pour se « remonter », qu'à remonter lui-même et à escalader les sommets : « Vivant esprit de renaissance. Vrai cordial dans ces temps de défaillance trop commune. Puisse ce livre qui nous soutint, en relever d'autres encore sur les pentes où, par faiblesse ou chagrin, beaucoup descendent ! S'il lui faut une épigraphe, ce sera ce mot : Remonter » (*La Montagne*, Préface). Les Alpes, le château d'eau de l'Europe, la place de la Concorde du monde, l'emportent en trésors de fécondité et d'elles tout peut résulter, l'air, les vents, l'eau et ses alluvions, et les métaux, la pierre des cathédrales et aussi des averses électriques ; dans cette accumulation génératrice, le romantisme de la guérison voit le signe même de leur maternité première.

3. La montagne sera encore la mère par son silence et son calme, son insouciance, la solitude qu'elle déploie et la pureté de son atmosphère : « Je me garderai bien d'aller me reposer à la mer. Je l'aime cette étrange fée. Elle a le secret de la vie, mais elle est si agitée ! que de fois elle ajoutait sa tempête à mon orage ! J'allai redemander le calme à l'immobilité des Alpes, non pas aux Alpes bruyantes qui semblent une éternelle fête de cascades et de beaux lacs. Je préférai le grand ermite, le grand muet, le mont Blanc. Chez lui seul j'espérais trouver assez de neige et de repos » [s]. Cette fuite du social implique une régression psychique et comme un retour à l'enfance, elle paraît réaliser *in vivo* le célèbre *Nursing* anglo-saxon. Hayem notait déjà, à la fin du XIXe siècle, dans son

s. *Ibid.* [Michelet, *La Montagne*], p. 8.

traité important, qu'on ne peut trouver un air vraiment pur que sur le sommet des montagnes ou bien en mer ou en plein désert. Il confirme qu'un certain nombre de phtisiques ont vécu plusieurs années dans la solitude africaine, qu'ils couchaient sous la tente et se nourrissaient exclusivement du produit de leur chasse, surtout que, malgré l'existence de lésions pulmonaires avancées, ils se trouvaient bien de ce genre de vie. *Mutatis mutandis*, on sait combien les psychothérapies modernes reviendront à cette méthode et en majoreront l'efficience. On prend désormais en considération la notion de milieu thérapeutique, ou, en d'autres termes, de thérapeutique par le milieu. De ce dernier, on élimine les excitations agressives, en nombre fabuleux (ainsi dans la cure psychiatrique toute l'architecture asilaire) et on éloigne tout autant l'absence d'excitant : un silence trop profond empêche en effet de dormir, éveille la peur, donne en tout cas l'idée, le soupçon que l'on se trouve dans un univers artificiel, donc humain, trop humain ; on le remplit alors et en conséquence de bruits naturels, pour ainsi dire, la pluie qui tombe[t], audiothérapie judicieuse et à la limite individuelle. Si le paysage des lyriques est un état d'âme, il en est également de la transformation, et tout autant de la transfiguration. Quoi qu'il en soit, on saisit pourquoi, chez Michelet, la montagne peut mériter de devenir une médecine psychique.

Pour ce qui est de l'air léger et subtil, Michelet ne semble guère hésiter : il considère ce bienfait comme la conséquence même de l'éloignement social. Les soucis et les inquiétudes, les calculs et les conflits gènent l'amplitude psychique, paraissent étreindre, font suffoquer. Lorsque l'âme s'élève et abandonne en

t. L. Revol, *La thérapeutique par la chlorpromazine en pratique psychiatrique*, Masson, 1956, p. 112.

bas les misères humaines et leurs brumes, elle retrouve sa liberté, son animation et sa légèreté ; surtout elle satisfait à un désir impérieux d'élévation. Comme dans la poésie de Sully-Prudhomme, l'âme ailée ne songe qu'à s'élever, de là, d'ailleurs, les montées en ballon, le goût des escalades et toutes les conduites ascensionnelles. On monte pour grandir, pour retrouver l'origine cosmique et en général le commencement maternel. Si l'on peut comme Paracelse rechercher l'amour imaginaire oedipien dans les entrailles de la terre [u], si l'on peut préconiser une métallo ou une tellurothérapie correspondante, il semble non moins vrai, à lire et accompagner Michelet tout en effusions, qu'on puisse ressentir une consolation de même ordre et trouver un semblable salut dans l'altitudothérapie ou l'aérothérapie. De là, en partie, cette religion alpestre et cet élan imaginaire, à base à la fois littéraire et médicale, qui part de Rousseau et aboutira à la construction des premiers sanatoria, en Silésie, dans la région montagneuse du Riesengebirge.

Mais ce serait tomber dans les romans de l'« histoire récurrente », justement dénoncée, que de voir en cette médication naturelle une anticipation de la climatothérapie, et de tenir Jules Michelet pour un précurseur génial ou un visionnaire inspiré. C'est le moment de rappeler le mot de Brunschvicg : « Il n'est pas permis de dire qu'on sait une chose, alors même qu'on la fait, tant

---

u. « L'enfantement du minerai par la terre, cette mère symbolique de toute la nature, le problème de gisements, de leur formation et de la semence minérale, dont on parlait encore, tout ceci se superposait à la question déjà refoulée et enténébrée de sa propre naissance … La formation d'un minérai dans le sol est comme la gestation d'un enfant dans l'utérus maternel … Théophraste pouvait donc mêler l'inquiétude de sa propre origine à des curiosités minières », Allendy, *Paracelse, le médecin maudit*, NRF Gallimard, 1937, p. 19.

qu'on ne sais pas qu'on la fait »[v], ni même, ajouterons-nous,
pourquoi vraiment on la fait.

Nous n'avons guère hésité à fouiller l'inconscient ancestral
comme le subconscient poétique, afin de retrouver les mobiles
qui ont conduit vers l'altitudothérapie romantique et même la
solitudothérapie rousseauiste qui réalise comme une « hiberna-
tion affective », une cure de sommeil social, une régression vers
les silences naturels et sédatifs. Cette fuite sur les versants ou
les sommets des montagnes révèle, à notre avis, une exigence
de l'imaginaire, un archétype fondamental de la guérison, une
constance même des exercices magiques. On ne sera pas surpris
de la retrouver dans toutes les civilisations et dans tous les folklores.

v. *La connaissance de soi*, p. 68.

GEORGES CANGUILHEM

LE DROIT À LA MORT*

G.C. — Je crois que la première des choses à faire consiste à bien délimiter la question. On peut en effet considérer que droit à la mort est une expression tout à fait ambiguë, paradoxale. Quel droit, en effet, pour cet événement inéluctable, pour ce que nous ne saurions éviter? Du moment que c'est un fait, une nécessité, le terme de droit ne semble pas convenir. Donc la question du droit à la mort, c'est, me semble-t-il, la question du droit pour un malade qu'on sait et qui se sait perdu, incurable, dans une situation vitale tout à fait diminué, le problème est si on doit lui reconnaître la possibilité d'exercer le droit au choix du moment et des modalités de sa mort, de sa mort personnelle. Il ne peut pas être question évidemment ici d'aborder le problème de la mort comme phénomène biologique. C'est le problème de la mort d'un homme dans son rapport à un autre homme, à savoir à son médecin. Donc le problème du droit à la mort pose la question du devoir possible du médecin de reconnaître ce droit et de procurer, en quelque sorte, au malade la possibilité de l'exercer.

---

* G. Canguilhem, Entretien radiophonique avec Henri Péquignot, 14 octobre 1975.

H.P. — Je crois que vous posez le problème comme un problème de relation médecin-malade, si j'ose dire. C'est d'ailleurs une formule qui est à la mode. Le problème ne se pose que parce que la mort s'est médicalisée. Finalement, il y a relativement peu de temps que les médecins s'occupent des gens qui vont mourir et s'en occupent jusqu'à leur mort. Au fond, l'immense majorité des gens d'autrefois et encore maintenant dans le monde sont morts sans médecin. J'ai la faiblesse de penser que c'est un progrès qu'ils meurent avec l'assistance et avec la présence d'un médecin. Et je pense que c'est aussi votre avis.

G.C. — Certainement.

H.P. — Seulement, il faut d'abord se mettre dans cet esprit. Est-ce que vraiment, parce que les gens meurent entourés des soins d'un appareil médical, on leur vole leur mort, comme on dit quelquefois ? Il se répand dans la littérature actuellement une image assez curieusement sortie des romans, et pas des mémorialistes. Je viens de relire le récit de la mort d'Anne d'Autriche dans les mémoires de Madame de Motteville ; je vous assure que ce n'était pas drôle de mourir au Grand siècle quand on était reine de France et qu'elle a dégusté sa mort pendant plus d'un an dans des conditions atroces à tous les points de vue. Alors je crois que la mort a changé. La mort a changé et elle est plus confortable qu'elle n'était autrefois, un peu sous l'influence de sa médicalisation, et je crois aussi qu'on oublie que la mort aujourd'hui n'est pas la même mort qu'il y a deux cent ans ou que la mort en Amazonie, en ce sens qu'on ne meurt pas des mêmes maladies. On ne meurt pas des mêmes mécanismes de mort. On meurt d'abord dans l'ensemble beaucoup plus vieux. Je crois que chaque période de l'histoire a connu sa mort et le problème que vous posez est un problème qui n'est que l'envers d'un progrès.

G.C. — Oui, certainement. Il me semble que cette question est trop souvent ramenée dans la presse, dans la littérature, même dans la littérature spécialisée, il me semble que le problème est trop souvent ramené à celui-ci : est-il humain, compatible avec ce que l'on doit à un homme qui va mourir et qui souhaite mourir en quelque sorte le plus vite possible, est-il compatible avec cette espèce de droit qu'on lui reconnaîtrait à exprimer un vœu d'interruption rapide, de poursuivre à tout prix la médication, l'intervention, bref, le droit à la mort est trop souvent confondu avec la possibilité d'accéder au vœux du malade qu'il soit mis fin au service qu'il a demandé au médecin. Ce qui est la difficulté dans cette situation, dans le rapport du médecin au malade, c'est qu'après qu'il a été fait appel au médecin, à sa science, à sa présence, à son dévouement, en somme, la relation s'inverse et on lui demande de renoncer précisément à la fois à sa science, à sa présence et à son dévouement. Alors je pense que là, c'est le médecin qui doit répondre à cette question.

H.P. — Oui, je voudrais tout d'abord souligner que vous dites très justement « on ». Je pense que quand on soigne un individu qui va mourir ou dont on sait qu'il va mourir, qui généralement s'en doute un peu d'ailleurs, même quand il ne sait que de façon philosophique et pas consciente, il faut quand même faire très attention à sa demande. Mais c'est un fait que cette demande est rarement un arrêt des soins ; elle est quelquefois une protestation contre l'inconfort de certains soins. Par contre, on se heurte tout le temps à une révolte des familles qui ne peuvent pas supporter un certain nombre de soins qu'on fait à leurs malades qu'elles savent, eux, perdus, et qui, pour des raisons que je ne condamne pas d'ailleurs, car c'est affreux de voir mourir quelqu'un qu'on aime, peut-être plus affreux même que de mourir soi-même, elles ont l'impression qu'on torture leurs malades parce qu'on leur fait un certain nombre d'actes qu'elles considèrent comme n'ayant d'autre signification que de prolonger inutilement une vie qu'elles savent perdue. Alors là, je crois qu'il faut être très franc et entrer dans des détails techniques dont je m'excuse, mais il faut bien comprendre qu'un certain nombre de ces actes, qui sont très spectaculaires pour l'extérieur sont des actes tout à fait élémentaires qui assurent le confort de la mort. Si vous voulez, quand on mourait il y a trente ans, quand je commençais mes études de médecine, on mourait avec des escarres, et cela faisait abominablement mal. Maintenant, on doit empêcher les escarres. On mourait de soif parce que l'individu qui ne boit plus se déshydrate et si peu de conscience qu'il ait gardée, la soif est une sensation dont tout le monde sait qu'elle est atroce. Maintenant, on les perfuse. Une perfusion dans le bras, sous clavière, paraît épouvantable à la famille. En fait, ou bien l'individu ne sent rien et à ce moment-là, cela n'a pas d'importance et probablement le geste était inutile, ou bien il aurait la sensation de soif et on la lui évite. Enfin, pour se souvenir de quelque chose qui a donné son nom même dans la littérature aux approches de la mort, il y avait autrefois le râle de l'agonie, que vous avez entendu pendant des heures. Qu'est-ce que c'était le râle de l'agonie? C'était cette situation épouvantable de l'individu noyé dans ses sécrétions bronchiques qu'il était incapable d'expectorer et il finissait par mourir étouffé sous ses sécrétions qu'il ne pouvait pas chasser. Maintenant, on lui met une sonde et on les aspire. Je conçois qu'une famille qui voit l'un des siens avec une sonde dans la gorge qui l'aspire et une perfusion dans le bras a l'impression qu'on le torture, alors qu'en fait, on essaie d'assurer un confort minimum qui, si le malade a si peu de conscience, et on ne sait jamais quelle est la conscience qu'a le malade, est quand même tout ce que l'on peut faire encore pour lui. Je pense qu'il faut bien voir cela. Quel risque on prend? Il faut dire la vérité : on prend un risque, c'est que le malade meurt moins vite. Et même quelquefois, le risque est que le malade ne meurt pas du tout. Je crois que c'est un risque qu'on doit prendre. Je mets risque entre guillemets, ce qui est très difficile à faire quand on parle. Mais je pense que certains malades refusent certains soins parce qu'ils croient qu'on les prolonge, comme ils disent. Il faut leur expliquer qu'on essaie de leur assurer un certain confort, il faut leur expliquer ce qu'on fait. Dans ces conditions, il faut bien avouer ce qui est, on a beaucoup de demandes de la part des familles, mais on n'a pratiquement jamais de demandes de la part des malades. Il y a un immense fossé entre la littérature de ce qui sont très loin de la mort et qui réclament le droit de mourir quand ils voudront de la mort et ceux qui sont très près et se trouvent accepter nos soins finalement avec en général beaucoup de gentillesse, et presque beaucoup de satisfaction, et qui plutôt nous en redemandent. Nous rencontrons rarement cette demande d'un mot, que vous avez évité comme moi parce qu'il est miné et employé généralement dans des sens malhonnêtes, d'euthanasie.

G.C. — Lorsque j'ai rappelé que, la plupart du temps, ce problème se trouve ramené à la position qu'il faut prendre au sujet de ce qu'on appelle l'activisme thérapeutique, ce n'est pas que je partage ce point de vue. Car cet activisme thérapeutique, qui est maintenant devenu la cible d'un certain nombre d'adeptes de la mort naturiste, cet activisme thérapeutique, c'est quand même ce qui, disons depuis la deuxième moitié du XIXe siècle, depuis un siècle, a permis l'élimination de ces causes horribles de mort généralisée qu'étaient les fléaux épidémiques, la mortalité infantile. Par conséquent, cet activisme thérapeutique est responsable de l'efficacité de la médecine contemporaine. Je dirais même que dans cette volonté d'un malade qui se sait condamné, dans cette volonté d'obtenir qu'on le laisse mourir en paix le plus vite possible, il y a comme une reconnaissance implicite que la médecine, précisément, est capable de guérir. C'est celui qui se dit : puisque la médecine ne peut plus rien pour moi, il n'y a qu'une chose à faire, en finir le plus tôt possible ». C'est une façon de créditer la médecine d'un pouvoir qu'elle n'avait pas autrefois. Donc, sur la question du prétendu activisme thérapeutique ou de l'acharnement thérapeutique, il faut être très nuancé et comprendre à la rigueur qu'il soit difficile au médecin, qui a la conscience à la fois de son pouvoir et de ses limites, de ne pas tenter quelque chose pour aller au-delà de ces limites. C'est probablement ce qui rend difficile, dans le comportement médical, dans le comportement du médecin, l'acceptation sans problème de ce droit, et personnellement, j'essaierai de le justifier, qu'aurait l'homme, en quelque sorte, à pouvoir choisir et le moment et la modalité du terme de sa vie.

H.P. — Vous posez, me semble-t-il, trois problèmes différents et qui sont tous les trois intéressants. Le premier, je voudrais en dire un mot. Il y a en tout cas une épouvantable manière de poser le problème, c'est les gens qui disent « quand vous vous occupez des gens qui meurent, vous coûtez beaucoup d'argent ». D'abord, je crois qu'on a beaucoup exagéré ce que cela coûte. Ensuite, je crois qu'il faut avoir une certaine honnêteté vis-à-vis du public : l'ensemble d'activités rassemblées peut-être abusivement actuellement sous le nom de réanimation, qui sont nées à Copenhague, des travaux de Larsen, et ont quand même pris en France à Claude Bernard leur deuxième souffle sur le plan mondial, ce sont les seuls travaux de recherche scientifique, médicale, clinique, dont l'ensemble des malades a bénéficié presque immédiatement. En ce sens qu'il y a eu un énorme effort de recherche scientifique dont on parle tout le temps, et pour lequel on demande, d'ailleurs légitimement, de l'argent, mais ce sont des recherches fondamentales qui rapporteront à nos arrières neveux probablement quelque confort, alors qu'on oublie que les seules recherches dont a bénéficié la population qui vit actuellement, ce sont des retombées de l'activité de ces services de réanimation de pointe. C'est parce qu'on a maintenu, peut-être un peu plus longtemps, en survie un certain nombre de gens qui étaient dans le coma qu'il y a maintenant beaucoup moins de gens qui meurent d'asphyxie à l'occasion d'une crise d'asthme ou d'une grippe, ou de coma pour une injection de toxiques relativement mineurs. C'est quand même un des progrès scientifique qui a été le plus utile à l'ensemble de la population et finalement qui a coûté le moins cher. Je crois qu'il ne faut quand même pas se faire une espèce de mauvaise conscience de gaspillage des deniers publics parce qu'on s'occupe des gens qui vont très mal. La deuxième réflexion que je voudrais faire et que, me semble-t-il, vous posez, c'est que, je crois qu'il faut être l'écoute des malades, je suis très proche de vous, mais il faut être à l'écoute de ses propres malades concrètement, tels qu'ils essaient de se faire comprendre. Or, le discours sur la mort est le fait de gens bien portants, qui sont très loin de celle-ci, et qui s'imaginent ce qu'ils seront quand ils mourront. Je n'aurais pas la méchanceté de renvoyer au poème de Nietzsche dans *Ainsi parlait Zarathoustra*, qui s'appelle « D'une libre mort », et de conseiller à ceux qui savent comment est mort Nietzsche, de lire comment il s'imaginait sa propre mort. Nous ne savons pas quelle sera notre propre mort, alors nous fantasmons, et nous fantasmons notre propre liberté vis-à-vis de la mort. Je crois qu'il y a un peu de ça. En fait, quand on étudie un peu les mourants, ce qui a été fait d'un certain nombre de médecins et nous avons rencontré à ce colloque de la Sorbonne madame Kübler-Ross, qui a fait sur ce sujet une œuvre remarquable, on s'aperçoit que ce sont des gens très particuliers. Il vient de paraître un travail remarquable dans le *British medical journal* sur le comportement des mourants, où des Anglais, qui ont parlé avec des gens qui étaient dans la journée de leur mort, et qui représentent à peu près un échantillonnage représentatif des causes de mortalité en Grande-Bretagne, c'est-à-dire à peu près la même chose qu'en France, les ont comparés à des gens atteints des mêmes maladies, de même origine sociale, de même niveau de culture, de même niveau de croyance religieuse, etc., bref qui sont rigoureusement appariés, qui sont atteints de la même maladie, mais très loin de l'issue fatale, ils se sont aperçus que leurs comportements sur des points essentiels étaient extrêmement différents. Enfin, je vous donne ces deux exemples qui m'ont frappé : il y a un pourcentage négligeable de mourants qui s'intéressent à leur maladie et qui posent des questions sur elle, alors que les mêmes gens, quand ils sont loin de la mort, sont pleins de curiosité sur leur maladie. Et cet autre aspect qui est assez frappant, parmi la clientèle anglaise à distance de la mort, il y a 30% des malades qui déclarent avoir une certaine image, une certaine espérance, et parmi les mourants, il y en a un peu plus du double, près de 70%, c'est quand même une différence considérable et qui montre que la psychologie du mourant n'est pas la psychologie que s'imagine l'individu qui sera un jour ce mourant. C'est pourquoi le médecin est assez mal à l'aise quand il parle de ces sujets ou quand il lit une certaine la littérature : il ne reconnaît pas son mourant de tous les jours. Je voudrais dire une troisième chose, c'est vrai, je ne le croyais pas, et puis je me suis aperçu que dans cette littérature que je critique, il y a quelque chose de vrai : un certain nombre de médecins, et surtout d'infirmières et de personnels soignants étaient maintenant très culpabilisés par la mort de leurs malades. Je m'aperçois que c'est une très grosse difficulté que nous n'avions pas : la mort était tellement fréquente dans notre clientèle hospitalière que nous savions très bien que tout était au-dessus de notre pouvoir. Les gens de notre âge trouvent au fond la mort de leurs malades naturelle. Mais c'est vrai que les plus jeunes, surtout parmi le personnel soignant, se posent des problèmes, et se sentent vaguement coupables. Je crois que c'est quelque chose dont il faut s'occuper, qui nécessite une véritable attitude de psychothérapie permanente, pour faire comprendre, et notamment au personnel soignant dont le rôle est tellement considérable, que c'est précisément auprès des mourants que son rôle est le plus essentiel et qu'ils sont plus utiles auprès de ceux qui vont mourir ou qui sont morts, qu'auprès de ceux qui guériront. À la limite, les gens qui guérissent auraient peut-être guéri tous seuls, alors que ceux qui meurent avaient besoin qu'on s'occupe d'eux jusqu'à la fin. Une dernière réflexion qui m'est chère : pour le médecin et même pour le soignant en général, à mon avis, il n'y a qu'un moyen de ne pas être culpabilisé par la mort de son malade, c'est l'autopsie systématique. Parce que c'est vraiment la certitude que l'individu est mort d'un mécanisme et d'une cause contre lesquels on ne pouvait rien, et qu'on est pour rien dans sa mort. Il ne s'agit pas d'avoir une culpabilité ou une culpabilisation illusoire, il s'agit de savoir quelles sont les erreurs qu'on a pu faire. Je crois que l'issue de cette problématique de la mort pour le médecin et le soignant, c'est vraiment le contrôle autopsique qui me paraît, si paradoxal que cela puisse paraître, un véritable indice du progrès social d'une société.

G.C. — Mais le problème n'est pas, me semble-t-il, de savoir si le malade, pour lequel le médecin n'a pu obtenir la guérison, était atteint d'un mal devant lequel, dans l'état actuel, la médecine actuelle est désarmée. C'est un peu autre chose. Le problème est de savoir si, dans ce cas, le médecin ne peut pas avoir une action autre que celle qui consiste à procurer au mourant tout le confort susceptible d'atténuer cette fin. La question est plutôt de savoir si le médecin peut positivement, ou par abstention, faire quelque chose pour que ce vœu du malade correspondant à un droit dont précisément, je vais essayer de montrer quel pourrait être le fondement, la question est de savoir si le médecin peut accepter cette demande implicite. Il me semble que la question du droit à la mort peut se traiter d'abord hors de toute référence à l'état actuel des connaissances médicales, à l'état actuel du coût de la santé publique ou privé. La question est de savoir si ce droit a un fondement quelconque. Je pense qu'il en est du droit à la mort comme de n'importe quel droit. Les droits sont la prise de conscience à un moment donné du fait qu'on est engagé sans l'avoir voulu, sans l'avoir cherché, dans une situation qu'on peut reprendre. Je m'explique : les droits politiques sont la prise de conscience à un moment donné qu'on fait partie d'une société qu'on n'a pas choisie, mais qui, précisément parce qu'on ne l'a pas choisie, c'est-à-dire parce qu'on lui trouve des insuffisances, des défauts, pourrait être modifié par l'exercice personnel d'une activité de réforme qui aboutirait à faire du fait social, du fait que je vis en société, une association. Autrement dit, le droit, c'est la reprise par la conscience d'une situation dans laquelle elle est engagée sans l'avoir cherché. Il en est de même de la vie. Le droit à la mort, c'est d'une certaine manière la prise de conscience qu'à un moment donné, je suis né sans y avoir été en quelque sorte invité, et pour cause. C'est-à-dire mon existence, le fait que je suis là, vivant, souffrant, et conscient de vivre, précisément parce que je souffre, ce fait, c'est un engagement : je suis engagé, je suis le gage de quelque chose, un engagement que je n'ai pas souscrit. Le droit à la mort n'est que l'expression de ce fait que la seule chose que je puisse faire sur la vie, de ma vie, à un moment donné, c'est de choisir la façon dont j'en sortirai. De sorte qu'il y a un rapport à mon avis nécessaire entre le problème du droit à la mort et une question dont il n'est jamais parlé dans la littérature consacrée à la question, c'est le rapport entre le droit à la mort et le suicide. Naturellement, revenons au problème de la relation médecin-malade. Il n'est pas possible naturellement ici de faire intervenir la notion de suicide. On ne demande pas à quelqu'un de vous rendre le service de vous aider à se suicider. Mais le problème du droit à la mort, si on essaie de le poser d'un point de vue en quelque sorte existentiel, ce problème du droit à la mort tient à ceci : que le malade est précisément l'être conscient que la seule initiative qu'il puisse prendre en ce qui concerne sa vie, c'est de l'interrompre. C'est là que le retour au médecin se fait par ceci : un droit suppose un devoir. Dans quelle mesure, à supposer que ce fondement du droit à la mort soit ce que j'en pense, dans quelle mesure le médecin doit répondre à ce droit par un devoir, là, je laisse la parole au médecin.

H.P. — Je crois que l'antiquité classique a connu un statut qui fait rêver beaucoup, pas parmi les médecins, de médecins-esclaves qui étaient utilisés par l'État par exemple comme exécuteurs ou après tout par les grands personnages pour se procurer le suicide. Je ne pense pas qu'il y ait tellement de médecins qui soient volontaires pour reprendre ce rôle. Je ne suis pas absolument sûr d'ailleurs que la question se pose réellement comme cela à l'heure actuelle. Car en définitive, je suis tout à fait, sur le plan strictement juridique, dans un pays comme le nôtre, il n'y a pas *stricto sensu* sauf dans un texte inappliqué d'ailleurs, d'obligation thérapeutique : il n'y a pas de malade qui soit obligé de se soigner en droit français. Non seulement je pense que c'est bon, mais j'irai même plus loin : en tant que médecin, je crois qu'une bonne relation thérapeutique et psychologique avec le malade ne peut se faire que si cette obligation de se soigner n'existe pas. J'ai trop longtemps connu, pour des raisons historiques, une situation où il y a un rapport hiérarchique entre le malade et le médecin, qui est la situation du médecin militaire, pour ne pas me rendre compte combien ceci facilite peu les rapports. Généralement, d'ailleurs, les médecins militaires s'en tirent très bien. Mais ce n'est pas une aide. C'est au contraire un véritable obstacle à vaincre. Par conséquent, je pense que non seulement nous ne devons pas imposer, nous n'avons pas le droit d'imposer à quelqu'un de se soigner et de continuer des soins dont il n'a pas envie, mais personnellement, je crois que nous n'avons pas à exercer sur lui ce que j'appellerai une pression morale trop exigeante. Nous devons, quand nous sommes en face d'un malade qui va très mal, et à qui nous proposons une thérapeutique, nous devons toujours lui laisser une porte de sortie, une manière de l'accepter ou de ne pas l'accepter, de manière à faciliter, probablement, notre efficacité auprès de lui. Par conséquent, en un certain sens, je pense que le malade doit toujours être vis-à-vis de nous dans la situation de l'individu qui peut nous refuser certains soins après que nous en ayons expliqué la nature et la finalité et que nous ayons essayé de le convaincre loyalement. Dans ce sens, je crois que la situation qui consiste à se brouiller avec son malade, parce qu'il a refusé quelque chose, surtout si c'est un malade terminal est une situation où le médecin a tort. J'irais volontiers jusque là. Je ne crois pas qu'on ait à aller plus loin parce que, je touche peut-être du bois, je ne me suis jamais trouvé devant une demande réellement plus explicite. Les gens qui vous parlent de leur mourir ou qui vous disent « je souhaite mourir » vous disent cela comme le héros de la fable bien connue de La Fontaine, et sont en réalité très loin de cette situation. Je parle des malades conscients. Il y a un problème tout à fait différent, ce sont les malades inconscients. On préjuge qu'on doit les soigner. En dehors du malade inconscient, dont nous préjugeons qu'il vaut mieux le soigner et qui aura toujours la possibilité de refuser ses soins une fois qu'il n'y aura plus d'inconscience, ce qui ne m'est jamais arrivé, l'hypothèse du refus de soin parce que la maladie est trop grave me paraît presque toujours une hypothèse d'école. C'est une hypothèse d'école qui repose sur des faits très anciens. Je voudrais là encore dire qu'il y a une espèce de problématique de la chose qui est assez antique. Il y a des textes augustes émanant d'autorités spirituelles qui citent toujours le même exemple, qui dit : refuser un calmant pour prolonger la vie du malade, c'est un problème d'euthanasie. En réalité, ce n'est pas vrai. C'était vrai il y a cinquante ans, quand on n'avait comme calmant uniquement des stupéfiants qui avaient de nombreux effets secondaires et étaient d'ailleurs extrêmement peu actifs. Il n'y a qu'à lire sur ce point *La mort d'Ivan Illich* de Tolstoï pour se rendre compte de ce que cela représentait de confort finalement très faible pour les malades. Mais aujourd'hui et maintenant, on peut dire qu'on peut assurer aux gens un confort et une suppression de leurs symptômes gênants qui, j'allais dire malheureusement, mais ce n'est pas moi qui dis malheureusement, ce sont les familles et cette littérature, non seulement n'abrège pas leurs jours, mais peut-être même les prolonge. Je crois que les données techniques du problème sont tout à fait différentes. C'est pourquoi il m'est difficile de répondre. Je ne voudrais pas me dérober à votre question. Je ne crois pas qu'il y aura jamais un devoir d'obéir au malade et de se faire l'exécuteur d'un malade. Mais je ne prends pas au sérieux, si j'ose dire, votre question en ce sens je ne me suis jamais trouvé dans cette situation et je crois que ce n'est pas une situation de la réalité concrète. C'est une situation d'hypothèse d'école.

G.C. — Mais précisément, il me semble que les hypothèses d'école ne sont pas inutiles à l'école. Je voudrais dire par là qu'il ne peut pas être question de légiférer en la matière. Légiférer serait à mon avis pire que tout. Il n'est pas question de légiférer en la matière, mais peut-être serait-il bon que dans la formation du médecin, des problèmes de ce genre soient examinés, discutés, c'est-à-dire que l'apprentissage de la médecine à la faculté ne soit pas uniquement l'apprentissage d'un savoir, d'un pouvoir, d'une technique, mais aussi une initiation à ce genre de question. Voilà pourquoi hypothèse d'école, je l'admets et je me permets de vous renvoyer comme proposition d'une réforme des études médicales la possibilité d'introduire obligatoirement dans la formation du médecin l'examen de ces hypothèses d'école

H.P. — Si vous voulez, je marquerais une nuance par rapport à votre proposition. Il y a un mot qui me gêne dans ceux qui vous avez employés, encore que ce mot délicieusement désuet me rappelle ma jeunesse, c'est le mot faculté, parce que le mot faculté s'opposait dans notre esprit au mot hôpital, et je ne crois pas beaucoup à un enseignement théorique de ces problèmes. Par contre, je crois que s'il y avait un enseignement médical et le jour où il y en aura de nouveau un dans notre pays, ce qui arrivera peut-être avant notre mort, il serait en effet important que les étudiants s'intéressent à la relation avec leurs malades jusqu'au bout, ce qui s'oppose à une littérature d'un autre ordre dont nous n'avons pas parlé jusqu'ici, une littérature administrative, selon laquelle au fond il vaudrait mieux que le malade ne meure pas à l'hôpital : ce qui s'oppose à une organisation hospitalière qui est centrée sur les temps forts de la thérapeutique, et qui exclut les temps humains de la thérapeutique, et qui par conséquent exclut chez un étudiant soigneusement mis à l'écart de tout problème médical concret intéressant la population dans son ensemble, mais seulement d'un certain nombre de veaux à cinq pattes de haute science, ce qui exclut donc que l'étudiant soit au contact de ces problèmes, de ces problèmes de vie quotidienne, avec des malades banaux ; je vais même plus loin et je vais dire un énorme blasphème, car ce qui est nouveau dans la mort, c'est qu'on meurt vieux, ou plus exactement, ce sont les vieux qui meurent. La première réforme qui a été faite, ça a été de supprimer tout enseignement médical auprès des gens âgés, de dire que la place des vieux n'était pas à l'hôpital, en tout cas pas dans les hôpitaux universitaires, parce qu'il fallait que les étudiants ne voient que des malades frais, atteints d'affections publiables dans des revues internationales, et ne voient pas comment souffre et meure la population hexagonale, c'est-à-dire finalement, puisque mon cher ami, vous et moi, nous ne sommes plus tout à fait jeunes, vous et moi, qui mourront sans être des malades intéressants probablement. Nous on nous gardera peut-être parce que nous sommes pistonnés ! Mais je pense que le problème de l'apprentissage de la vie auprès du mourant, c'est ça : c'est qu'il y ait de nouveau des hôpitaux d'enseignement dans lesquels l'étudiant soit au contact de malades même jusqu'à la période terminal, du personnel qui le soigne, et où mes collègues et pourtant amis comme on dit ne considèrent pas qu'il soit en dessous de leur dignité de s'occuper des gens même quand ils ne vont pas bien. C'est pour ça que j'insistais tout à l'heure sur l'intérêt qu'il y avait à ne pas culpabiliser pour le médecin la mort de ces malades, à ce qu'il ait une attitude franche parce qu'évidemment, si nos jeunes successeurs considèrent chaque mort comme un reproche, ils essaieront de fuir ce reproche, ils le mettront à la porte, comme je l'ai entendu dire par un de mes collègues qui est une vedette de la télévision, ils le mettront à la porte longtemps avant qu'il meure, parce que la mort doit être un phénomène familial. C'est une position parfaitement défendable, mais qui interdit absolument cette espèce d'apprentissage de cette relation qui, alors là, ce n'est pas sous l'angle de l'hypothèse d'école, mais sous celui de la vie quotidienne, avec ceux qui soignent ces mourants, et je voudrais dire que ce sont un peu les médecins, mais ce sont surtout les infirmières parce qu'au fond le mourant, ce n'est pas comme le malade à publier, un malade de médecin, c'est un malade d'infirmière. Le confort du malade qui meurt, c'est un confort de bonnes infirmières, de bonnes infirmières de jour, mais de bonnes infirmières de garde, et de bonnes infirmières de nuit. Et si je nous souhaite quelque chose, ce n'est pas d'être dans un grand service, mais d'être dans un service pour mourir, où il y ait de bonnes infirmières.

G.C. — Je répète que c'est parce que je suis tout à fait de votre avis que j'ai dit tout à l'heure qu'il était nocif de légiférer en la matière : parce que c'est dans un cas individuel donné qu'un médecin qui aurait reconnu la légitimité de l'interrogation sur ce droit du malade, qui aurait par conséquent laissé ébranler sa certitude qu'il doit être à tout prix le serviteur de la vie, ce médecin décidera en présence du cas singulier. Si je dis qu'il ne faut pas légiférer, c'est parce que contrairement à ce qu'on dit souvent – il y a des choses qui vont bien sans le dire, mais qui vont mieux en le disant – je pense au contraire que ce type de décision, cette sorte de décision à prendre, cette nouvelle relation du médecin au malade, cela va mieux sans le dire qu'en le publiant.

H.P. — Sûrement. Ceci dit, je voudrais vous parler d'un de mes amis qui a été fort malade et qui me racontait que dans la période la plus aiguë de sa maladie, il n'avait aucun souvenir de ce qui s'était passé, mais qu'il devait donner l'apparence de quelqu'un d'assez présent. Et me racontant le récit qu'on lui avait fait de sa maladie, il a dit « je n'ai jamais du perdre conscience, c'est d'ailleurs pour ça qu'on m'a réanimé ». Parce qu'il y a eu un moment où ils s'étaient dit « ça ne vaut vraiment pas la peine de le réanimer, le pauvre vieux ! ». Et après un temps d'arrêt, il a ajouté : « ce qui prouve quand même que ce sont des décisions qu'on pourrait prendre à la légère ». Je dois dire quand même que je ne serais pas très rassuré d'être entre les mains de qui se demanderait après tout quelle est la valeur de ma chienne de vie, s'il y avait une décision grave à prendre. J'aimerais en ce qui me concerne mieux être entre les mains de quelqu'un qui s'imaginerait que ma vie a une certaine valeur absolue. Cela ne veut pas dire que j'accepterais qu'il m'impose sa décision, mais il me semble que ce serait une espèce de coefficient de sécurité, de se dire que ma vie a pour lui quelque valeur. C'est pourquoi non seulement il ne faut pas légiférer, mais je crois par contre qu'il est absolument sans danger de donner la plus large publicité à cette idée, aussi bien auprès des malades que des médecins ou des futurs médecins ou du personnel soignant, qu'on ne leur impose aucune obligation, que contrairement à ce qu'ils disent quelquefois, ils sont libres. Il n'y a pas dans notre pays de traitement obligatoire en pratique. Cela est quand même quelque chose. C'est au sein de cette liberté qu'un dialogue peut finalement s'instaurer et ceux qui ont le courage d'avoir avec leur médecin ce dialogue ouvert peuvent l'avoir. Finalement, cela reste encore assez rare peut-être, parce que dans l'expérience quotidienne que nous en avons, le combat, c'est un terme très mauvais, il y a une espèce de rétrécissement de la conscience de la plupart de ceux qui meurent, qui fait qu'ils sont très frappés non pas par le problème final, par l'évolution, mais par tel problème particulier. Ils se plaignent d'un symptôme particulier et ils centrent le dialogue sur le soulagement de telle ou telle difficulté, ce qui facilite d'ailleurs considérablement la tâche des médecins et au fond, en un certain sens, ils sont très proches de nous. Nous savons bien que nous mourrons, mais on a beau s'efforcer d'y penser, nous ne le pensons pas réellement, de façon concrète. Ce qui est très curieux, c'est qu'en mourant, les gens ont la même idée, presque abstraite de la mort, mais ils sont parfaitement intéressés par un problème très concret, qui est celui de telle gêne particulière, de tel symptôme, et j'ai été frappé de la facilité finalement avec laquelle on peut avoir avec eux, jusqu'à la dernière minute, un dialogue valable. Les dialogues les plus difficiles qu'on a avec les malades qui sont vraiment condamnés, ce sont les dialogues du début, quand ils commencent à sentir que l'étau se referme, mais c'est six mois avant, un an avant, c'est quelquefois dix ans avant quand la maladie qui va les faire mourir, ils en ont pris conscience longtemps avant. C'est à ce moment-là que pour le médecin, le dialogue avec le mourant est difficile. Ce n'est pratiquement jamais dans les derniers moments. Dans les derniers moments, c'est avec la famille.

G.C. — J'allais vous poser cette question. La plus grande difficulté, et vous venez de le confirmer, ce n'est pas la relation du médecin avec un malade conscient et capable de soutenir un échange de point de vue. La difficulté, c'est lorsque le médecin se trouve en présence d'un malade inconscient et d'une famille qui veut lui imposer ce qu'elle croit être le point de vue du malade.

H.P. — C'est vrai dès la conscience. Je me souviens de l'un de mes malades qui était atteint d'une infection mortelle qu'il connaissait parfaitement bien. Il ne posait jamais aucune question. Il ne discutait jamais le traitement. Sa famille venait me voir : « il nous dit que vous ne lui dites rien ; vous devriez lui parler ». Un jour, je suis allé le trouver : « je m'excuse, je reçois tout le temps des visites de votre famille qui me dit de venir vous parler, que vous vous posez des questions et que je ne vous donne pas les explications que vous voulez. Quelles explications voulez-vous ? ». « Excusez-moi, docteur, mais comment voulez-vous que je m'en débarrasse ? Vous ne vous rendez pas compte. Ils viennent me voir. Ils se jettent sur moi comme une mouche sur un attrape-mouche, ils me disent : "qu'a dit le docteur ? Qu'est-ce qu'il pense de ta maladie ? Comment ça s'appelle ? Qu'est-ce que tu as ? ". Ils étaient parfaitement au courant. Que voulez-vous que je leur réponde ? Moi je leur dis "le docteur ne me dit rien". Vous comprenez, j'ai envie de parler d'autre chose. Mais je n'ai rien à vous demander ». C'était vrai. Il n'avait rien à me demander parce qu'il avait parfaitement compris. Cela est possible avec des malades conscients. Avec des malades inconscients, je crois qu'il faut essayer d'expliquer à la famille quelle est la nature des soins qu'on fait. Il faut quand même entrer dans le concret : pratiquement, le problème se pose toujours dans les mêmes circonstances. Il y a quelqu'un dont on pense qu'il n'est pas conscient, qui subit encore ces soins dont je parlais tout à l'heure, qui me paraissent plus de confort que de traitement, et la famille vient et vous dit : « Écoutez, on voudrait le ramener chez nous ». Chez nous, c'est généralement à 800 km. « Parce que l'ambulance, c'est pris en charge par la sécurité sociale, et que les transports de corps ça coûte très cher pour les pompes funèbres et que ce n'est pas remboursé ». Que faut-il leur dire ? Pas ce que je viens de dire. D'abord parce qu'il ne faut jamais faire la morale aux gens. Et que même ce point de vue économique est un point de vue défendable. Mais il faut leur dire : « Écoutez, vous faites ce que vous voulez, vous pouvez parfaitement retirer votre malade de l'hôpital, c'est votre responsabilité ». Ceci dit, voilà les limites de votre responsabilité, voilà les limites de ce que nous faisons comme soin, voilà la signification de ces soins. Oui ou non, pouvez-vous les continuer pendant la période terminale et celle du transport ? Êtes-vous absolument sûr que le malade est inconscient et qu'il ne ressentira pas cela comme un abandon et l'arrêt de certains soins comme un inconfort ? C'est à vous de répondre à ces questions. Et on peut vous aider à répondre. Dans certains cas, l'hypothèse que le malade est encore conscient nous paraît à nous-mêmes absurde ; dans d'autres, nous sommes beaucoup plus douteux, nous nous sommes trompés bien des fois, en croyant inconscients des gens qui ont guéri et qui nous ont rappelé tout ce qui avait été dit au chevet de leur lit. Il suffit que cela vous soit arrivé deux fois pour qu'on devienne prudent. Je pense que lorsqu'on peut expliquer cela aux familles, elles réfléchissent et qu'en définitive, les décisions qu'elles prennent sont beaucoup plus raisonnables que celles qu'elles auraient prises si on avait eu un refus. Il faut expliquer. Ceci dit, il y a des gens qui n'hésitent pas à nous reprocher nos succès.

G.C. — Je ne pense pas que nous ayons épuisé la question, mais nous avons au moins posé quelques problèmes.

INDEX RERUM

INDEX NOMINUM

TABLE DES MATIÈRES

LA MÉDECINE COMME RELATION DE SOIN
ET PRATIQUE SOCIALE

DANS LA MÊME COLLECTION

ACHEVÉ D'IMPRIMER
EN OCTOBRE 2011
PAR L'IMPRIMERIE
DE LA MANUTENTION
A MAYENNE
FRANCE
N° 775801G

Dépôt légal : 4ᵉ trimestre 2011